ECKHARD SAUREN

DIE ZINSFALLE

DIE NEUE BEDROHUNG FÜR KONSERVATIVE ANLEGER – GEFAHREN FÜR DAS PORTFOLIO ERKENNEN UND VERMEIDEN

FBV

Bibliografische Information der Deutschen Nationalbibliothek
Die Deutsche Nationalbibliothek verzeichnet diese Publikation in der Deutschen Nationalbibliografie.
Detaillierte bibliografische Daten sind im Internet über http://d-nb.de abrufbar.

Für Fragen und Anregungen:
info@finanzbuchverlag.de
info@sauren.de

1. Auflage 2015

© 2015 by FinanzBuch Verlag
ein Imprint der Münchner Verlagsgruppe GmbH
Nymphenburger Straße 86
D-80636 München
Tel.: 089 651285-0
Fax: 089 652096

Alle Rechte, insbesondere das Recht der Vervielfältigung und Verbreitung sowie der Übersetzung, vorbehalten. Kein Teil des Werkes darf in irgendeiner Form (durch Fotokopie, Mikrofilm oder ein anderes Verfahren) ohne schriftliche Genehmigung des Verlages reproduziert oder unter Verwendung elektronischer Systeme gespeichert, verarbeitet, vervielfältigt oder verbreitet werden.

Redaktion: Marion Reuter
Lektorat: Sonja Rose
Satz: Daniel Förster, Belgern
Druck: Florjancic Tisk d.o.o., Slowenien
Printed in the EU

ISBN Print 978-3-89879-898-3
ISBN E-Book (PDF) 978-3-86248-703-5
ISBN E-Book (EPUB, Mobi) 978-3-86248-704-2

Weitere Informationen zum Verlag finden Sie unter
www.finanzbuchverlag.de
Beachten Sie auch unsere weiteren Verlage unter
www.muenchner-verlagsgruppe.de

Inhalt

Vorwort 5

1. **Der Weg in die Zinsfalle** 9
   1.1 Einführung – Die Bedeutung von Zinsen 9
   1.2 Geldpolitik und Zinsentwicklung 13
   1.3 Nullzinspolitik und Quantitative Easing der Zentralbanken .. 15
   1.4 Fazit 20

2. **Staatsanleihen in der Zinsfalle** 21
   2.1 Historische Zinsentwicklung 21
   2.2 Historische Erträge der Anleihenmärkte 24
   2.3 Folgen der Zinsentwicklung für Staatsanleihen 30
   2.4 Suche nach Rendite 35
   2.5 Fazit 42

3. **Unternehmensanleihen in der Zinsfalle** 43
   3.1 Einführung Unternehmensanleihen 44
   3.2 Folgen der Zinsentwicklung für Unternehmensanleihen 53
   3.3 Mischfonds und vermögensverwaltende Fonds in der Zinsfalle . 62
   3.4 Weitere Auswirkungen des Niedrigzinsumfelds auf
       Unternehmensanleihen 71
   3.5 Fazit 80

4. **Bankeinlagen in der Zinsfalle** 81
   4.1 Renditetief bei Bankeinlagen 82
   4.2 Ausfallrisiken bei Bankeinlagen 89
   4.3 Sicherungssysteme für Bankeinlagen 96
   4.4 Politische Risiken bei der Einlagensicherung 104
   4.5 Fazit 106

5. **Immobilieninvestments als alternative Geldanlage im Niedrigzinsumfeld** 109
   5.1 Wohnimmobilienmarkt 110
   5.2 Die selbst genutzte Immobilie 116
   5.3 Immobilien als Renditeobjekt/Kapitalanlage 119
   5.4 Bewertungsillusion bei Immobilien 128
   5.5 Fazit Wohnimmobilien 129
   5.6 Offene Immobilienfonds als alternative Immobilienanlage 130
   5.7 Fazit Offene Immobilienfonds 142

6. **Auswirkungen der Zinsfalle auf Aktien** 143
   6.1 Einführung Aktien 143
   6.2 Einflussfaktoren der Zinsfalle auf Aktien 148
   6.3 Risiken der Aktienanlage im Umfeld niedriger Zinsen 163
   6.4 Fazit 165

7. **Lebensversicherungen in der Zinsfalle** 167
   7.1 Klassische Policen leiden unter dem Zinstief 170
   7.2 Die Ausfallsrisiken klassischer Policen 179
   7.3 Die Gegenmaßnahmen der Lebensversicherer 188
   7.4 Fazit 193

8. **Abschlussbetrachtung** 197
   8.1 Wie ist der typische Anleger investiert? 198
   8.2 Bewertung der Anlageklassen 200
   8.3 Welche Möglichkeiten bieten sich im aktuellen Umfeld? 209
   8.4 Diversifikation 209
   8.5 Ermittlung der Aktienquote 211
   8.6 Rebalancing 212
   8.7 Mischfonds und vermögensverwaltende Fonds 213
   8.8 Portfolio-Umsetzung 215

Interviews
   Peter E. Huber (StarCapital) 218
   Klaus Kaldemorgen (DWS / Deutsche Asset & Wealth Management) 228
   Bert Flossbach (Flossbach von Storch) 237

Die Autoren 246
Endnoten 248
Stichwortverzeichnis 254

Vorwort

Negative Zinsen waren für fast alle Anleger und Berater undenkbar. Mittlerweile sind sie Realität geworden und die meisten Anleger sind indirekt, über Produkte, in die sie investieren, bereits von Negativzinsen betroffen. Das Zinstief wirkt sich nicht nur auf Bankeinlagen, sondern auf viele andere Anlageklassen aus. Gut möglich, dass weitere Themen und Probleme folgen, die heute noch unvorstellbar sind. Am besten beschäftigen Sie sich jetzt mit der Zinsfalle und den möglichen Folgen, bevor sie Realität werden.

Wir beschäftigen uns nicht nur intensiv mit den erfolgversprechendsten Fondsmanagern, sondern insbesondere auch mit den Marktrahmenbedingungen, unter denen diese Fondsmanager agieren, um attraktive Erträge zu erzielen. Ein Großteil der konservativen Anlagestrategien, insbesondere mit Schwerpunkt im Rentenbereich, hatte in den letzten Jahrzehnten massiven Rückenwind durch die Märkte mit immer weiter rückläufigen Zinsen. Dadurch konnten hervorragende Ergebnisse erzielt werden. Unter den aktuellen Rahmenbedingungen haben sich die Möglichkeiten, zukünftig attraktive Erträge zu erzielen, deutlich erschwert und bei vielen Strategien im Rentenbereich ist keine attraktive Ertrags-Risiko-Konstellation mehr gegeben.

Je intensiver wir uns mit den rückläufigen Zinsen auseinandersetzten, desto klarer wurde uns, dass ein Großteil der Anleger nicht sinnvoll für die Zukunft aufgestellt ist und in der Zinsfalle steckt.

Unsere erste Studie »Die Zinsfalle – Risiken im Niedrigzinsumfeld« stieß auf eine enorme Resonanz bei Anlegern, Beratern und Medien. Die Reaktionen bestätigten uns darin, dass die meisten Anleger und auch Berater ihre Portfolios auf Basis guter Vergangenheitsergebnisse aufgebaut haben, die massiv von den rückläufigen Zinsen getragen wurden. Es gibt jedoch nach unserer Beobachtung nur eine geringe Anzahl von Portfolios, die entsprechend den aktuellen Marktrahmenbedingungen, basierend auf realistischen künftigen Ertragserwartungen, ausgerichtet sind.

Anhand konservativer Beispielrechnungen – die sich in diesem Buch wiederfinden – belegen wir, dass die Ertrags-Risiko-Konstellation vieler indexorientierter Rentenstrategien und Unternehmensanleihen-Fonds mittlerweile äußerst unattraktiv ist. Unabhängig von einer Prognose über die weitere Zinsentwicklung gehören die hohen Renditen an den Rentenmärkten der Vergangenheit an, die Risiken schmerzlicher Kursverluste nehmen zu. Gleichwohl sind hier Milliardenbeträge investiert und nach wie vor fließen viele Anlagegelder in diesen Bereich hinein.

Bestärkt durch die äußerst positive Resonanz haben wir in unserer zweiten Studie »Raus aus der Zinsfalle – Neue Strategien für neue Rahmenbedingungen« die Funktionsweise der Rentenmärkte detaillierter erläutert. Dabei haben wir gezeigt, dass auch konservative Mischfonds und vermögensverwaltende Fonds, die in jüngster Vergangenheit viele Anlegergelder gewinnen konnten und in den Topsellerlisten weit oben zu finden sind, von der beschriebenen Entwicklung profitiert haben. In diesem Buch arbeiten wir heraus, warum auch diese Lieblinge der Anleger und Berater in der Zinsfalle stecken, und muntern dazu auf, die positiven Vergangenheitsergebnisse einmal kritisch im Hinblick auf die Zukunftsperspektiven zu hinterfragen. Anhand von einfachen Beispielrechnungen können wir zeigen, dass eine Fortschreibung der bisherigen Entwicklung dieser Fonds alleine aufgrund der geänderten Ausgangsbedingungen äußerst unwahrscheinlich ist.

Unserer Einschätzung nach sind die meisten Anleger nicht auf ein Umfeld mit langfristig niedrigen Zinsen oder gar potenziellen Zinsanstiegen vorbereitet. Das Erstaunliche daran ist, dass selbst die eher aufgeklärten Anleger im Investmentfondsbereich in der Zinsfalle stecken und sich weder intensiv genug mit dem Thema auseinandergesetzt haben, noch auf die Zukunft vorbereitet sind.

In der Zinsfalle stecken aber nicht nur Anleger, die direkt oder über rentenorientierte Investmentfondsstrategien in Anleihen investieren, sondern auch die Anleger, die ihr Geld einer Lebens- oder Rentenversicherung anvertraut haben.

Dieses Buch zeigt, warum große Teile der deutschen Altersvorsorge und der deutschen Lebensversicherungen in der Zinsfalle stecken und warum mit einer sehr hohen Wahrscheinlichkeit die Ertragserwartungen der Anleger enttäuscht werden. Bei einigen Lebensversicherungen besteht sogar die Gefahr, dass sie ihre Mindestgarantieversprechen nicht einhalten können. Turbulenzen in der deutschen Lebensversicherungsbranche sind durchaus wahrscheinlich, wenn sich die Niedrigzinsphase längerfristig fortsetzen sollte.

Auch der Bereich der Bankeinlagen, der für viele Anleger eine zentrale Rolle spielt, befindet sich in der Zinsfalle. Bei bonitätsstarken Instituten gibt es kaum noch eine Verzinsung, gleichzeitig werden die Risiken im Bereich der Bankeinlagen von den meisten Anlegern deutlich unterschätzt. Unser Buch zeigt, warum sich Anleger intensiv mit der Kreditwürdigkeit ihrer Banken auseinandersetzen sollten. Anleger sollten sich darüber im Klaren sein, dass eine Tages- oder Festgeldanlage bei einer Bank letztlich gleichbedeutend damit ist, dass sie dieser Bank ihr Geld leihen.

Konkrete praktische Beispiele, wie die Zypernkrise, geben einen Vorgeschmack darauf, wie mögliche Negativ-Szenarien aussehen könnten. Anleger sollten sich frühzeitig mit dem Thema beschäftigen und für den Fall der Fälle vorbereitet sein. In welchem Umfang die Einlagensicherungssysteme dann noch eine Hilfe sind, hinterfragen wir ebenfalls.

Deutsche Anleger in der Zinsfalle

Wir analysieren in diesem Buch, welche Anlageklassen wie stark von der Zinsfalle betroffen sind und wie dramatisch die Auswirkungen für die Anleger ausfallen könnten. Bei der Betrachtung der einzelnen Anlageklassen wird schnell deutlich, dass ein großer Teil der deutschen Anleger in der Zinsfalle steckt – das gilt für Privatanleger, aber auch für Unternehmen und institutionelle Anleger.

Um den Rahmen dieses Buches nicht zu sprengen, haben wir den Schwerpunkt auf den deutschen Privatanleger gelegt. Trotzdem können wir allen Unternehmern nur dringend empfehlen, das Kapitel »Bankeinlagen in der Zinsfalle« zu lesen. Da die meisten Unternehmer auch privat Geld anlegen, stellt das gesamte Buch eine interessante Lektüre dar. Dies gilt auch für institutionelle Investoren, die ebenfalls von der Zinsfalle betroffen sind und darum von der Lektüre dieses Buchs profitieren sollten.

Wir hoffen, mit diesem Buch für Aufklärung zu sorgen und Hintergrundwissen zu vermitteln, damit Anleger und Finanzberater erkennen, dass auch sie wahrscheinlich von der Zinsfalle betroffen sind und sich mit diesem Thema auseinandersetzen müssen. Daher haben wir in der Abschlussbetrachtung eine Bewertung der verschiedenen Anlageklassen vorgenommen. Anschließend sollten Sie sich überlegen, wie eine langfristig sinnvolle Portfoliostruktur aussehen könnte. Wir ermutigen Sie, Ihre eigenen Investments aufzulisten und sich selbst zu hinterfragen, wie weit Sie mit Ihren Anlagen in der Zinsfalle stecken. Eventuell sollten Sie unter Hinzunahme eines erfahrenen Beraters überlegen, wie Sie kostenschonend Ihr Portfolio diesbezüglich optimieren können. So können Sie Ihr Vermögen und Ihren Lebensstandard in einem Maße sichern, wie es vermutlich Ihren langfristigen Ansprüchen entspricht.

Zur Abrundung unseres Buchs haben wir noch Interviews mit drei renommierten Fondsmanagern geführt, die ebenfalls zu dem Thema »Die Zinsfalle« Stellung beziehen. Lesen Sie, was Peter E. Huber, Klaus Kaldemorgen und Bert Flossbach zu dieser Thematik zu sagen haben und welche potenziellen Alternativen oder Auswege sie aus der Zinsfalle nennen.

Sollten Sie nach der Lektüre noch mehr Interesse an unseren Analysen oder unserer Investmentphilosophie haben, empfehlen wir Ihnen unser erstes Buch »Das Sauren-Fonds-Konzept«, das ebenfalls im FinanzBuch Verlag erschienen ist.

Wir wünschen Ihnen eine interessante Lektüre und hoffen, dass die Zinsfalle bei Ihnen nicht zu stark zuschnappt.

Ihr Eckhard Sauren

1. Der Weg in die Zinsfalle

Dieses Kapitel bietet einen Überblick über die Bedeutung von Zinsen im Allgemeinen sowie eine kurze historische Einordnung über die Zinsentwicklung. Anhand des Zinseszinseffektes und der Barwertmethode wird an zwei einfachen Beispielen verdeutlicht, welche deutlichen Auswirkungen unterschiedliche Zinssätze auf Vermögen haben können.

1.1 Einführung – Die Bedeutung von Zinsen

Zinsen und deren ökonomische Auswirkungen beschäftigen nicht nur Volkswirte, sondern haben Einfluss auf viele Lebensbereiche. Sei es im privaten Bereich oder bei Institutionen, wie etwa verschuldeten Kommunen auf der einen Seite bzw. Vorsorgeeinrichtungen, die eine Mindestrendite erzielen müssen, auf der anderen. Dabei lässt sich der Zins als der Preis von Geld interpretieren. In Zeiten leicht verfügbaren Geldes ist der Preis und damit der Zins niedrig. Umgekehrt verhält es sich, wenn Kapital knapp ist.

Den Versuch, die Höhe der Zinsen zu reglementieren, gibt es bereits seit der Frühgeschichte. Der erste bekannte Rechtstext, in dem Zinssätze geregelt werden, ist der Codex Hammurapi aus dem 18. Jahrhundert vor Christus, geschrieben im altbabylonischen Reich. Aber auch das Alte Testament und der Koran weisen Stellen auf, die sich mit dem Thema Zinsen auseinandersetzen. In der Folge war es im mittelalterlichen Europa Christen weitgehend verboten, Zinsen zu nehmen. Auch heute noch sieht das religiöse Gesetz des Islam, die Scharia, ein Zinsverbot vor – mit erheblichen Auswirkungen auf das gesamte islamische Banken- und Finanzsystem. Zinsen werden somit seit Menschengedenken aus den unterschiedlichsten Gründen von verschiedenen Institutionen beeinflusst und reglementiert.

Heute sind es insbesondere die Zentralbanken, die großen Einfluss auf das Zinsniveau haben. Diese Einflussnahme hat weitreichende Folgen für Unternehmen, institutionelle Anleger, aber auch Privatpersonen. Zum einen sind diese als Schuldner betroffen, beispielsweise bei der Finanzierung eines Eigenheims, oder nur, weil das Girokonto kurzfristig überzogen wurde. Zum anderen als Gläubiger, beispielsweise wenn der Bank mittels des Sparbuchs Geld geliehen wird. Aber auch bei jeder anderen Geldanlage, wie in diesem Buch gezeigt wird.

Der Zinseszinseffekt

Hohe oder niedrige Zinsen können gerade über lange Zeiträume deutliche Effekte auf die Vermögensentwicklung einer gewöhnlichen Sparanlage haben, wie die folgende Grafik zeigt.

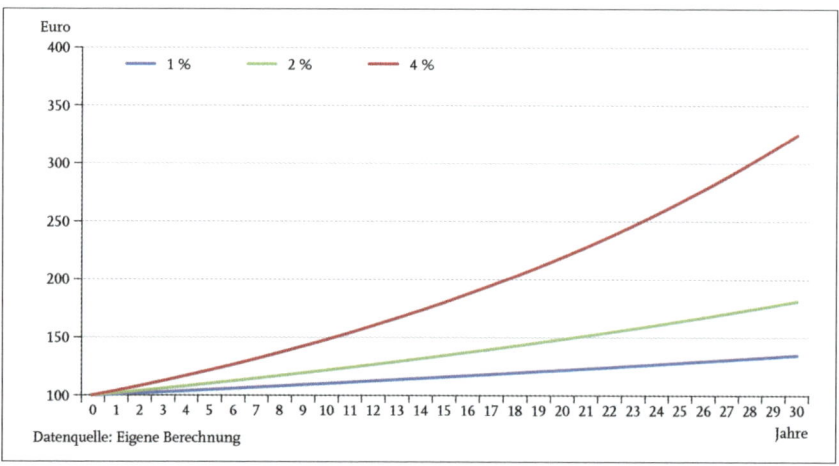

Zinseszinseffekt über 30 Jahre

Der Zinseszinseffekt führt dazu, dass bei einem konstanten Zins von 1 Prozent p.a. über einen Zeitraum von 30 Jahren aus 100 Euro insgesamt 134,78 Euro werden (blaue Linie). Bei einem doppelt so hohen Zins von 2 Prozent p.a. werden aus den ursprünglichen 100 Euro bereits 181,14 Euro (grüne Linie). Wird jedoch ein 4-mal höherer Zins von 4 Prozent p.a. unterstellt, so führt dies nochmals zu einem deutlich höheren Ergebnis von insgesamt 324,34 Euro (rote Linie). Das Ergebnis ist etwa 6,5-mal so hoch wie im ersten Fall und somit überproportional höher, als die reine Zinsdifferenz vermuten lässt. Der exponentielle Anstieg der Summe fällt umso größer aus, je höher der Zins und je länger die Laufzeit ist.

Um den realen Effekt des nominalen Vermögensanstiegs in dem obigen Beispiel zu ermitteln, ist es jedoch nötig, zwischen nominalen und realen Zinsen zu unterscheiden. Der nominale Effekt beschreibt allein den Vermögenszuwachs von 100 Euro auf 324,34 Euro. Wenn in diesem Zeitraum jedoch eine hohe Inflation vorgeherrscht haben sollte, so schmälert dies die effektive Kaufkraft in der Zukunft. Der Real-Zins ergibt sich aus dem Nominalzins minus dem Kaufkraftverlust (Inflation). Gerade über lange Zeiträume hinweg führen selbst geringe Inflationsraten in der Summe zu einem hohen Kaufkraftverlust.

Barwertmethode – Der Wert von Zahlungen

Zinssätze können aber auch dazu genutzt werden, um den heutigen Wert von Zahlungsströmen in der Zukunft zu bestimmen. Dazu werden die zukünftigen Zahlungsströme mithilfe des aktuellen Zinsniveaus auf den heutigen Tag zurückgerechnet (Barwertmethode).

Beispiel: Ein Anleger erhält über einen Zeitraum von 10 Jahren am Ende jedes Jahres 100 Euro. Der Anleger möchte den heutigen Wert dieses Zahlungsstroms ermitteln.

Fall A: Der Zins beträgt konstant 1 Prozent p.a. Wenn der Investor heute 99,01 Euro zu einem Zins von 1 Prozent p.a. anlegt, erhält er in einem Jahr 100 Euro zurückgezahlt, bzw. wenn er heute 98,03 Euro anlegt, erhält er in zwei Jahren wiederum 100 Euro zurückgezahlt. Auf diese Weise lässt sich der Zahlungsstrom der Investition mithilfe einer Alternativanlage über die gesamte Laufzeit nachbilden. Es wird errechnet, wie viel Geld heute zum bekannten Zins von 1 Prozent p.a. angelegt werden muss, um in den folgenden 10 Jahren jährlich 100 Euro erhalten zu können. Das Ergebnis: Die Investition in unserem Beispiel hat einen heutigen Barwert von 947,13 Euro.

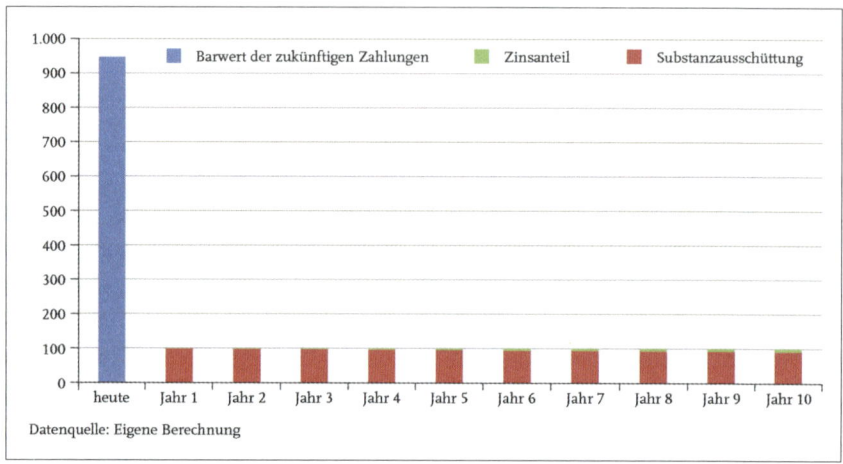

Barwertbetrachtung Fall A

Fall B: Wird ein höherer konstanter Zins von 4 Prozent p.a. angenommen, so verändern sich auch die jeweiligen Beträge, die heute anlegt werden müssten, um dasselbe Ergebnis wie aus dem oben beschriebenen Zahlungsstrom zu erhalten. Um in einem Jahr 100 Euro aus einer verzinslichen Anlage zu erhalten, müssten bei einem Zins von 4 Prozent p.a. heute lediglich 96,15 Euro anlegt werden, bei zwei Jahren Laufzeit wären es 92,46 Euro. Analog wird für die anderen Zeiträume verfahren. In Summe ergibt sich bei einem Zins von 4 Prozent p.a. lediglich ein Barwert von 811,09 Euro.

Der Zahlungsstrom hat im Fall A bei einem Zinsniveau von 1 Prozent p.a. einen um 136,04 Euro höheren Wert als im Fall B bei einem Zinsniveau von 4 Prozent p.a. Die Zahlungen sind in beiden Fällen identisch, einzig das Zinsumfeld hat sich deutlich verändert. Fällt der Zins plötzlich von 4 Prozent p.a. auf 1 Prozent p.a. würde der Zahlungsstrom in diesem Beispiel einen Kursgewinn von 16,8 Prozent erzielen, da der Barwert von

811,09 Euro auf 947,13 Euro ansteigt. In umgekehrter Richtung sinkt der Wert um 14,4 Prozent, wenn der Zins von 1 Prozent p.a. auf 4 Prozent p.a. ansteigt.

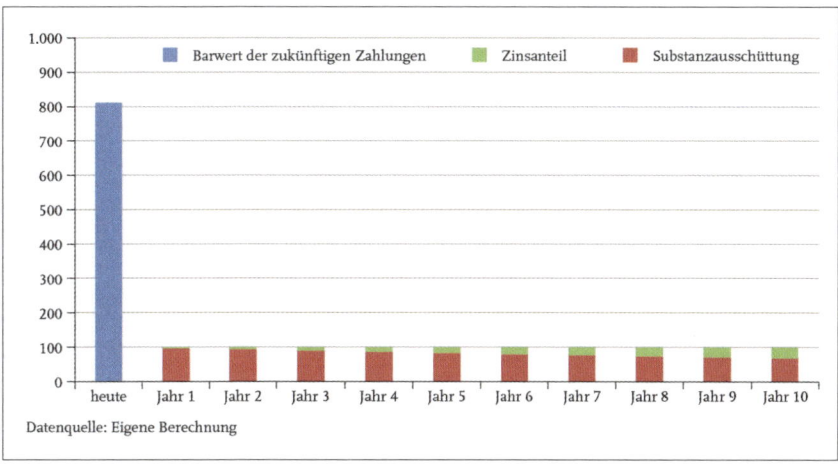

Barwertbetrachtung Fall B

Anhand des Zinseszinseffekts und der Barwertermittlung wird deutlich, dass sowohl das Zinsniveau als auch Zinsänderungen ganz erheblichen Einfluss auf die Entwicklung von Vermögen haben. Bei der Geldanlage sollte unbedingt berücksichtigt werden, dass sich Zinsen verändern können und sich daraus unmittelbare Auswirkungen auf das Vermögen ergeben.

1.2 Geldpolitik und Zinsentwicklung

Zum Ende des Zweiten Weltkriegs erreichten die Zinsen für US-Staatsanleihen mit 10-jähriger Laufzeit bei ca. 1,7 Prozent p.a. ihren vorläufigen Tiefpunkt. Die folgenden 36 Jahre waren geprägt von tendenziell steigenden Zinsen. Ende der 1970er-Jahre herrschte in den USA eine Phase hoher Inflationsraten von bis zu 15 Prozent p.a. Die weltweite Wirtschaftskrise – ausgelöst bzw. verstärkt durch die Ölpreisschocks in der zweiten Hälfte der 1970er-Jahre – wirkte sich negativ auf die Wirtschaft aus. Unter Paul Volcker, der im August 1979 zum Vorsitzenden der US-Notenbank ernannt wurde, erhöhte die US-Notenbank die Leitzinsen auf bis zu 20 Prozent, um die Inflation einzudämmen. Die Verzinsung 10-jähger US-Staatsanleihen erreichte in diesem Umfeld Anfang der 1980er-Jahre ihren Höhepunkt bei einem Zinsniveau von 15,8 Prozent p.a.

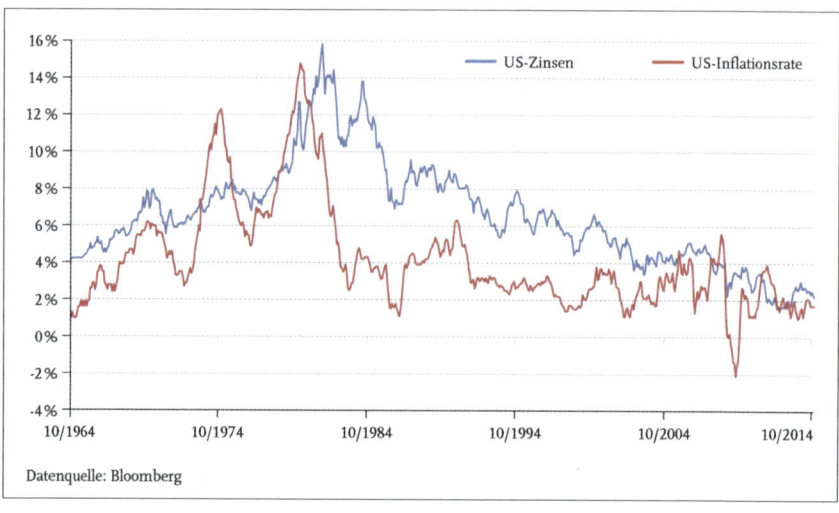

US-Zinsen (10-jähriger Staatsanleihen) und US-Inflationsrate vom 30.10.1964 bis zum 30.11.2014

Eine ähnliche Entwicklung nahmen auch die Zinsen in Deutschland, wo die Umlaufrendite ihren Höhepunkt im August 1981 bei 11,2 Prozent p.a. fand. Die Umlaufrendite wird von der Bundesbank ermittelt und spiegelt die durchschnittliche Rendite aller im Umlauf befindlichen deutschen Euro- bzw. früher D-Mark-Anleihen höchster Bonität (vornehmlich Staatsanleihen) mit einer Mindestrestlaufzeit von drei Jahren wider.

Wie aus den beiden Grafiken zu erkennen ist, fallen die Zinsen in den entwickelten Ländern seit Ende 1981 und somit seit mittlerweile 33 Jahren relativ konstant. Ein Großteil dieser Zeit war Alan Greenspan Vorsitzender der US-Notenbank Federal Reserve System, der im August 1987 sein Amt übernahm und dieses bis Januar 2006 ausübte. Alan Greenspan wurde dafür bekannt, auf Krisen mit einem Absenken der US-amerikanischen

Leitzinsen zu reagieren, um Rezessionen in den USA zu begegnen. Die Zentralbank legt den Leitzins fest, zu dem sich Banken bei ihr refinanzieren können. Somit ist der Leitzins das primäre Instrument der Zentralbanken in der Geldpolitik. Manche sehen in der Niedrigzinspolitik Greenspans einen der Auslöser für die Finanzmarktkrise 2007/08, da die niedrigen Zinsen und auch der leichte Zugang bonitätsmäßig schwacher Schuldner zu Krediten die US-Immobilienblase erst möglich gemacht hätten. Ihren Höhepunkt fand die Finanzkrise dann am 15. September 2008, als die US-amerikanische Großbank Lehman Brothers Insolvenz anmelden musste.

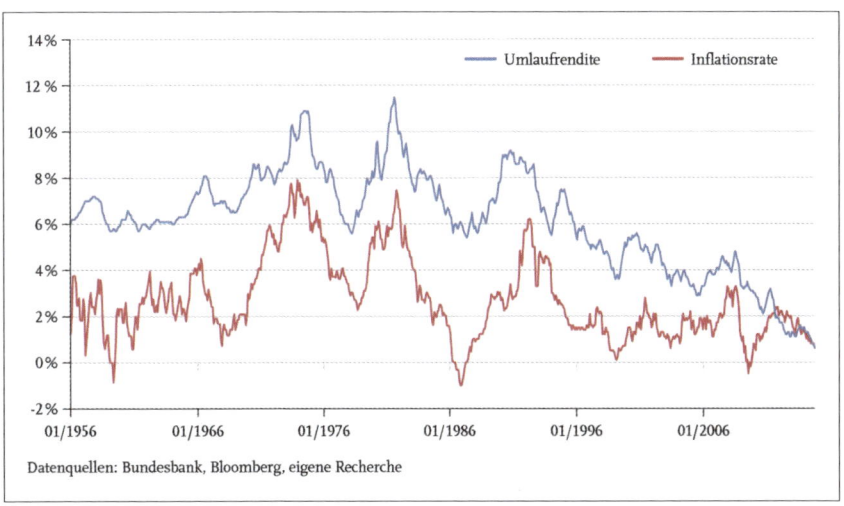

Umlaufrendite und deutsche Inflationsrate vom 31.01.1956 bis zum 30.11.2014

1.3 Nullzinspolitik und Quantitative Easing der Zentralbanken

Die US-Notenbank unter Führung von Ben Bernanke als direktem Nachfolger von Alan Greenspan senkte infolge der Finanzkrise die Leitzinsen Ende 2008 auf quasi null (Zinskorridor von 0,0 Prozent p.a. bis 0,25 Prozent p.a.), wo sie bis heute verharren. Die Europäische Zentralbank (EZB) folgte dem Beispiel der Amerikaner mit etwas Zeitverzug und senkte den Leitzins erst im Rahmen der europäischen Schuldenkrise auf ein ähnlich niedriges Niveau von heute 0,05 Prozent p.a.

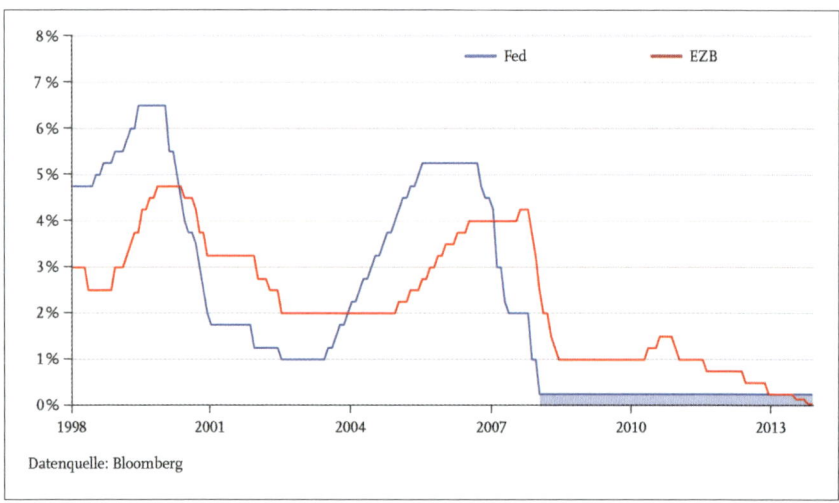

Leitzinsen Fed vs. EZB vom 31.12.1998 bis zum 30.11.2014

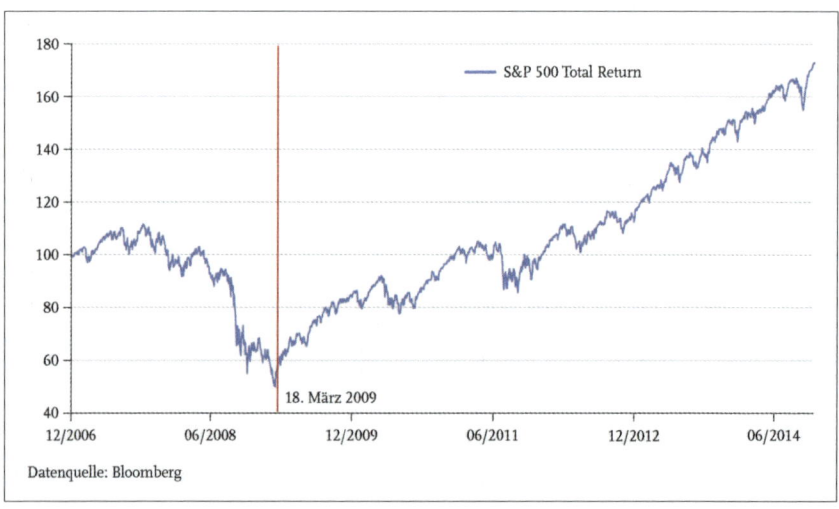

Entwicklung S&P 500 Total Return Index vom 31.12.2006 bis zum 30.11.2014

Die US-Notenbank war es, die als Erste noch weiterging, als die Zinsen auf quasi null zu setzen. Unter dem Begriff »Quantitative Easing (QE)« oder »monetäre Lockerung« kaufte die US-Notenbank Anleihen auf, um den Staat und die Wirtschaft mit Geld zu versorgen. Am 18. März 2009 beschloss die US-Notenbank, Staatsanleihen und Wertpapiere im Gegenwert von mehr als einer Billion US-Dollar aufzukaufen. Diese Entscheidung gab den Kapitalmarktteilnehmern ein klares Signal, dass mit der US-Notenbank ein bedeutender Marktteilnehmer Einfluss auf dem Markt nehmen wird. Aufgrund dieses Signals und dem hierdurch geschaffenen Vertrauen in das Finanzsystem wurde der Wendepunkt an den globalen Aktienmärkten eingeläutet.

Weitere Ankaufprogramme folgten in den USA. Auch andere Zentralbanken legten ähnliche Programme auf. Diese monetäre Lockerung führte dazu, dass die Bilanzen der Zentralbanken massiv ausgeweitet wurden und erheblich in die Zinsmärkte eingegriffen wurde. Ähnlich gravierende Auswirkungen auf die Kapitalmärkte, wie die Ankündigung von QE in den USA, gab es auch in Europa, als Mario Draghi als Präsident der Europäischen Zentralbank im Juli 2012 erklärte:

> »Within our mandate, the ECB is ready to do whatever it takes to preserve the Euro. Believe me, it will be enough.«[1]

Zu diesem Zeitpunkt war die europäische Schuldenkrise auf ihrem Höhepunkt, für viele war es keine Frage mehr, ob, sondern wann die Euro-Zone auseinanderbrechen würde. Die Zinsen von Portugal, Italien und Spanien stiegen immer stärker an. Griechenland musste bereits im März 2012 seine Staatsanleihen restrukturieren, und die privaten Gläubiger mussten deutliche Verluste hinnehmen. Allein die Rede von Mario Draghi veränderte das Bild jedoch vollständig. Insbesondere die Zinsen von Italien und Spanien fielen im Anschluss an die Rede kontinuierlich, ohne dass die EZB direkt am Markt intervenieren musste.

Die Maßnahmen der EZB zeigten den gewünschten Effekt und führten zu einer Stabilisierung, um der Politik die nötige Zeit zu geben, Lösungen für die vielfältigen Probleme zu finden und zu implementieren. Vom Zeitpunkt der Draghi-Rede an sanken die Zinsen der zuvor unter Druck geratenen Länder deutlich. Hierbei ist anzumerken, dass die EZB im Gegensatz zu anderen Zentralbanken nicht systematisch Staatsanleihen von Mitgliedsstaaten aufgekauft hat und die Bilanzsumme der EZB seit dem Höhepunkt der Euro-Krise tatsächlich wieder gesunken ist. Allerdings kündigte die EZB an, dass sie ab Oktober 2014 besicherte Anleihen und später auch Kreditverbriefungen in beträchtlichem Umfang kaufen wolle. Das potenzielle Volumen wurde mit bis zu einer Billion Euro beziffert und wird zu einer entsprechenden Ausweitung der EZB-Bilanz führen. Ferner kündigte Mario Draghi weitere »unkonventionelle Maßnahmen« an, sollte dies erforderlich erscheinen.[2]

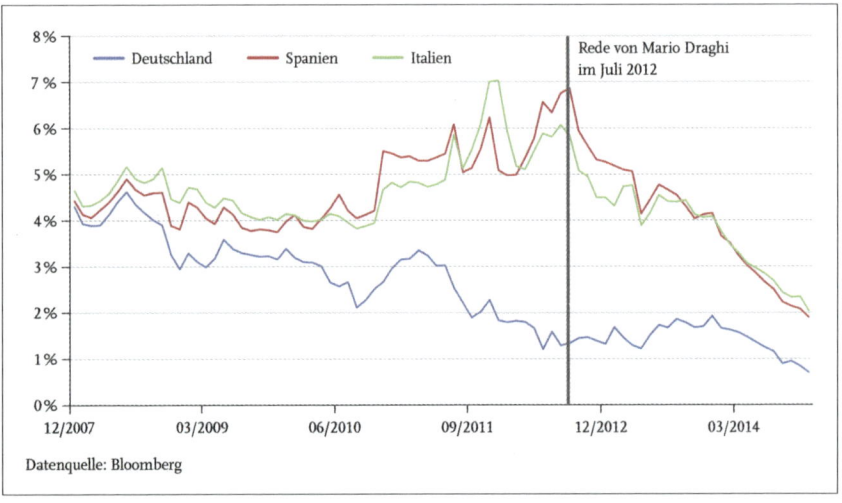

Entwicklung Zinsen 10-jähriger Staatsanleihen in Deutschland, Spanien und Italien vom 31.12. 2007 bis zum 30.11.2014

Die dramatische Ausweitung der Bilanzen durch die internationalen Notenbanken infolge der Finanzkrise ist nicht zu übersehen. In den USA, aber auch in Großbritannien und in Japan wurde diese dazu genutzt, im großen Umfang Staatsanleihen zu kaufen und somit direkt die jeweiligen Staaten zu finanzieren. Die US-Notenbank hält beispielsweise infolge der massiven QE-Programme mittlerweile 2.461,6 Mrd. US-Dollar in US-Staatsanleihen und ist somit zum größten Gläubiger der USA geworden, gefolgt von China und Japan,[3] die zusammen einen etwa gleich großen Anteil der Gesamtschulden halten wie die US-Notenbank. Der zweite große Posten in der Bilanz der US-Notenbank sind Kreditverbriefungen mit einem Volumen von 1.717,9 Mrd. US-Dollar.[4] Die Bilanzsumme der US-Notenbank hat sich aufgrund der QE-Programme seit dem Höhepunkt der Finanzkrise fast verfünffacht. Das Programm zum Aufkauf von US-Staatsanleihen und Kreditverbriefungen ist offiziell im Oktober 2014 ausgelaufen – zumindest vorerst.

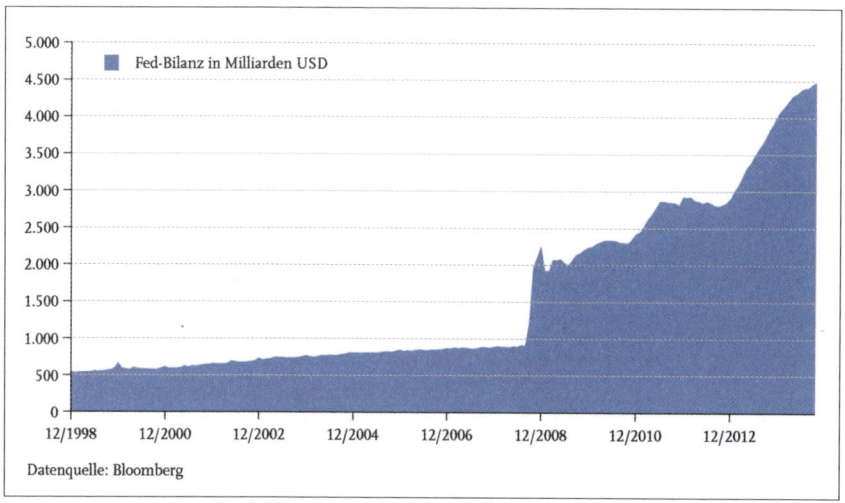

Bilanz der US-Notenbank (Fed) vom 31.12.1998 bis zum 30.11.2014

Gleichzeitig beschloss die japanische Zentralbank Ende Oktober 2014, ihr Aufkaufprogramm für japanische Staatsanleihen von ursprünglich 60 Billionen Yen auf zukünftig 80 Billionen Yen jährlich auszuweiten. Dies entspricht in etwa 570 Milliarden Euro und damit etwa dem doppelten des jährlich neu ausgegebenen Volumens an japanischen Staatsanleihen. Zusätzlich wird die japanische Zentralbank weiter Aktien kaufen.[5]

Diese Zahlen machen deutlich, in welch großem Ausmaß die Zentralbanken auf den internationalen Kapitalmärkten intervenieren. Damit steigt die Gefahr der Fehlallokation von Kapital bzw. der Verzerrung von Vermögenspreisen. Tatsächlich warnen auch die Notenbanken selbst vor möglichen Vermögenspreisblasen aufgrund der niedrigen Zinsen. Im Finanzmarktstabilitätsbericht 2013 der Deutschen Bundesbank heißt es hierzu:

»Mit zunehmender Dauer des Niedrigzinsumfelds verschiebt sich das Verhältnis von Nutzen und Kosten. Die Risiken aus anhaltend niedrigen Zinsen für die Finanzstabilität nehmen zu. An den internationalen Finanzmärkten steigt die Gefahr, dass die Suche nach Rendite unter Inkaufnahme erhöhter Risiken zu Übertreibungen führt. Je mehr sich die Märkte in ihrer Risikobewertung an die aktuell außerordentlichen finanziellen Bedingungen gewöhnen, umso höher dürften die Kosten ausfallen, wenn sich die Zinsen und Refinanzierungsbedingungen normalisieren.«[6]

1.4 Fazit

Das einfache Beispiel der Barwertberechnung aus diesem Kapitel zeigt, welchen Einfluss Zinsbewegungen auf den Wert einer Anlage haben können. Ob es in Zukunft zu einem Anstieg der Zinsen oder einer Normalisierung der Zinsen – wie die Bundesbank schreibt – kommen sollte, liegt weitgehend im Bereich der Spekulation. Eines ist jedoch sicher: Das Umfeld fallender Zinsen, wie in den vergangenen gut 30 Jahren, kann und wird sich in dieser Form nicht unbegrenzt fortsetzen, denn ein Rückgang der Umlaufrendite von über 11,3 Prozent p.a. auf 0,6 Prozent p.a. wird sich nicht noch einmal wiederholen.

Wir müssen also feststellen, dass der Rückenwind der letzten gut 30 Jahre in dieser Form nicht mehr vorhanden ist und das die massive Einflussnahme der Zentralbanken möglicherweise neue Risiken heraufbeschwört. Die Anlageergebnisse der vergangenen Jahre können vor diesem Hintergrund auf keinen Fall fortgeschrieben werden. Es ist zwingend erforderlich, sich mit den Konsequenzen des Niedrigzinsumfeldes auseinanderzusetzen. In den folgenden Kapiteln werden die Auswirkungen der Zinsfalle auf die einzelnen Anlageklassen betrachtet.

2. Staatsanleihen in der Zinsfalle

Dieses Kapitel wirft zunächst einen Blick zurück auf die historische Entwicklung der Kapitalmarktzinsen und die daraus resultierenden Erträge von Staatsanleihen hoher Bonität. Anschließend wird die aktuelle Situation für den Anleiheninvestor an der Entwicklung einer beispielhaften Staatsanleihe veranschaulicht. Es wird nicht nur gezeigt, welches zukünftige Ertragspotenzial das Segment der Staatsanleihen hoher Bonität bietet, sondern auch, wie sich verschiedene Szenarien zur Veränderung des Zinsniveaus auf die Anleihenkurse auswirken würden. Zum Abschluss des Kapitels werden verschiedene Möglichkeiten betrachtet, die Marktteilnehmer auf der Suche nach einer Verbesserung des Ertragspotenzials innerhalb des Anlageuniversums der Staatsanleihen grundsätzlich nutzen können.

Die Darstellungen in diesem Kapitel beziehen sich auf US-amerikanische bzw. deutsche Staatsanleihen hoher Bonität. Alle Beispielrechnungen erfolgen prognosefrei. Wie bereits im Vorwort erwähnt, ist eine Aussage zur zukünftigen Entwicklung der Kapitalmarktzinsen nicht das Ziel dieses Buches. Ziel ist es vielmehr, unabhängig von Prognosen zur weiteren Zinsentwicklung zu zeigen, dass die hohen Renditen an den Anleihenmärkten der Vergangenheit angehören und das Risiko schmerzlicher Kursverluste zunimmt. Die Ausführungen sollen dazu anregen, die Rendite-Risiko-Perspektiven rentenorientierter Anlagen intensiv zu überdenken und sich die niedrigen Ertragserwartungen von direkt gekauften Anleihen, aber auch von rentenorientierten Investmentfonds vor Augen zu führen.

2.1 Historische Zinsentwicklung

Der Kapitalmarktzins stellt den Preis dar, den Schuldner für die Leihe von Geld über einen bestimmten Zeitraum an die Gläubiger bzw. Verleiher zahlen müssen. Wie alle Güter unterliegt auch der Preis für Geld im Laufe der Zeit Veränderungen. In einer Phase eines mäßigen Geldangebots ist der vom Leihenden an den Verleihenden zu zahlende Zins hoch. In Zeiten hoher Liquidität wird der Gläubiger vom Geldsuchenden nur einen geringen Zins verlangen können. Neben dem Ausmaß des Geldangebots hat in der Regel auch die Höhe der Inflationsrate einen Einfluss auf die Zinshöhe, da der Verleiher einen Ausgleich für den Kaufkraftverlust des Geldes über den festgelegten Zeitraum verlangt.

Im Folgenden soll die historische Zinsentwicklung anhand der Referenzmärkte US-amerikanischer bzw. deutscher Staatsanleihen veranschaulicht werden.

Zinsentwicklung in den USA

Die nachfolgende Grafik visualisiert die Entwicklung des Zinssatzes für US-amerikanische Staatsanleihen mit einer Laufzeit von 10 Jahren in den letzten 50 Jahren.

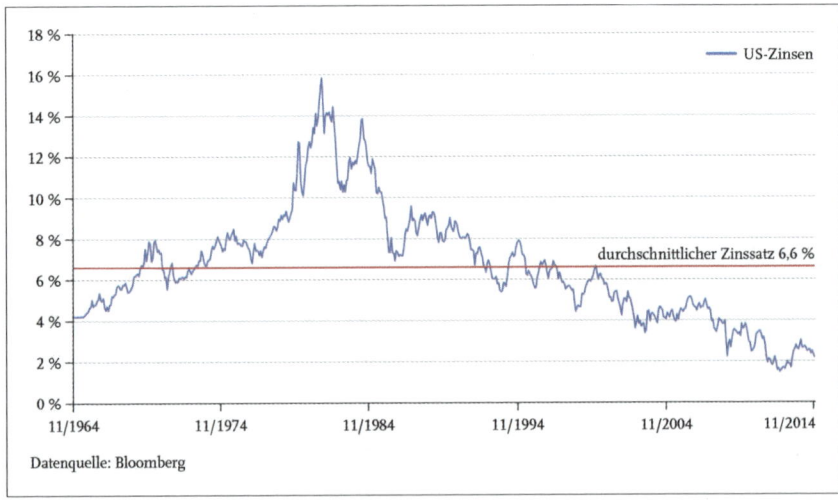

Die Zinsentwicklung 10-jähriger US-Staatsanleihen in den letzten 50 Jahren

Die Grafik zeigt, dass es den USA im Jahr 1964 möglich war, sich Geld zu einem Zinssatz von 4,2 % p.a. über einen Zeitraum von 10 Jahren zu leihen. In den folgenden Jahren stieg der zu zahlende Zins tendenziell an. Schließlich musste der US-amerikanische Staat im September 1981 einen jährlichen Zins von 15,8 % dafür zahlen, sich für 10 Jahre Geld leihen zu können. Seit ihrem Höchststand ging die Verzinsung 10-jähriger US-amerikanischer Staatsanleihen über mehr als drei Jahrzehnte trotz zwischenzeitlich ansteigender Phasen relativ beständig zurück. Auf dem bisherigen Tiefstand im Juli 2012 mussten die USA lediglich noch einen Zinskupon in Höhe von 1,5 % auf neu herausgegebene Staatsanleihen mit einer Laufzeit von 10 Jahren bieten.

Im Durchschnitt der letzten 50 Jahre zahlten die USA für ihre 10-jährigen Anleihen einen Zins in Höhe von 6,6 %. Ende November 2014 lag das Niveau bei 2,2 % – und damit deutlich unter dem historischen Mittel.

Zinsentwicklung in Deutschland

In Deutschland war die allgemeine Entwicklung des Kapitalmarktzinsniveaus zumindest in der Zeit von 1981 bis 2012 vergleichbar mit den USA. Dies wird in der nachfolgenden Grafik anhand der Umlaufrendite veranschaulicht, in der sich die durchschnittliche Rendite der am Markt verfügbaren, inländischen festverzinslichen Staatsanleihen mit über 4 Jahren Gesamtlaufzeit und mindestens 3 Jahren Restlaufzeit widerspiegelt. Ende November 2014 betrug die durchschnittliche Restlaufzeit der in die Berechnung einbezogenen börsennotierten Bundeswertpapiere 10,1 Jahre.

In Deutschland ist die Umlaufrendite von ihrem Höchststand bei 11,2 % im August 1981 bis Ende November 2014 auf 0,6 % zurückgegangen. Damit befindet sich die deutsche Umlaufrendite auf ihrem historischen Tiefstand. Im Durchschnitt der letzten 50 Jahre lag die deutsche Umlaufrendite bei 6,1 %.

Gegenwärtig befinden sich die Kapitalmarktzinsen in den bedeutenden Märkten nahe dem bzw. auf dem historischen Tiefstand. Da der Abwärtstrend bereits seit über 30 Jahren besteht, kennen die meisten heute aktiven Marktteilnehmer lediglich langfristig fallende Kapitalmarktzinsen.

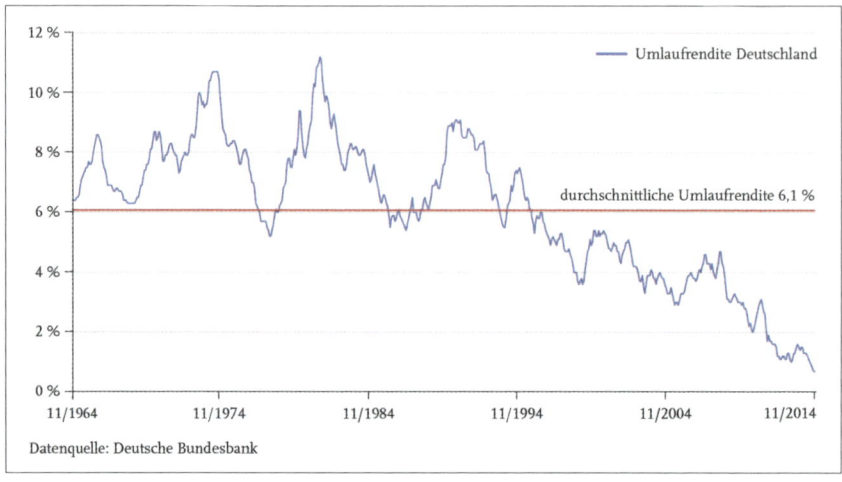

Die Umlaufrendite in Deutschland in den letzten 50 Jahren

2.2 Historische Erträge der Anleihenmärkte

Der Ertrag einer Investition in Anleihen wird wesentlich über den erzielbaren Zins sowie über Kursveränderungen bestimmt. Während der Zinskupon bei Anleihen eine kalkulierbare Größe darstellt, hängt der Ertrag aus Kursveränderungen wesentlich von der Veränderung des Zinsniveaus ab.

Zinsentwicklung und Kursentwicklung

Grundsätzlich führt eine Veränderung des Zinsniveaus zu einer Veränderung der Anleihenkurse. Fällt das Zinsniveau, so steigen die Kurse emittierter Anleihen. Steigt das Zinsniveau, so geben die Kurse emittierter Anleihen nach. Dieser Zusammenhang soll nachfolgend anhand einer vereinfachten Beispielrechnung näher erklärt werden.

Staat A hat sich vor 1 Jahr Geld für 2 Jahre am Kapitalmarkt geliehen. Zu diesem Zeitpunkt lag das Zinsniveau für Anleihen mit einer Restlaufzeit von 2 Jahren bei 2 %. Die Anleihe A1 konnte somit bei einer Laufzeit von 2 Jahren mit einem Zinskupon von 2 % zu einem Kurs von 100 % platziert werden.

Historische Erträge der Anleihenmärkte

Inzwischen ist das Zinsniveau angestiegen und liegt für eine Laufzeit von 1 Jahr bei 4 %. Damit wäre die Anleihe A1, die nun noch eine Restlaufzeit von 1 Jahr hat, bei einem unveränderten Kurs von 100 % aufgrund ihres Zinskupons von 2 % unattraktiv gegenüber einer neu herausgegebenen Anleihe A2 mit einer Laufzeit von 1 Jahr und einem Zinskupon von 4 %.

Am Kapitalmarkt führt das dazu, dass die Anleihe A1 zu einem Kurs von ungefähr 98 % des Nennwerts bewertet wird. Für einen Investor ist die Anleihe A1 zu einem Kurs von 98 % genauso attraktiv wie die neu ausgegebene Anleihe A2 zu einem Kurs von 100 %. Mit Anleihe A1 verdient der Investor 2 % über den Kursanstieg von 98 % auf 100 % und 2 % über den Zinskupon, insgesamt also 4 %. Mit Anleihe A2 verdient der Investor 4 % über den Zinskupon.

Sinkt das Zinsniveau, bedeutet das für die am Markt gehandelten Anleihen entsprechend einen Kursanstieg. Hierdurch wird die Höhe des Zinskupons, welche dann über dem Marktzinsniveau liegt und bei neu ausgegebenen Anleihen nicht mehr erreichbar ist, ausgeglichen. Dieser Kursanstieg einer existierenden Anleihe wird bis zum Fälligkeitstermin wieder abgebaut, die Rückzahlung erfolgt zum Nennwert. Auf diese Weise haben existierende Anleihen mit hohem Zinskupon das gleiche Renditeniveau wie neu ausgegebene Anleihen mit niedrigerem Zinskupon.

Wäre das Zinsniveau für die angenommene Laufzeit auf 1 % gefallen, würde der Kurs der Anleihe A1 auf ungefähr 101 % angestiegen sein. Für den höheren Zinskupon der Anleihe A1 würde der Investor also einen höheren Kurs bezahlen müssen. Die Alternative für den Investor liegt in einer neu ausgegebenen Anleihe A3 mit einer Laufzeit von 1 Jahr und einem Zinskupon von 1 % zu einem Kurs von 100 %. Mit der zu 101 % gekauften Anleihe A1 würde der Investor in 1 Jahr zwar 1 % über den Kurs verlieren, da die Anleihe zu 100 % zurückgezahlt wird, gleichzeitig vereinnahmt er jedoch den Zinskupon von 2 %. Somit bringt ihm die Anleihe A1 einen Ertrag von 1 %, was dem Ertrag aus der Anleihe A3 entspricht.

Der Zusammenhang zwischen Zins und Kurs ist umso ausgeprägter, je länger die Restlaufzeit der bereits ausgegebenen Anleihen ist und je stärker sich das Zinsniveau verändert. Wie deutlich sich eine Zinsänderung auf den Kurs langlaufender Anleihen auswirken kann, zeigt nachfolgend eine vereinfachte Beispielrechnung.

Auswirkung eines fallenden Zinsniveaus auf langlaufende Anleihen

Eine vor 2 Jahren aufgelegte Anleihe A mit einer Laufzeit von 10 Jahren besitzt einen Zinskupon von 4 % und wurde damals zu einem Kurs von 100 % ausgegeben. Danach fällt das Zinsniveau. Eine heute neu emittierte Anleihe B mit einer Laufzeit von 8 Jahren wird mit einem Zinskupon von 2 % zu einem Kurs von 100 % ausgegeben. Infolge des Zinsrückgangs ist der Kurs von Anleihe A an der Börse gestiegen. Aufgrund des höheren Zinskupons für die verbleibenden 8 Jahre sind für die Anleihe A bei vereinfachter Betrachtung heute ca. 116 % zu zahlen. Bei diesem Kursniveau weist Anleihe A insgesamt die gleiche laufende Verzinsung wie Anleihe B auf.

Auswirkung eines steigenden Zinsniveaus auf langlaufende Anleihen

Eine heute neu aufgelegte Anleihe C mit einer Laufzeit von 10 Jahren und einem Zinskupon von 2 % wird zu einem Kurs von 100 % ausgegeben. In 2 Jahren ist das Zinsniveau dann angestiegen und eine neu aufgelegte Anleihe D mit einem Zinskupon von 4 % und einer Laufzeit von 8 Jahren wird zu einem Kurs von 100 % ausgegeben. Infolge des Anstiegs des Zinsniveaus hat der Kurs von Anleihe C an der Börse nachgegeben. Erst bei einem Kurs von ca. 84 % wird die Anleihe C für die verbleibende Restlaufzeit von 8 Jahren bei vereinfachter Betrachtung die gleiche laufende Verzinsung wie die dann neu emittierte Anleihe D aufweisen.

Duration
Im Zusammenhang mit dem Ausmaß der Auswirkung von Zinsänderungen auf den Kurs von emittierten Anleihen wird oft der Begriff Duration verwendet. Die Duration ist ein Maß für die Zinssensitivität einer Anleihe. Sie wird durch den gewichteten Mittelwert der Zeitpunkte berechnet, zu denen ein Anleger Zahlungen aus einer Anleihe erhält, bezeich-

> net also die durchschnittliche Kapitalbindungsdauer einer Geldanlage in einem festverzinslichen Wertpapier. Die Duration ist in der Regel kürzer als die Restlaufzeit, da sich durch zwischenzeitliche Zinszahlungen auf das angelegte Kapital die Amortisationsdauer verkürzt. Je länger die Duration einer Anleihe ist, desto stärker reagiert ihr Kurs auf Veränderungen des Marktzinsniveaus.

Hohe Erträge am deutschen Anleihenmarkt in der Vergangenheit

Eine Investition in deutsche Staatsanleihen hat in der Vergangenheit zu hohen Erträgen geführt. Im REX-Performanceindex werden sowohl die Erträge aus den vereinnahmten Zinskupons als auch die Wertveränderungen der Anleihen aufgrund der Veränderung des Zinsniveaus abgebildet.

Wie die nachfolgende Grafik zeigt, hat der REX-Performanceindex seit erstmaliger Berechnung am 31. Januar 1967 um 2.100 % zugelegt, was einem annualisierten Ertrag in Höhe von 6,7 % entspricht.

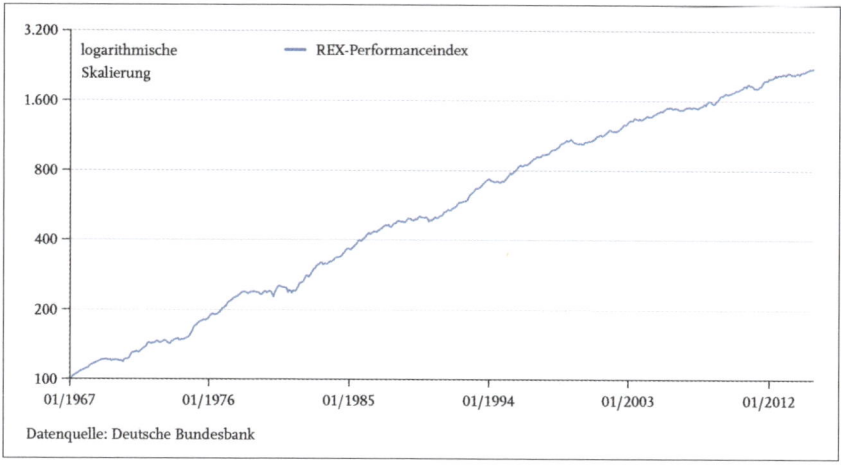

Entwicklung des REX-Performanceindex seit Januar 1967 bis November 2014

Um den Gesamtertrag in Zinsen und Kursgewinne zu separieren, kann die Entwicklung des REX-Performanceindex der Entwicklung des REX-Kursindex gegenübergestellt werden, der nur die Kursveränderungen der Anleihen erfasst. Aus der Differenz der beiden Indizes ergibt sich der annualisierte Zinsanteil in den jeweiligen Zeiträumen.

Zeitraum	REX-Performance-index	Zinsanteil	REX-Kursindex
1967–2014	6,7 %	6,1 %	0,6 %
1974–2014	6,9 %	5,8 %	1,1 %
1984–2014	6,2 %	5,2 %	1,0 %
1994–2014	5,8 %	4,2 %	1,6 %
2004–2014	4,5 %	3,0 %	1,5 %
2009–2014	4,6 %	2,3 %	2,3 %
2011–2014	3,9 %	1,8 %	2,1 %
01.01.2014 – 30.11.2014	5,4 %	1,3 %	4,1%

Quelle: Deutsche Bundesbank, Sauren Fonds-Research AG

Tabelle Ergebnisbeiträge von Zinsen und Kursgewinnen
(bis auf das Teiljahr 2014) annualisierte Ergebnisse, jeweils per Ende November 2014

Von dem annualisierten Ertrag seit Januar 1967 in Höhe von 6,7 % entfallen somit 6,1 Prozentpunkte auf Zinszahlungen und 0,6 Prozentpunkte auf Kursveränderungen.

Wie die Tabelle zeigt, führte der deutliche Zinsrückgang in der jüngeren Vergangenheit dazu, dass der Ertrag einer Investition in deutsche Staatsanleihen in den letzten Jahren zu einem immer höheren Anteil durch Kursgewinne bestimmt wurde. So verzeichnete der REX-Performanceindex in den letzten 3 Jahren einen annualisierten Ertrag in Höhe von 3,9 % – davon entfielen allein 2,1 Prozentpunkte auf Kursgewinne. Beläuft sich der Anteil der Kursgewinne am Gesamtertrag seit Januar 1967 auf ca. 9 %, so liegt er für die letzten 3 Jahre bei mehr als der Hälfte des Gesamtertrags. Noch deutlicher ist der Beitrag im laufenden Jahr 2014. In der Zeit zwischen dem 1. Januar 2014 und dem 30. November 2014 wies der

REX-Performanceindex einen Anstieg in Höhe von 5,4 % auf, wovon alleine 4,1 Prozentpunkte auf Kursgewinne entfielen.

Würdigung des historischen Ergebnisses

Im letzten Abschnitt wurde berechnet, dass der annualisierte Zinsertrag deutscher Staatsanleihen seit 1967 bei 6,1 % lag. Damit weist der historische Zinsbeitrag eine enorme Diskrepanz auf zu den aktuell erzielbaren Zinsen. Gemessen an der deutschen Umlaufrendite per 30. November 2014 liegen diese lediglich bei 0,6 %.

> **Staatsanleihen im Zinstief**
> Die Erzielung der in der Vergangenheit erreichten Renditen wird zukünftig für Anleger kaum möglich sein. Das aktuelle Renditeniveau deutscher Staatsanleihen liegt 5,5 Prozentpunkte unter dem Durchschnitt der historischen Verzinsung.

Dazu kommt, dass auch der Ergebnisbeitrag durch Kursgewinne nicht zu wiederholen sein wird. Während des Zinsrückgangs über mehr als drei Jahrzehnte und insbesondere in den letzten Jahren entfiel wie oben aufgezeigt ein wesentlicher Anteil des Ertrags auf Kursgewinne. Das aktuelle Niveau der deutschen Umlaufrendite hat die Ausgangssituation für eine Fortsetzung des nachhaltigen Zinsrückgangs und damit für zukünftige weitere Kursgewinne wesentlich verschlechtert. Insgesamt bieten deutsche Staatsanleihen somit kein attraktives Rendite-Risiko-Profil mehr.

Interpretation der Leistungen aktiver Fondsmanager

Durch die vergleichsweise hohen Zinskupons sowie durch die Kursgewinne aufgrund des allgemeinen Zinsrückgangs weisen rentenorientierte Anlagen für die zurückliegenden Jahre hohe Wertzuwächse auf. Dies gilt für die Erträge aus direkten Anleiheninvestments genauso wie für die Ergebnisse von Rentenfonds.

Bei der Beurteilung der Ergebnisse von aktiv verwalteten Rentenfonds sollte dies stets berücksichtigt werden. Bei detaillierter Analyse stellt sich zumeist heraus, dass die augenscheinlich attraktiven Ergebnisse der Fonds vor allem auf der allgemeinen Marktentwicklung basieren – und nicht die Leistung des Fondsmanagers durch aktive fundamentale Anlageentscheidungen widerspiegeln. So gibt es aktuell nach Analysen der Autoren keinen Fonds mit strikt auf deutsche Staatsanleihen ausgerichtetem Anlageuniversum, der risikoadjustiert nachhaltig besser als der REX-Performanceindex abgeschnitten hat.

Wie alle Investoren an den Rentenmärkten können sich auch Rentenfondsmanager den veränderten Marktrahmenbedingungen nicht entziehen. Die nachfolgend aufgeführten Fakten gelten darum indirekt auch für Investitionen in Rentenfonds und andere Fonds, welche schwerpunktmäßig in Anleihen investieren. Nicht nur die Rahmenbedingungen für direkte Anleiheninvestitionen haben sich verschlechtert, aus aktueller Sicht ist auch das Rendite-Risiko-Profil von Fonds mit Fokus auf den klassischen Anleihenbereich als ungünstig zu bezeichnen.

2.3 Folgen der Zinsentwicklung für Staatsanleihen

Allein das aktuell deutlich niedrigere Zinsniveau führt dazu, dass die Erträge der Vergangenheit nicht für die Zukunft erwartet werden dürfen. Die aktuelle Situation an den Anleihenmärkten wird nachfolgend anhand einer beispielhaften Bundesanleihe veranschaulicht. Für diese Anleihe werden die in der Vergangenheit erzielten Erträge den in der Zukunft erzielbaren Erträgen gegenübergestellt.

Entwicklung einer beispielhaften Bundesanleihe

Zur Veranschaulichung wird beispielhaft eine im November 2008 mit einem Zinskupon von 3,75 % ausgegebene 10-jährige Bundesanleihe mit Endfälligkeit im Januar 2019 gewählt. Die Anleihe (ISIN DE0001135374) notierte per 28. November 2014 bei 115,27 % ihres Nominalwertes, was einem deutlichen Kursanstieg von ca. 15,3 % durch die sinkenden Kapitalmarktzinsen seit der Emission entspricht. Wer die Anleihe bei Emission gekauft hat, konnte neben der Vereinnahmung der jährlichen Kuponzahlungen auch von der sehr attraktiven Kursentwicklung profitieren. Die Gesamtrendite seit Emission liegt per Ende November 2014 bei 5,8 % p.a. und damit aufgrund der erzielten Kurssteigerungen deutlich über dem Zinskupon in Höhe von 3,75 %. Würde der Anleger die Anleihe aktuell an der Börse verkaufen, so hätte er den Ertrag von 5,8 % p.a. realisiert.

Eingeschränktes zukünftiges Renditepotenzial

Für einen Anleger, der diese Bundesanleihe Ende November 2014 kauft, sieht die Situation deutlich anders aus. Trotz des Zinskupons von 3,75 % erzielt er bis zur Endfälligkeit lediglich eine Rendite in Höhe von 0,013 % p.a., da der Kurs bis zum Rückzahlungsdatum auf den Nennwert sinkt. Um nominal 10.000 Euro der Anleihe an der Börse zu kaufen, muss der Anleger heute 11.527 Euro zahlen. Den jährlichen Zinszahlungen von 375 Euro bis zur Fälligkeit der Anleihe stehen die 1.527 Euro gegenüber, die er bis Januar 2019 gegenüber dem Kaufpreis einbüßt, weil lediglich der Nennwert von 10.000 Euro zurückgezahlt wird.

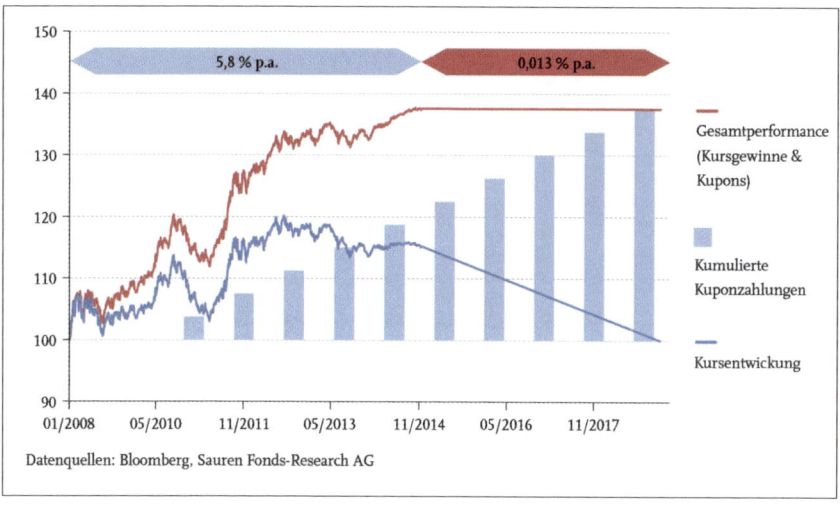

Entwicklung einer beispielhaften Bundesanleihe (2019, 3,75 % Kupon)

Wie in Abschnitt »Würdigung des historischen Ergebnisses« ausgeführt, trifft die Aussage eines zukünftig nicht mit der Vergangenheit vergleichbaren Renditepotenzials nicht nur auf die exemplarisch dargestellte Bundesanleihe zu, sondern hat grundsätzlichen Charakter. Im aktuellen Niedrigzinsumfeld sind sowohl die laufende Verzinsung als auch das Potenzial zukünftiger Kurssteigerungen durch einen weiteren Rückgang des Kapitalmarktzinsniveaus begrenzt. Im Falle eines Zinsanstiegs ergeben sich sogar signifikante Verlustrisiken.

Auswirkungen von Zinsänderungen

Zwischenzeitliche Phasen ansteigender Kapitalmarktzinsen gab es bereits in der Vergangenheit. Wie die nachfolgende Grafik zeigt, führten diese zu temporären deutlichen Kursverlusten bei festverzinslichen Anleihen.

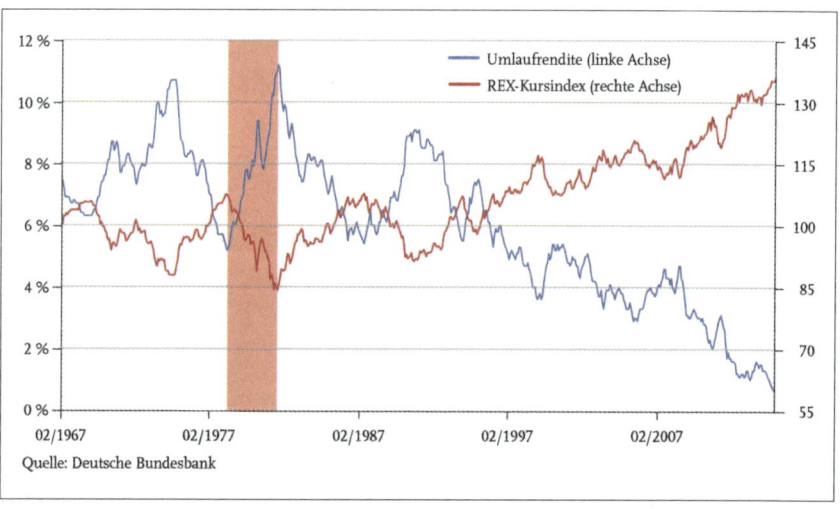

Entwicklung von Umlaufrendite und REX-Kursindex im Zeitraum von Februar 1967 bis November 2014

Im Zeitraum vom 31. März 1978 bis zum 31. August 1981 stieg die Umlaufrendite in Deutschland von 5,2 % auf 11,2 %, was zu deutlichen Kursverlusten bei Bundesanleihen und zu einem Rückgang des REX-Kursindex um

21,7 % führte. Aufgrund des relativ hohen Zinsniveaus wurde der Wertverlust durch die in den 3,5 Jahren vereinnahmten Zinsen in Höhe von insgesamt 22,5 % jedoch vollständig ausgeglichen. Infolgedessen konnte der REX-Performanceindex in dem Zeitraum trotz der Kursverluste einen leichten Wertzuwachs von 0,8 % verzeichnen.

Zeitraum	REX-Performanceindex	Zinsanteil	REX-Kursindex
31. März 1978 bis 31. August 1981	0,8 %	22,5 %	-21,7 %
31. März 1978 bis 31. Dezember 1978	0,6 %	5,0 %	-4,4 %
1. Januar 1979 bis 31. Dezember 1979	0,5 %	7,0 %	-6,5 %
1. Januar 1980 bis 31. Dezember 1980	3,1 %	7,5 %	-4,4 %
1. Januar 1981 bis 31. August 1981	-3,3 %	5,1 %	-8,4 %

Quelle: Deutsche Bundesbank, Sauren Fonds-Research AG

Ergebnisbeiträge von Zinsen und Kursgewinnen

Jedes der einzelnen Kalender(teil)jahre war von Kursverlusten (siehe Ergebnisse REX-Kursindex) gekennzeichnet. Bis auf das Teiljahr 1981 reichten die vereinnahmten hohen Zinsen jedoch aus, um die Kursverluste mehr als auszugleichen (siehe Ergebnisse REX-Performanceindex).

Heute ist die Ausgangslage jedoch ganz anders als damals. Die aktuelle Umlaufrendite in Höhe von 0,6 % bietet keinen ausreichenden Puffer mehr, um die Kursverluste bei festverzinslichen Wertpapieren auch nur ansatzweise auszugleichen, die im Fall eines Anstiegs der Kapitalmarktzinsen zu erwarten sind.

Die nachfolgende Grafik veranschaulicht, wie sich bei einer Umlaufrendite von 0,6 % die Kurse von Staatsanleihen entwickeln, wenn sich die Zinsen »über Nacht« deutlich erhöhen.

Wenn die Umlaufrendite sprungartig von 0,6 % auf 4 % steigt, bedeutet das für eine Anleihe mit 8 Jahren Restlaufzeit einen Kursverlust von rund 23 %. Bei einer Anleihe mit 4 Jahren Restlaufzeit wären es immer noch rund 12 % Kursverlust, bei 12 Jahren Restlaufzeit sogar rund 32 %. Je nach Höhe der unterstellten Zinsänderung fällt dieser Effekt schwächer oder noch stärker aus.

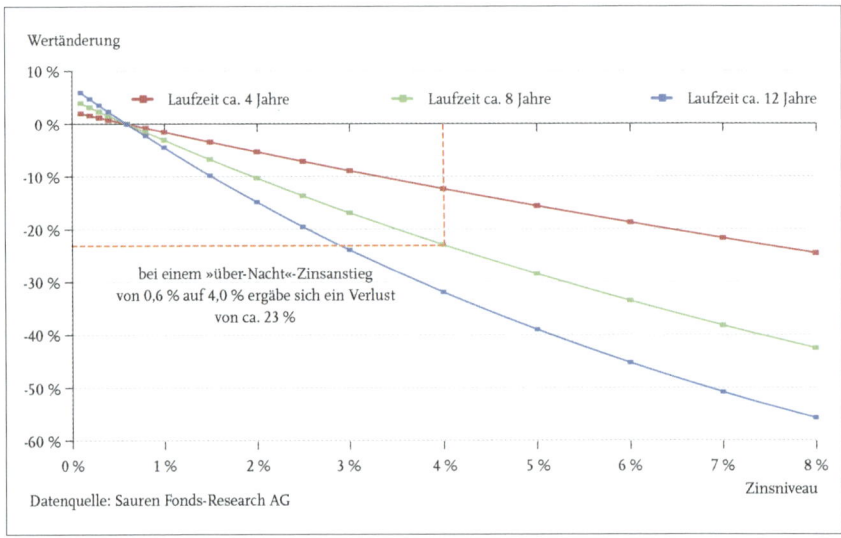

Rendite-Risiko-Relation von Zinsänderungen bei einer Umlaufrendite in Höhe von 0,6 %

Wenn sich das Zinsniveau nicht »über Nacht«, sondern schrittweise erhöht, fallen die Kursverluste etwas geringer aus, weil die zwischenzeitlich vereinnahmten Zinsen sowie die Laufzeitreduzierung einen dämpfenden Einfluss haben. Bei einem Zinsanstieg, der sich über 1 Jahr erstreckt, läge der Kursverlust der Anleihe mit einer Restlaufzeit von 4 Jahren nicht bei rund 12 %, sondern bei rund 11 %. Trotz der leichten Abmilderung ändert sich also nichts an der grundlegenden Tendenz.

Die Grafik zeigt auch, dass es bei einer Fortsetzung des Trends fallender Kapitalmarktzinsen zu weiteren Kursgewinnen kommen wird. So würde beispielsweise ein plötzlicher Rückgang der Umlaufrendite von 0,6 % auf 0,1 % bei einer Anleihe mit einer Restlaufzeit von 4 Jahren zu einem einmaligen Kursgewinn von rund 2 % führen. Trotzdem werden bei weiter fallenden Zinsen die Erträge der Vergangenheit aufgrund der veränderten

Ausgangsbasis nicht erreicht werden können, weil das niedrigere Zinsniveau zu geringeren laufenden Erträgen führt und das Potenzial weiterer Kursgewinne begrenzt ist.

In der Summe dieser beiden Faktoren ist das Rendite-Risiko-Verhältnis einer Anleiheninvestition nicht mehr attraktiv.

> **Reduzierung des realen Ertrags**
> Neben dem schlechten Rendite-Risiko-Profil einer Anleiheninvestition sind zwei weitere Punkte in die Betrachtung einzubeziehen:
>
> Der Zinskupon einer Anleihe lag in der Vergangenheit bei Emission zumeist mehr oder weniger deutlich oberhalb der zu diesem Zeitpunkt vorherrschenden Inflationsrate. Aktuell bietet das vorherrschende Zinsniveau keine vollständige Kompensation des Kaufkraftverlusts durch Inflation, welche gemessen am durch das Deutsche Bundesamt für Statistik veröffentlichten Verbraucherpreisindex bei 0,6 % liegt.
>
> Der Zinskupon sowie ein möglicher realisierter Kursgewinn unterliegen in der Regel der Besteuerung.
>
> Diese Aspekte verringern die realen Ertragsperspektiven eines Anleiheninvestors weiter. In der Praxis verlieren die meisten Investoren mit Anleihen daher real Geld.

2.4 Suche nach Rendite

Im derzeitigen Niedrigzinsumfeld suchen Anleger verstärkt nach Möglichkeiten, das Renditepotenzial ihrer Investitionen im Anleihenmarkt zu steigern. Hierzu eröffnen sich im Anlageuniversum der Staatsanleihen im Wesentlichen die Möglichkeiten, bei gleicher Bonität die Laufzeit der Anlage zu verlängern bzw. Staatsanleihen niedrigerer Bonität zu wählen. Auch eine Kombination der beiden Ausweichmöglichkeiten ist denkbar.

Darüber hinaus stellen auch Investitionen in Fremdwährungsanleihen eine Möglichkeit zur Renditesteigerung dar. Insbesondere Anleihen in den Währungen von Schwellenländern weisen häufig eine höhere Verzinsung als Anleihen auf, die in einer der wichtigen Weltwährungen ausgegeben wurden. Der Ertrag einer Investition in diese Fremdwährungsanleihen basiert neben dem Einfluss von Zinskupon und Kursveränderungen wesentlich auf der Entwicklung des Wechselkurses.

Die Aspekte Laufzeitverlängerung sowie Investition in Staatsanleihen niedrigerer Bonität werden im Folgenden näher ausgeführt. Die Möglichkeit der Investition in Fremdwährungsanleihen wird in diesem Buch nicht weiter behandelt. Bei Fremdwährungsanleihen ist die Entwicklung des jeweiligen Wechselkurses zumeist der dominierende Ergebnisfaktor, der andere kursbeeinflussende Faktoren überlagert. Die Vergangenheit hat gezeigt, dass die Entwicklung von Wechselkursen kaum verlässlich prognostizierbar erscheint. Vom Grundsatz her ist zu beachten, dass die höhere Verzinsung einer Fremdwährungsanleihe gegenüber einer Euro-Anleihe bei sonst vergleichbaren Rahmendaten in der Regel mit einem höheren Risiko verbunden ist. Aus diesem Grund sollten Investitionen in Fremdwährungsanleihen nur als Beimischung in einem breit diversifizierten Portfolio erfolgen und am besten einem professionellen Fondsmanager überlassen werden.

Ausweitung der Laufzeit

Eine Möglichkeit, den Ertrag zu erhöhen, ergibt sich in der Regel durch die Investition in Anleihen mit einer höheren Restlaufzeit und eine entsprechende Erhöhung der Duration.

Die nachfolgende Grafik zeigt dies am Beispiel deutscher Staatsanleihen. So weist eine deutsche Staatsanleihe mit einer Restlaufzeit von 5 Jahren per Ende November 2014 eine laufende Verzinsung von 0,11 % auf. Dagegen wäre mit einer deutschen Staatsanleihe mit einer Restlaufzeit von 10 Jahren immerhin eine laufende Verzinsung von 0,70 % erreichbar.

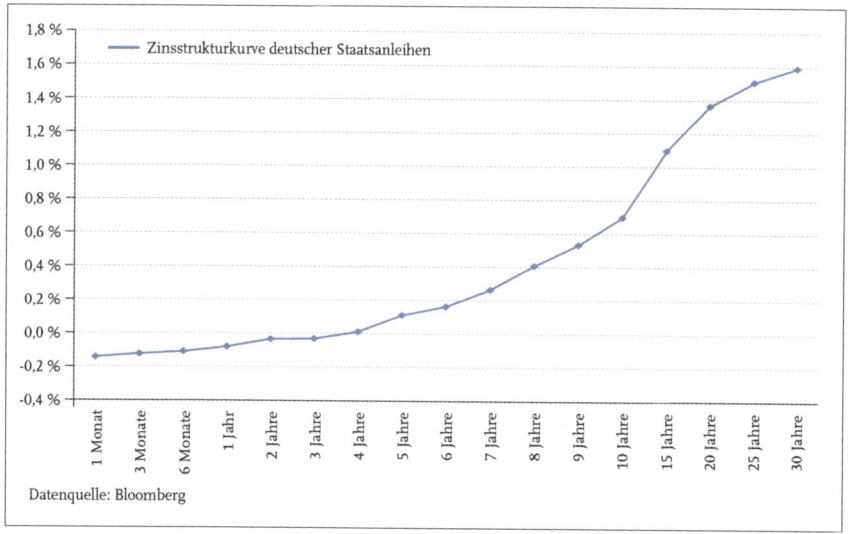

Verzinsung deutscher Staatsanleihen verschiedener Restlaufzeiten (Zinsstrukturkurve)

Für das obige Beispiel der Bundesanleihe könnte ein Anleger aus der Anleihe mit ca. 4 Jahren Restlaufzeit bis Januar 2019 in eine Anleihe mit längerer Restlaufzeit wechseln. Die Ende Januar 2014 mit einem Zinskupon von 1,75 % aufgelegte Bundesanleihe mit Restlaufzeit bis Februar 2024 (ISIN DE0001102333) bietet dem Anleger per Ende November 2014 eine Rendite von 0,622 % p.a. bis zur Endfälligkeit und damit 0,609 % p.a. mehr Rendite als die Anleihe mit kürzerer Restlaufzeit.

Allerdings ist mit der Erhöhung der Duration auch ein anderes Risiko-Profil verbunden. Mit der Duration steigt auch die Zinssensitivität von Anleihen, was im Falle ansteigender Kapitalmarktzinsen zu deutlichen Verlusten führen kann. Im obigen Beispiel würde ein Zinsanstieg um einen Prozentpunkt für die Laufzeit bis Januar 2019 einen Kursverlust von etwas unter 4 % bedeuten, bei der Laufzeit bis 2024 wären es etwa 8,5 %. Bei noch längeren Laufzeiten steigt das potenzielle Kursrisiko entsprechend sogar noch weiter an.

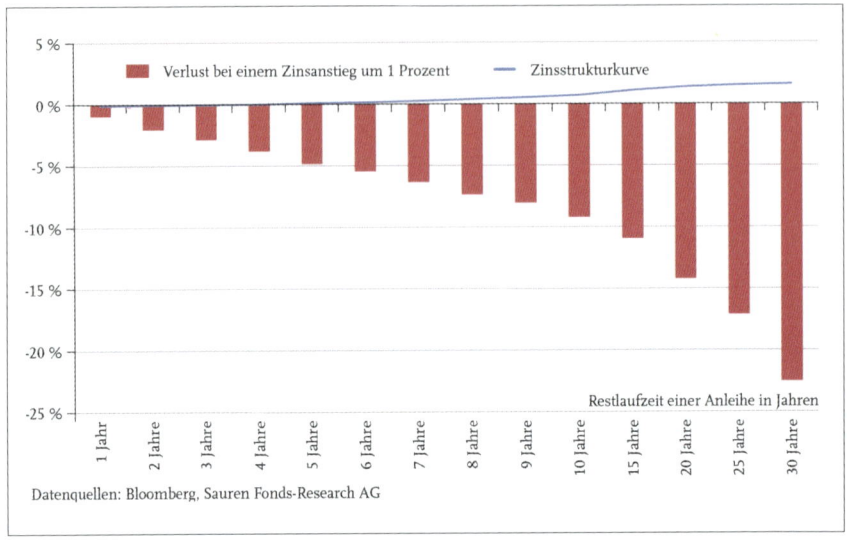

Zinsstrukturkurve und Verlust bei einem Zinsanstieg um 1 %

Ausweitung des Universums

Abseits des Anlageuniversums von Staatsanleihen hoher Bonität ergibt sich die Möglichkeit, in Staatsanleihen niedrigerer Bonität zu investieren, die aufgrund des damit verbundenen höheren Ausfallrisikos in der Regel auch eine höhere Verzinsung (Spread) bei gleicher Duration bieten.

An dieser Stelle werden kurz grundsätzliche Möglichkeiten im Universum der Staatsanleihen aufgezeigt. Die Spread-Thematik wird detailliert im Kapitel zu Unternehmensanleihen behandelt.

Euro-Peripherie

Eine mögliche Alternative zu deutschen Staatsanleihen stellen Staatsanleihen anderer europäischer Staaten dar, die in der Vergangenheit zumeist eine höhere Verzinsung als deutsche Staatsanleihen aufgewiesen haben.

Die nachfolgende Grafik vergleicht die historische Verzinsung von deutschen Staatsanleihen mit Staatsanleihen von Italien bzw. von Spanien bei einer Laufzeit von 10 Jahren.

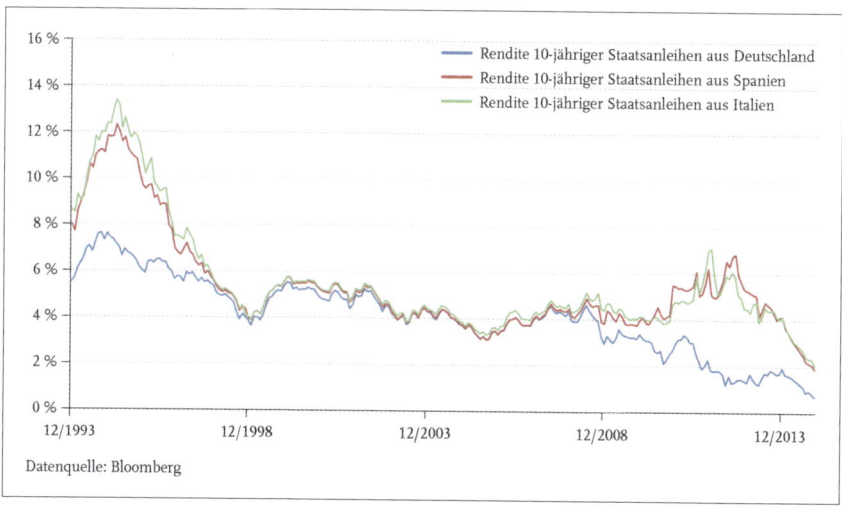

Zinsentwicklung für Staatsanleihen aus Deutschland, Italien bzw. Spanien von Dezember 1993 bis November 2014

Die Grafik zeigt, dass die Verzinsung 10-jähriger Staatsanleihen sowohl für Italien als auch für Spanien in den letzten 20 Jahren nahezu durchgängig über der Verzinsung 10-jähriger deutscher Staatsanleihen gelegen hat. Ein höherer Zinskupon ist aber wie schon beschrieben nur eine Ertragskomponente. Hinsichtlich der Erträge durch Kursveränderungen waren im betrachteten Zeitraum sehr unterschiedliche Phasen zu verzeichnen.

In der Konvergenz-Phase vor Einführung des Euros fielen die Renditen italienischer sowie spanischer Staatsanleihen von hohem Niveau und näherten sich bis zum Jahr 1998 in etwa der Rendite deutscher Staatsanleihen an. Dadurch waren mit italienischen sowie mit spanischen Staatsanleihen hohe Erträge zu erzielen, welche sich aus den schon höheren Zinskupons und den Kursgewinnen durch den Rückgang des Zinsniveaus zusammensetzten. Im anschließenden Zeitraum von 1999 bis

2007 verzeichneten Staatsanleihen aus Italien und aus Spanien sowohl hinsichtlich des Zinsniveaus als auch hinsichtlich der Kursentwicklung eine weitgehend ähnliche Entwicklung wie Staatsanleihen aus Deutschland. Mit dem Aufflammen der Euro-Krise im Jahr 2008 endete der weitgehende Gleichlauf aber wieder. Die Verzinsungen der Staatsanleihen aus Italien und aus Spanien stiegen kräftig an, während die Verzinsung von deutschen Staatsanleihen deutlich fiel. In der Konsequenz verbuchten italienische und spanische Staatsanleihen signifikante Kursverluste.

Wenngleich in der jüngsten Vergangenheit die Renditen von italienischen und spanischen Staatsanleihen wieder gefallen sind und deutliche Kursgewinne zu verzeichnen waren, sollte jeder Investor die Risiken im Blick haben. Der Renditevorteil gegenüber deutschen Staatsanleihen ist immer mit zusätzlichen Kursrisiken verbunden, da das Ausfallrisiko von Italien und Spanien vom Markt höher eingeschätzt wird als das von Deutschland.

Schwellenländer

Staatsanleihen von Schwellenländern bieten zumeist eine deutlich höhere Verzinsung als Staatsanleihen von Industrieländern. Gleichzeitig haben viele Schwellenländer heute z. B. aufgrund einer niedrigeren Staatsverschuldung und eines höheren Wirtschaftswachstum durchaus bessere fundamentale Rahmendaten als so manches Industrieland.

Die nachfolgende Grafik zeigt im Zeitraum der letzten 10 Jahre die gewichtete Rendite eines Korbs von in US-Dollar bzw. Euro denominierten Schwellenländerstaatsanleihen im Vergleich zu der Rendite deutscher Staatsanleihen.

Die Schwellenländerstaatsanleihen weisen per Ende November 2014 ein Renditeniveau von 4,4 % auf. Das liegt deutlich über dem Renditeniveau deutscher Staatsanleihen in Höhe von 0,6 %.

Auf den ersten Blick sieht eine Investition in Staatsanleihen von Schwellenländern durchaus interessant aus. Wer auf der Suche nach einer höheren Verzinsung auf diese Staatsanleihen niedrigerer Bonität ausweicht, muss sich aber neben möglichen politischen Aspekten und einer eventuell eingeschränkten Marktliquidität der Anleihen vor allem bewusst sein, dass er zusätzlich das Risiko von Zahlungsausfällen eingeht.

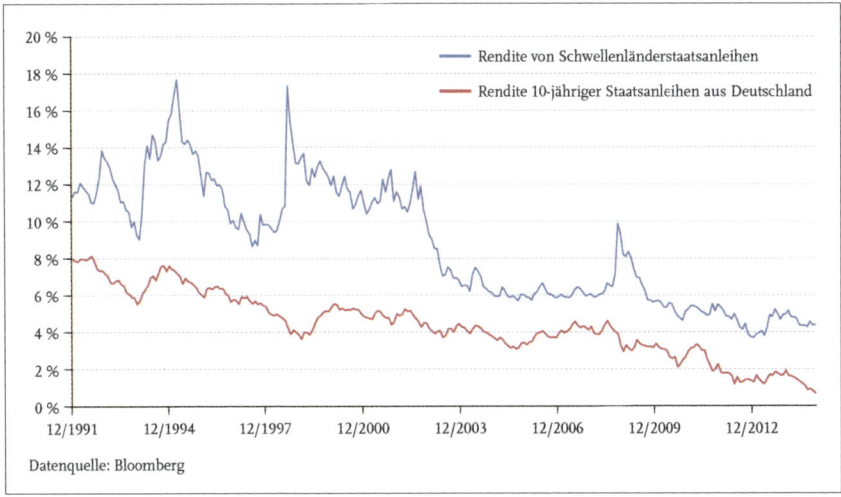

Rendite von Schwellenländerstaatsanleihen und deutschen Staatsanleihen von Dezember 1991 bis November 2014

Ausfälle von Staatsanleihen sind historisch betrachtet nichts Ungewöhnliches. Ab dem Anfang des 19. Jahrhunderts kam es aufgrund externer Schulden beispielsweise bei Argentinien zu Ausfällen in den Jahren 1951, 1956, 1982, 1989, 2001 und 2014. Bei Brasilien kam es zu Ausfällen in den Jahren 1902, 1914, 1931, 1937, 1961, 1964 sowie 1983 und bei Mexiko zu Ausfällen in den Jahren 1914, 1928 sowie 1982. Auch das heutige EU-Mitglied Polen verzeichnete im Jahr 1981 einen solchen Zahlungsausfall.

Die Beispiele zeigen, dass eine Investition in Schwellenländerstaatsanleihen mit Risiken verbunden sein kann, die deutlich über die erzielbare Mehr-Rendite hinausgehen. Grundsätzlich ist der höhere Ertrag auch hier mit höheren Risiken verbunden. Bei der Investition in Schwellenländerstaatsanleihen bedarf es daher stets einer detaillierten Analyse der Zahlungsfähigkeit und Zahlungswilligkeit des Schuldners.

2.5 Fazit

Auch ohne eine Prognose zur zukünftigen Zinsentwicklung wird bei der Analyse der derzeitigen Ausgangsbasis an den Anleihenmärkten deutlich, dass sich die Vergangenheitsentwicklung nicht in die Zukunft fortschreiben lässt. Im aktuellen Niedrigzinsumfeld sind sowohl die laufende Verzinsung als auch das Potenzial zukünftiger Kurssteigerungen durch einen weiteren Rückgang des Kapitalmarktzinsniveaus begrenzt. Gleichzeitig können mögliche Kursverluste im Falle eines Zinsanstiegs nicht mehr durch die laufende Verzinsung kompensiert werden.

Die Erhöhung der Duration (Laufzeitenverlängerung) einer Investition in Staatsanleihen hoher Bonität bzw. das Ausweichen auf Anleihen von Staaten niedrigerer Bonität können in gewissem Maße Abhilfe schaffen, sollten aber stets im Bewusstsein der damit verbundenen zusätzlichen Risiken erfolgen. Unabhängig davon sollte eine solche Erweiterung des Anlageuniversums nur dann erfolgen, wenn die notwendige Kompetenz zur fundierten Einschätzung der zusätzlich in Kauf genommenen Risiken vorhanden ist.

Im folgenden Kapitel wird eine weitere Alternative zu Staatsanleihen hoher Bonität betrachtet: die Investition in Unternehmensanleihen und die damit verbundenen Chancen und Risiken.

3. Unternehmensanleihen in der Zinsfalle

Die im vorhergehenden Kapitel dargestellte Entwicklung von Staatsanleihen hoher Bonität und deren zunehmend unattraktiver gewordene Verzinsung hat viele Investoren dazu veranlasst, sich auf der Suche nach Rendite verstärkt nach Anlagealternativen mit höheren Renditen umzusehen. In den Fokus der Investoren sind dabei vermehrt Unternehmensanleihen gerückt. Dieses Kapitel gibt zunächst eine Einführung in diesen Bereich. Die grundsätzliche Funktionsweise von Unternehmensanleihen wird dargestellt und am Beispiel einer am Markt verfügbaren Anleihe verdeutlicht. Zusätzlich werden die Ausfallrisiken von Unternehmensanleihen näher betrachtet.

Im Anschluss wird die historische Entwicklung des Marktsegments beleuchtet und dargestellt, welche Auswirkungen der Rückgang des Kapitalmarktzinsniveaus auf Unternehmensanleihen hat. Die aktuellen Perspektiven für Anleger in Unternehmensanleihen werden anhand einer Szenario-Analyse gezeigt. Dabei wird auch in diesem Kapitel eine neutrale Betrachtung der derzeitigen Rahmenbedingungen und der sich daraus ergebenden Perspektiven vorgenommen, ohne eine Prognose über die zukünftige Entwicklung des Zinsniveaus abzugeben. Die Ausführungen sollen dazu dienen, Anlegern die aktuelle Ausgangssituation bei Unternehmensanleihen zu zeigen und zu einer Überprüfung der eigenen Investitionen anzuregen.

Nicht nur Unternehmensanleihenfonds, sondern auch Mischfonds und vermögensverwaltende Fonds haben von der Entwicklung der Kapitalmarktzinsen und der damit einhergehenden positiven Entwicklung von Unternehmensanleihen stark profitiert. Die nach wie vor im Fokus des

Investoreninteresses stehenden Fonds sind genau wie Direktanlagen der Zinsfalle ausgesetzt. Es wird gezeigt, warum Anleger die Wertentwicklung der Vergangenheit nicht fortschreiben dürfen und sich auf niedrigere Renditen in der Zukunft einstellen müssen.

Der Abschluss des Kapitels ist Veränderungen im Marktsegment der Unternehmensanleihen gewidmet, die auch eine Folge des Niedrigzinsumfelds sind und von den Anlegern berücksichtigt werden sollten. So wird das bisher bei Investoren wenig beachtete Thema der Liquidität im Unternehmensanleihenbereich diskutiert, das eine Ursache für eine zukünftige Krise des Marktsegments darstellen könnte.

3.1 Einführung Unternehmensanleihen

Funktionsweise von Unternehmensanleihen

Unternehmensanleihen stellen verbriefte schuldrechtliche Ansprüche gegenüber einem Unternehmen dar. Der Anleger erwirbt mit einer Unternehmensanleihe im Gegensatz zur Aktie somit keinen (Eigenkapital-)Anteil am Unternehmen, sondern stellt dem Unternehmen Fremdkapital zur Verfügung. Er nimmt somit die Position eines Gläubigers ein, das Unternehmen wird sein Schuldner. Als Gegenleistung für die Bereitstellung des Kapitals über einen in den Anleihebedingungen definierten Zeitraum erhält der Anleger einen festgelegten Zinskupon. Am Ende der Laufzeit der Anleihe wird der Nennwert der Anleihe und damit der ursprünglich dem Unternehmen zur Verfügung gestellte Betrag zurückgezahlt.

Mit dem Kauf der Unternehmensanleihe unterliegt der Anleger ebenso wie bei der Anlage in Staatsanleihen hoher Bonität einem Zinsänderungsrisiko (siehe Kapitel 2). Während bei Staatsanleihen höchster Bonität ein etwaiges Bonitäts- oder Adressenausfallrisiko eine vernachlässigbare Rolle spielt, muss der Anleger bei Investitionen in Unternehmensanleihen genauso wie in Staatsanleihen niedriger Bonität dieses zusätzliche Risiko berücksichtigen. Das Bonitäts- oder Adressenausfallrisiko stellt das Risiko dar, dass der Anleger die ihm aus der Anleihe zustehenden Zahlungen nicht vollständig erhält – seien es die Zinszahlungen während der Laufzeit oder die Rückzahlung des Nennwerts der Anleihe am Ende der Laufzeit. Für die Übernahme dieses Bonitätsrisikos erhält der Anleger eine zusätzliche Vergütung, welche sich in Form eines höheren Zinskupons bei Emission oder einer höheren Rendite bei Erwerb während der Laufzeit widerspiegelt. Diese Überrendite wird in Form einer Zinsdifferenz zur Rendite von Staatsanleihen höchster Bonität gemessen und als »Spread« bezeichnet.

Ein praktisches Beispiel einer Unternehmensanleihe verdeutlicht die Funktionsweise: Eine im Jahr 2008 ausgegebene Anleihe des deutschen Versicherungsunternehmens Allianz mit Laufzeit bis Mitte Dezember 2018 bot Anlegern bei Emission einen Zinskupon von 5,352 Prozent. Eine Investition in die im vorhergehenden Kapitel vorgestellte Bundesanleihe mit vergleichbarer Restlaufzeit bot zu diesem Zeitpunkt eine Rendite von 3,294 Prozent p.a. Somit ermöglichte die Allianz-Anleihe die Erzielung einer Renditedifferenz (Spread) von 2,058 Prozent p.a. gegenüber der Bundesanleihe mit nahezu identischer Restlaufzeit. Diese Risikoprämie erhält der Anleger für die Übernahme der höheren Bonitätsrisiken des Versicherungskonzerns gegenüber dem mit höchster Bonität versehenen Schuldner, der Bundesrepublik Deutschland.

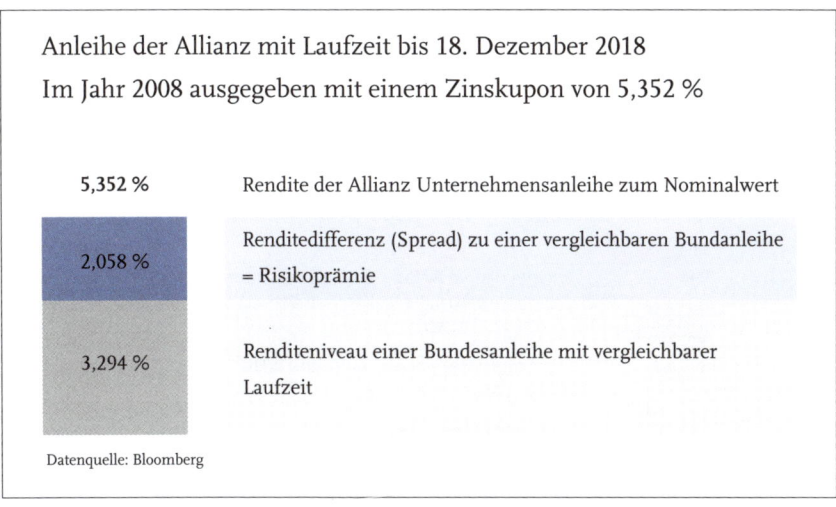

Modellhafte Darstellung einer beispielhaften Unternehmensanleihe

Je größer das Bonitätsrisiko eines Unternehmens für einen Anleger ausfällt, desto größer ist in der Regel auch der Spread, der vom Markt eingepreist wird. Da Anleger eine entsprechende Kompensation für das eingegangene Risiko verlangen, müssen Unternehmen bei schlechterer Bonität einen höheren Zinskupon anbieten, um die Anleihen bei Investoren platzieren zu können. Entsprechend werden von den Investoren beim Handel im Markt auch höhere Renditen bei Anleihen von Unternehmen verlangt, denen sie eine niedrigere Bonität zuschreiben. Die grundsätzliche Einschätzung der Bonität der Unternehmen (oder auch Staaten) wird dabei öffentlich insbesondere anhand von Beurteilungen von Rating-Agenturen vorgenommen. Als weltweit tätige und anerkannte Rating-Agenturen sind insbesondere Standard & Poor's, Moody's und Fitch zu nennen. Beispielhaft sind untenstehend die Rating-Einstufungen von Standard & Poor's sowie von Moody's aufgeführt.

Moody's	Standard & Poor's	Beschreibung	Bonitätsstufen
Aaa	AAA	Schuldner höchster Bonität, Ausfallrisiko auch längerfristig so gut wie vernachlässigbar	Hohe Bonität
Aa1 Aa2 Aa3	AA+ AA AA-	Sichere Anlage, Ausfallrisiko so gut wie vernachlässigbar, längerfristig aber etwas schwerer einzuschätzen	Investment Grade
A1 A2 A3	A+ A A-	Sichere Anlage, sofern keine unvorhergesehenen Ereignisse die Gesamtwirtschaft oder die Branche beeinträchtigen	
Baa1 Baa2 Baa3	BBB+ BBB BBB-	Durchschnittlich gute Anlage. Bei Verschlechterung der Gesamtwirtschaft ist aber mit Problemen zu rechnen	
Ba1 Ba2 Ba3	BB+ BB BB-	Spekulative Anlage. Bei Verschlechterung der Lage ist mit Ausfällen zu rechnen	Niedrige Bonität Non-Investment Grade / High Yield
B1 B2 B3	B+ B B-	Hochspekulative Anlage. Bei Verschlechterung der Lage sind Ausfälle wahrscheinlich	
Caa1 Caa2 Caa3 Ca	CCC+ CCC CCC- CC C	Nur bei günstiger Entwicklung sind keine Ausfälle zu erwarten Moody's: in Zahlungsverzug Standard & Poor's: hohe Wahrscheinlichkeit eines Zahlungsausfalls oder Insolvenzverfahren beantragt, aber noch nicht in Zahlungsverzug	
C	D	Zahlungsausfall	

Unternehmensanleihen höherer Bonität werden dem Investment-Grade-Bereich zugerechnet, während Unternehmensanleihen niedrigerer Bonität auch als Non-Investment Grade oder Hochzinsanleihen bezeichnet werden. Der Renditeunterschied, den Unternehmensanleihen unterschiedlicher Bonität zu Staatsanleihen bieten, wird bei Betrachtung der Zinsstrukturkurven für Anleihen unterschiedlicher Bonität zum selben Stichtag deutlich. Auch der Renditeunterschied zwischen Unternehmensanleihen unterschiedlicher Bonität kann so veranschaulicht werden. Die nachfolgende Grafik stellt die Zinsstrukturkurve für Unternehmensanleihen mit einem A-Rating sowie mit einem BBB-Rating von Standard & Poor's im Vergleich zur Zinsstrukturkurve deutscher Staatsanleihen dar.

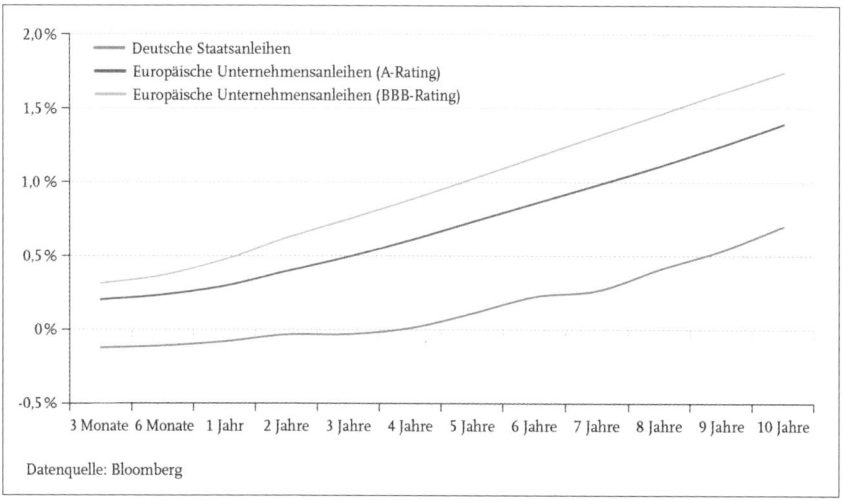

Zinsstrukturkurve europäischer Unternehmensanleihen unterschiedlicher Bonität im Vergleich zur Zinsstrukturkurve deutscher Staatsanleihen per Ende November 2014

Wie in der Grafik gezeigt, können Investoren bei Unternehmensanleihen mit gleicher Restlaufzeit eine höhere Rendite für die Übernahme des höheren Bonitätsrisikos vereinnahmen. So erhält ein Anleger basierend auf der Zinsstrukturkurve per Ende November 2014 beispielsweise für eine 5-jährige Unternehmensanleihe mit einem A-Rating eine Rendite von

0,73 Prozent p.a. im Vergleich zu einer deutschen Staatsanleihe mit 0,11 Prozent p.a., was einem Spread von 0,62 Prozent p.a. entspricht. Noch höher fällt der Spread bei einer Investition in eine Unternehmensanleihe mit einem BBB-Rating aus. Hier kann der Anleger bei identischer Restlaufzeit für die Übernahme der höheren Risiken der Unternehmensanleihe eine Rendite von 1,02 Prozent p.a. erzielen, der Spread liegt also bei 0,91 Prozent p.a. Damit übersteigt die Rendite der mit einem BBB-Rating bewerteten Unternehmensanleihe die Rendite der Unternehmensanleihe mit einem A-Rating nochmals um 0,29 Prozent p.a.

Ausfallrisiken bei Unternehmensanleihen

Wie zuvor erläutert, stellt der Spread von Unternehmensanleihen zu Staatsanleihen eine Risikoprämie für die Übernahme der Ausfallrisiken bei Unternehmensanleihen dar. Der Spread ist entsprechend der jeweiligen Bewertung der Ausfallrisiken durch die Marktteilnehmer im Zeitablauf nicht konstant, sondern Schwankungen unterworfen. Bewerten die Marktteilnehmer beispielsweise im Rahmen einer schlechteren gesamtwirtschaftlichen Entwicklung die Ausfallwahrscheinlichkeiten von Unternehmensanleihen höher, steigt der Spread an. Eine solche Ausweitung der Renditedifferenz führt bei sonst unveränderten Rahmenbedingungen und unverändertem Zinsniveau zu einem Kursverlust bei Unternehmensanleihen. Umgekehrt können Unternehmensanleihen Kursgewinne verzeichnen, wenn sich der Spread einengt. Die Entwicklung der Renditedifferenz zu Staatsanleihen stellt somit neben der Entwicklung des allgemeinen Zinsniveaus den wesentlichen Faktor für die Kursentwicklung von Unternehmensanleihen dar.

Der nachfolgende Chart veranschaulicht die historische Entwicklung des Spreads für Unternehmensanleihen hoher Bonität sowie niedriger Bonität (Hochzinsanleihen) über die letzten 15 Jahre im Zeitraum von November 1999 bis November 2014. Es zeigt sich, dass die Spreads im Zeitablauf deutlichen Schwankungen unterworfen sind. Der Spread von Anleihen höherer Bonität weist dabei infolge der geringeren Ausfallrisiken deutlich niedrigere Schwankungen auf, während der Spread von Hochzinsanleihen aufgrund der höheren Ausfallwahrscheinlichkeit eine weitaus größere Schwankungsbreite (Volatilität) im Zeitablauf aufweist.

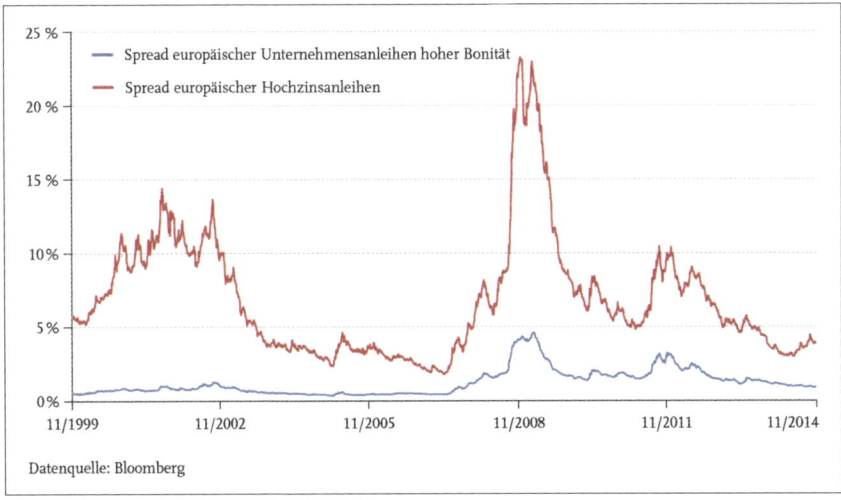

Spreads europäischer Unternehmensanleihen hoher Bonität (Bofa Merrill Lynch Euro Corporate Index) und europäischer Hochzinsanleihen (Bofa Merrill Lynch European Currency High Yield Index) von November 1999 bis November 2014

Ein Blick in die Historie der tatsächlichen Ausfälle insbesondere im Segment der Hochzinsanleihen (Non-Investment Grade) zeigt, dass es sich bei der oben dargestellten Spread-Entwicklung als Maß für Ausfallrisiken und Ausfallwahrscheinlichkeiten nicht nur um theoretische Überlegungen handelt. Die in der Praxis tatsächlich verzeichnete Ausfallquote unterlag im Zeitablauf deutlichen Schwankungen und stieg bei Anleihen von Unternehmen mit niedrigerer Bonität in wirtschaftlichen Krisenphasen auf einen hohen einstelligen oder sogar niedrigen zweistelligen Prozentsatz an. So fielen beispielsweise in den Jahren 2001 und 2002 über 9 Prozent der globalen Hochzinsanleihen aus, und auch im Jahr 2009 nach der globalen Finanzkrise stiegen die Ausfälle auf nahezu 10 Prozent an. Die nachfolgenden Grafiken geben einen Überblick über die historischen Ausfallraten bis einschließlich 2013 für Unternehmensanleihen hoher Bonität sowie Hochzinsanleihen.

Unternehmensanleihen in der Zinsfalle

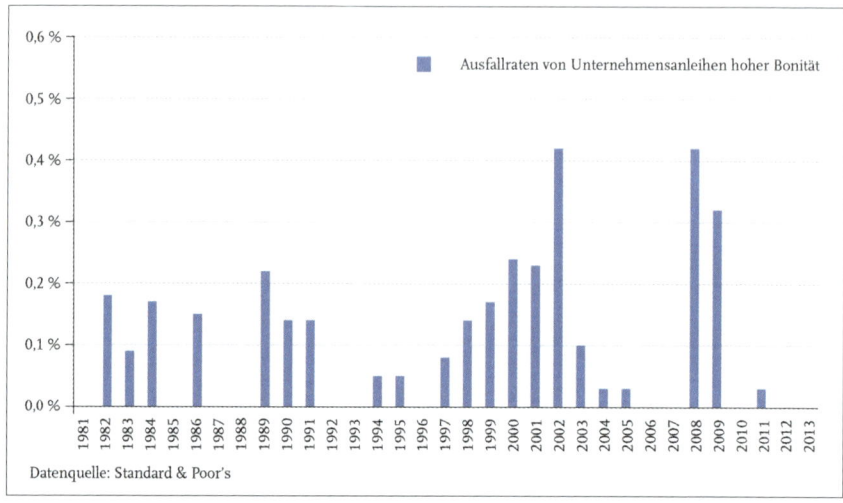

Historische Ausfallraten von Unternehmensanleihen hoher Bonität von 1981 bis 2013

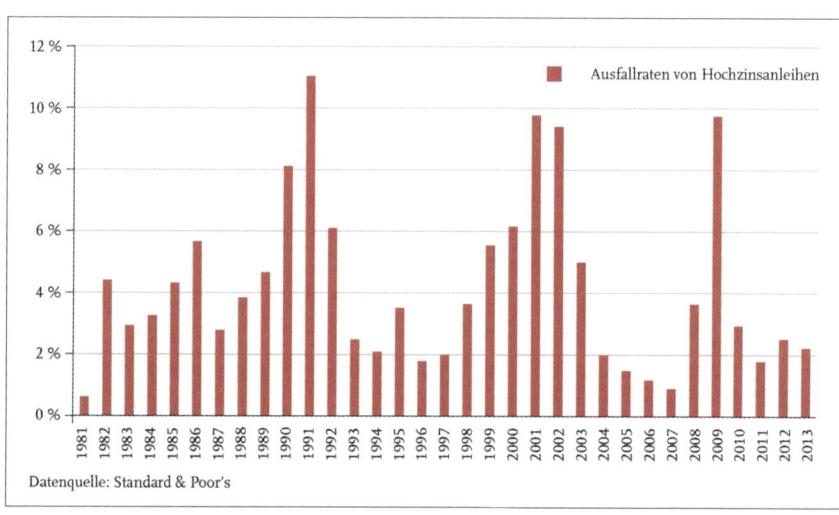

Historische Ausfallraten von Hochzinsanleihen von 1981 bis 2013

Dass die Ausfallrisiken nicht nur ein theoretisches Risiko darstellen, mussten Anleger in der Vergangenheit auch bei bekannten und teils mit hoher Bonität versehenen Unternehmen schmerzlich erfahren. Prominente Beispiele sind das Automobilunternehmen General Motors oder die Investmentbank Lehman Brothers. Während General Motors vor der am 1. Juni 2009 angemeldeten Insolvenz bereits einen jahrelangen Rückgang der Rating-Bewertungen von ursprünglich höchster Bonität auf eine niedrige Bonität im Non-Investment-Grade-Bereich hinzunehmen hatte, wurden Anleiheinvestoren bei Lehman Brothers überrascht. Die Investmentbank gab im September 2008 ihren Konkurs bekannt und konnte zu diesem Zeitpunkt eine Rating-Bewertung von A+ bei Standard & Poor's aufweisen.

Ein bekanntes Beispiel in Deutschland ist die Baumarktkette Praktiker. Das Unternehmen hatte im Februar 2011 eine Anleihe mit einem Volumen von 250 Millionen Euro und einem Kupon von 5,875 Prozent bei 5-jähriger Laufzeit ausgegeben. Seit Juli 2013 befindet sich das Unternehmen Praktiker in der Insolvenz, in deren Folge auch die Investoren der Anleihe des Unternehmens keine Zahlungen mehr erhalten haben. In der jüngeren Vergangenheit haben auch weitere Anleger in Deutschland in dem vergleichsweise neuen und auch an Privatanleger gerichteten Marktsegment der Mittelstandsanleihen Ausfälle von Unternehmen hinnehmen müssen. Das relativ junge Marktsegment, welches insbesondere mittelständischen Unternehmen zur Kapitalbeschaffung über den Kapitalmarkt dienen sollte, hatte bei verschiedenen Unternehmen Zahlungsausfälle zu vermelden. So sind lt. Handelsblatt Online vom 29. August 2014 »von den 134 Firmen, die seit 2010 an einer der 5 Mittelstandsbörsen in München, Hannover, Stuttgart, Düsseldorf und Frankfurt viel Geld von Privatanlegern eingesammelt haben, [...] mittlerweile 15 zahlungsunfähig«[7].

Für Anleger ist das Ausfallrisiko bei einer Investition in Unternehmensanleihen somit ein zentraler Faktor, den es zu berücksichtigen gilt. Dazu müssen Anleger sich eine Einschätzung über die zukünftige Entwicklung bilden. Die Spread-Entwicklung kann dabei hilfreich sein – schließlich spiegelt sie die Erwartungen der Marktteilnehmer hinsichtlich der zukünftigen Ausfallwahrscheinlichkeiten wider. Aus diesem Grund läuft die

Spread-Entwicklung der Entwicklung der tatsächlichen Ausfallraten in der Regel voraus, ein Anstieg des Spreads kann ein Indikator für mehr Ausfälle in der Zukunft sein. Die nachfolgende Abbildung veranschaulicht den Zusammenhang zwischen den Spreads und den Ausfallraten für Hochzinsanleihen und verdeutlicht den vorausschauenden Charakter.

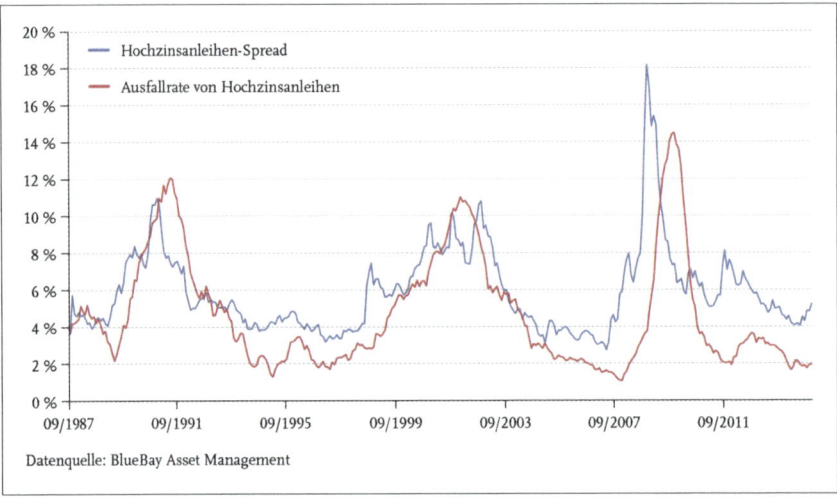

Entwicklung des Spreads globaler Hochzinsanleihen im Vergleich zur Entwicklung der Ausfallraten von September 1987 bis November 2014

Anhand eines vereinfachten, modellhaften Beispiels lässt sich der vorausschauende Charakter der Spread-Entwicklung erklären. Ein Anleger, der für den Zeitraum der nächsten 5 Jahre eine Ausfallrate für den Gesamtmarkt von in Summe 10 Prozent erwartet, wird für dieses Risiko eine Kompensation in Form einer höheren Rendite erhalten wollen. Die höhere Rendite sollte dabei den Verlust aus dem Zahlungsausfall ausgleichen. Somit müsste ein Anleger über den Zeitraum von 5 Jahren (ohne Berücksichtigung von Zinseszinseffekten bzw. unter Annahme eines gleichmäßig verteilten jährlichen Zahlungsausfalls) eine um 2 Prozent höhere Rendite pro Jahr erzielen. Auf diese Weise würden die Zahlungsausfälle von jährlich 2 Prozent bzw. in Summe 10 Prozent ausgeglichen.

Liegt der derzeitige Spread höher, erhält ein Anleger eine höhere Kompensation für das eingegangene Ausfallrisiko. Sofern er von gleichbleibenden Ausfallraten ausgeht, wird sich für ihn eine Investition in die höher verzinsten Anleihen folglich lohnen. Gehen die Anleger im Markt jedoch von höheren Ausfallraten in Zukunft aus, werden sie eine höhere Kompensation für das erhöhte Risiko verlangen. In der Folge wird der Renditeaufschlag von 2 Prozent im Beispiel ansteigen müssen, damit Anleger eine Investition als attraktiv einschätzen. Der Spread wird dabei so weit ansteigen, bis die Anleger die zukünftig zu erwartenden Ausfallrisiken kompensiert sehen. In der Praxis fließen weitere Faktoren ein – wie beispielsweise der Anteil des Nennwerts, den der Investor bei einem Ausfall der Anleihe gegebenenfalls noch erhält (Recovery Rate). Außerdem agieren Investoren meistens nicht risikoneutral und verlangen insofern eine höhere Prämie als Ausgleich für den unsicheren Zahlungsausgang der höher verzinsten, aber mit Ausfallrisiken behafteten Anleihe. Unabhängig davon zeigt das Modell aber, warum die Spread-Entwicklung grundsätzlich einen vorausschauenden Charakter hinsichtlich der zukünftigen Ausfallraten aufweisen kann.

3.2 Folgen der Zinsentwicklung für Unternehmensanleihen

Der in Kapitel 2 beschriebene allgemeine Rückgang der Kapitalmarktzinsen hat auch dazu geführt, dass die Renditen von Unternehmensanleihen deutlich gesunken sind. Wird die Rendite von Unternehmensanleihen als Basiszins zuzüglich des Spreads betrachtet, hat sich sowohl der Basiszins verringert als auch der Spread zu Staatsanleihen höchster Bonität.

Im Folgenden wird beleuchtet, welche Konsequenzen sich daraus für Unternehmensanleihen ergeben haben. Zunächst wird der bereits im vorhergehenden Abschnitt dargestellte Beispielfall einer Unternehmensanleihe betrachtet, anschließend die allgemeine Entwicklung des Unternehmensanleihemarktes in Europa. Abschließend wird das derzeitige Rendite-Risiko-Profil einer Investition in Unternehmensanleihen dargestellt, dem sich Investoren im derzeitigen Niedrigzinsumfeld gegenübersehen.

Entwicklung einer beispielhaften Unternehmensanleihe

Der Rückgang der Renditen im Unternehmensanleihenbereich lässt sich am Beispiel der bereits zuvor erwähnten Unternehmensanleihe des deutschen Versicherungskonzerns Allianz exemplarisch aufzeigen. Der nachfolgende Chart stellt die Renditeentwicklung der Allianz-Anleihe sowie die Entwicklung der mit vergleichbarer Restlaufzeit ausgestalteten Bundesanleihe seit Auflegung der Unternehmensanleihe dar. Zusätzlich ist die Entwicklung des Spreads zwischen den beiden Anleihen separat dargestellt.

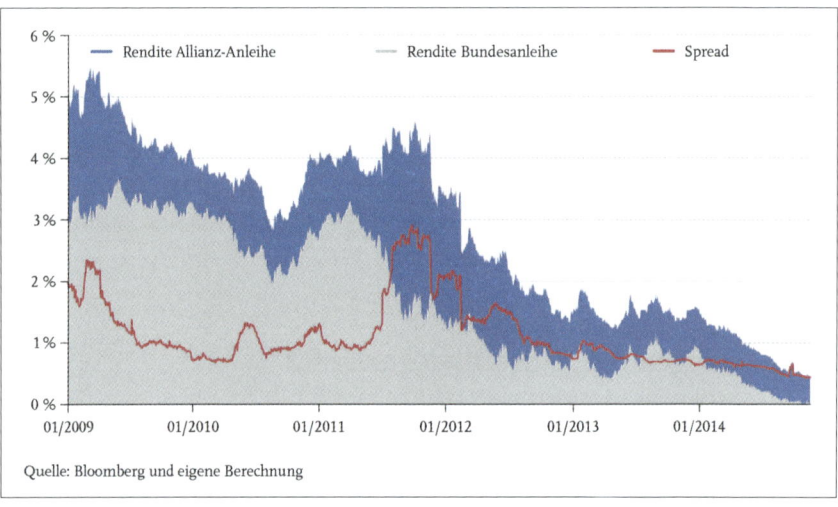

Rendite-Entwicklung der Allianz-Anleihe und der Bundesanleihe von Januar 2009 bis November 2014

Beim Vergleich der Renditeentwicklung lässt sich nicht nur das insgesamt gesunkene Renditeniveau ablesen, das bei beiden Anleihen zu Kursgewinnen führte. Es wird auch deutlich, dass der Spread im betrachteten Zeitraum ebenfalls neue Tiefstwerte erreicht hat, von 1,988 Prozent p.a. Anfang Januar 2009 ist er deutlich auf 0,441 Prozent p.a. per 30. November 2014 zurückgegangen. Dieser Rückgang liegt nicht nur in der verringerten Restlaufzeit der Anleihe begründet, sondern insbesondere auch im allgemeinen Rückgang des Spreads im Markt.

Die grafische Darstellung veranschaulicht zudem, dass es im Gesamtzeitraum durchaus Phasen gibt, in denen die Rendite der Unternehmensanleihe oder der Spread und damit die Risikoprämie der Unternehmensanleihe zwischenzeitlich angestiegen ist. Hier wird das zusätzliche Risiko sichtbar, das Anleger durch die Investition in Unternehmensanleihen eingehen. Eine höhere Rendite im Vergleich zum aktuellen Kapitalmarktzinsniveau ist insofern auch grundsätzlich ein Indiz für ein höheres Risiko, welches der Anleger bei einer Investition eingeht.

Im obigen Beispiel konnte ein Anleger mit der Allianz-Anleihe bis zum 30. November 2014 neben den gezahlten Zinskupons und zusätzlich zu den Kursgewinnen aufgrund des allgemeinen Zinsrückgangs auch Kursgewinne durch einen Rückgang der Renditedifferenz zur vergleichbaren Bundesanleihe erzielen. So notiert die Anleihe per 30. November 2014 zu einem Kurs von 119,579 Prozent und damit deutlich über dem Nominalwert der Anleihe (entsprechend 100 Prozent). Ein Anleger, der die Allianz-Anleihe am 30. November 2014 erwirbt, erzielt über die Restlaufzeit der Anleihe lediglich eine Rendite von 0,455 Prozent. Er erhält zwar die bei Auflegung der Anleihe festgelegten Zinskupons in Höhe von 5,352 Prozent, muss jedoch den aktuell höheren Anleihekurs bei Investition bezahlen und bis zum Laufzeitende der Anleihe Kursverluste aufgrund der Rückzahlung zum Nominalwert der Anleihe hinnehmen. Dieser auch als »Pull-to-Par-Effekt« bezeichnete Rückgang des aktuellen Anleihekurses auf den Nominalwert reduziert somit die Rendite aus den Zinskupons. Insofern stellen die bis zum 30. November 2014 erzielten Kursgewinne der Allianz-Anleihe eine »Vorwegnahme« der Erträge aus den höheren Zinskupons dar.

Entwicklung europäischer Unternehmensanleihen im Zeitablauf

Unternehmensanleihen weisen insgesamt nach wie vor ein höheres Zinsniveau als Staatsanleihen hoher Bonität auf. Die starke Nachfrage hat jedoch auch in diesem Segment zu einem signifikanten Rückgang des Zinsniveaus geführt.

Die effektive Rendite des BofA Merrill Lynch Euro Corporate Index, der die Rendite von in Euro denominierten Unternehmensanleihen hoher Bonität (Investment Grade) misst, lag im Durchschnitt der letzten 15 Jahre bei 4,20 Prozent p.a. Per 30. November 2014 erzielten Anleger mit europäischen Unternehmensanleihen gemessen am BofA Merrill Lynch Euro Corporate Index lediglich noch eine effektive Rendite von 1,23 Prozent p.a. Der nachfolgende Chart stellt den Rückgang des Renditeniveaus europäischer Unternehmensanleihen hoher Bonität über den Zeitraum von 15 Jahren vom 30. November 1999 bis zum 30. November 2014 dar. Der Rückgang der effektiven Rendite spiegelt dabei sowohl das Absinken des allgemeinen Zinsniveaus auf historische Tiefstände als auch den deutlichen Rückgang der Spreads von Unternehmensanleihen zu Staatsanleihen wider.

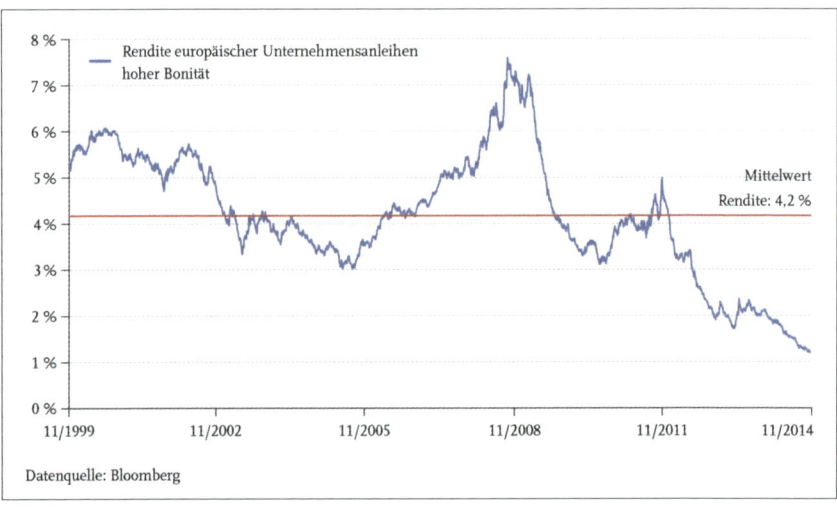

Rendite-Entwicklung europäischer Unternehmensanleihen (BofA Merrill Lynch Euro Corporate Index) über 15 Jahre von November 1999 bis November 2014

Der Chart verdeutlicht das absolute Renditeniveau, das im November 2014 einen historischen Tiefstwert erreicht hat. Neu emittierte Unternehmensanleihen weisen entsprechend nur noch niedrige Zinskupons auf. So hat beispielsweise die Fluggesellschaft Lufthansa Mitte September 2014 eine Anleihe mit einer 5-jährigen Laufzeit bis September 2019 und einem Volumen von 500 Millionen Euro am Markt platziert, welche Investoren einen Kupon von 1,125 Prozent bot. Die Anleihe ist mit einem Rating von BBB– von Standard & Poor's versehen und damit der niedrigsten Bonitätsstufe im Investment-Grade-Bereich zugeordnet. Per Ende November 2014 notierte die Anleihe bei einer Rendite von 1,26 Prozent und mit einem Spread von etwa 120 Basispunkten (entspricht 1,2 Prozentpunkten) zu einer Bundesanleihe mit vergleichbarer Restlaufzeit. Das Beispiel zeigt, dass auch bei Unternehmensanleihen die erreichten historischen Tiefstände der Renditen und der damit verbundene geringe Spread zu Staatsanleihen hoher Bonität wenig Puffer zur Vermeidung von deutlichen Verlusten im Fall eines allgemeinen Zinsanstiegs bietet.

Der deutliche Rückgang der Renditen bei Unternehmensanleihen ist dabei gleichzeitig auch ein Zeichen für das große Interesse der Investoren an diesem Bereich. Wie die nachfolgende Grafik zeigt, war eine Investition in Unternehmensanleihen in der Vergangenheit für Investoren äußerst erfolgreich. Der Chart stellt die Wertentwicklung europäischer Unternehmensanleihen hoher Bonität gemessen am BofA Merrill Lynch Euro Corporate Index über die letzten 15 Jahre dar.

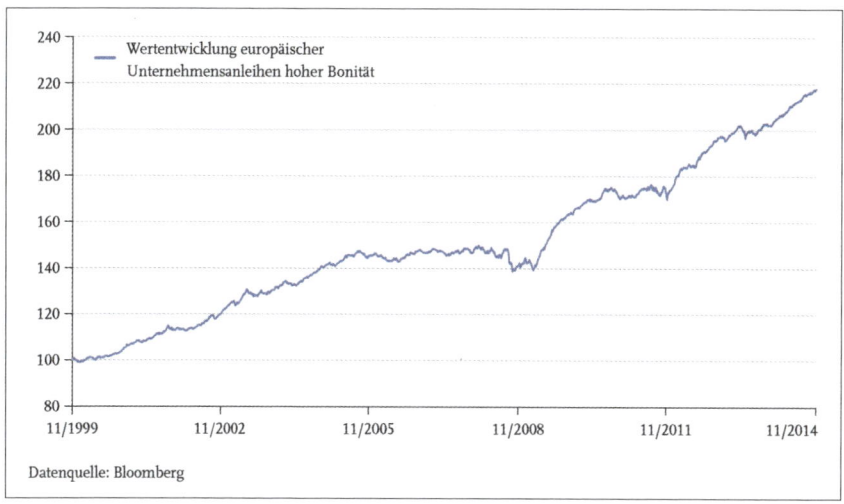

Wertentwicklung europäischer Unternehmensanleihen hoher Bonität (BofA Merrill Lynch Euro Corporate Index) über 15 Jahre von November 1999 bis November 2014

In dem dargestellten Zeitraum konnte der BofA Merrill Lynch Euro Corporate Index um insgesamt 117,8 Prozent oder 5,3 Prozent p.a. zulegen. Das ist das kumulierte Ergebnis aus drei Ertragsquellen. Neben den zumeist höheren Zinscoupons waren Kursgewinne aufgrund des allgemein fallenden Zinsniveaus zu verzeichnen. Darüber hinaus führte die Einengung des Spreads zu Staatsanleihen insbesondere in den letzten Jahren zu weiteren Kursgewinnen.

Eine Analyse der bestimmenden Faktoren für die Renditen der Vergangenheit führt das eingeschränkte Potenzial von Unternehmensanleihen für die Zukunft vor Augen. So müssen sich Anleger allein in Anbetracht der historischen durchschnittlichen Rendite von 4,2 Prozent p.a. im Vergleich zur heute zu erzielenden Rendite von 1,23 Prozent p.a. zukünftig auf niedrigere Renditen aus dem Unternehmensanleihensegment einstellen. Auch das Potenzial weiterer Kursgewinne aufgrund von Zinsrückgängen und Spread-Einengungen erscheint auf den erreichten Niveaus begrenzt. Gerade im aktuellen Niedrigzinsumfeld gilt der bei Wertentwicklungsdarstellungen gegebene Hinweis: Frühere Wertentwicklungen sind kein verlässlicher Indikator für die künftige Wertentwicklung.

> **Unternehmensanleihen im Zinstief**
> Zukünftig wird es für Anleger kaum möglich sein, die in der Vergangenheit erreichten Renditen zu erzielen. Das aktuelle Renditeniveau europäischer Unternehmensanleihen liegt über 4 Prozent unter der durchschnittlichen jährlichen Gesamtrendite in den letzten 15 Jahren. Ohne weitere Zinsrückgänge liegt die erzielbare Rendite bei europäischen Unternehmensanleihen gemessen am BofA Merrill Lynch Euro Corporate Index bei ca. 1,23 Prozent p.a. vor Kosten.

Rentenorientierte Strategien weisen infolge des hohen Zinsniveaus in der Vergangenheit sowie des allgemeinen Zinsrückgangs an den Rentenmärkten für die zurückliegenden Jahre hohe Wertzuwächse auf. Entsprechend konnten auch Anleger in Unternehmensanleihenfonds attraktive Wertzuwächse erzielen. Die nachfolgende Grafik stellt die Marktentwicklung von Unternehmensanleihen gemessen am BofA Merrill Lynch Euro

Corporate Index für den Zeitraum von Ende 2001 bis Ende November 2014 der über eine Investition in Unternehmensanleihenfonds erzielten Wertentwicklung gegenüber. Die Wertentwicklung der Unternehmensanleihenfonds wird über die Wertentwicklung der beim BVI in der Kategorie »Corporate Bonds« enthaltenen Fonds in Euro repräsentiert.

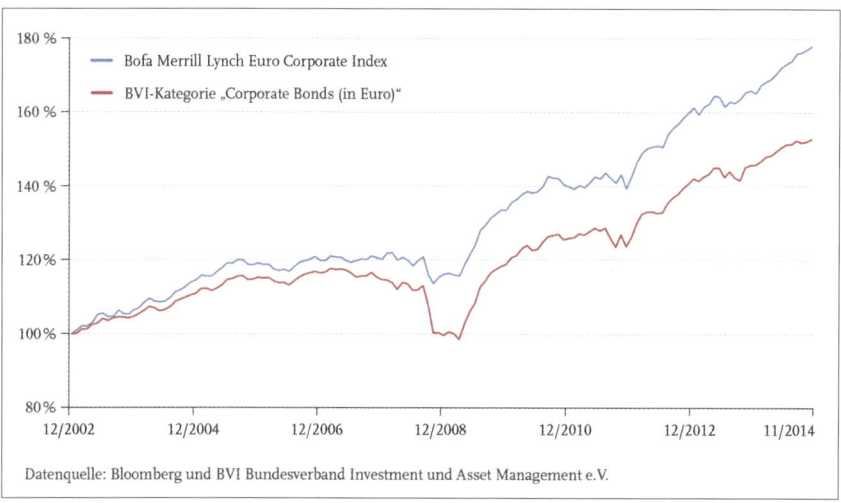

Vergleich der Wertentwicklung des BofA Merrill Lynch Euro Corporate Index und der in der BVI-Kategorie »Corporate Bonds« enthaltenen Fonds in Euro von Dezember 2002 bis November 2014

Die Grafik veranschaulicht, dass bei vergleichbarem Schwankungsverlauf der Durchschnitt der Unternehmensanleihenfonds hinter der Wertentwicklung des Marktsegments zurückblieb. Die attraktiven Wertzuwächse der Fonds gehen somit im Durchschnitt nicht auf die Fähigkeiten der Fondsmanager zurück, sondern haben sich vor allem aufgrund der positiven allgemeinen Marktbedingungen bei festverzinslichen Wertpapieren ergeben. Insofern sollten Anleger sich nicht von den Erträgen der Vergangenheit blenden lassen, sondern das zukünftige Potenzial und das Risiko einer Investition analysieren. Damit stehen Anleger vor der Frage, wie attraktiv eine Investition in Unternehmensanleihen aus heutiger Sicht zu beurteilen ist.

Rendite-Risiko-Profil einer heutigen Investition in Unternehmensanleihen

Eine Investition in Unternehmensanleihen sollte aufgrund des mit ihr verbundenen Risikos stets über ein breit diversifiziertes Portfolio erfolgen und mit tiefgehender fundamentaler Analyse der jeweiligen Emittenten verbunden sein. Da hierfür die entsprechende Expertise und auch das zeitliche Engagement grundlegende Voraussetzungen sind, wird die Abdeckung des Segments über einen entsprechend spezialisierten Fonds unterstellt. Die hohen Mittelzuflüsse und die ansteigenden Volumina der Fonds belegen das tatsächlich gewachsene Interesse der Investoren an Fonds in dieser Anlageklasse. Nach Daten des BVI Bundesverband Investment und Asset Management e.V. wuchs die Anzahl in der Kategorie »Rentenfonds Corporate Bonds« erfassten Fonds von 97 im Oktober 2008 auf 307 im Oktober 2014 an. Zugleich verdreifachte sich das in der Kategorie verwaltete Volumen von 8,3 Milliarden Euro auf 26,6 Milliarden Euro.

Die nachfolgende Szenario-Analyse betrachtet die Attraktivität einer heutigen Investition in Unternehmensanleihen und beurteilt das Rendite-Risiko-Profil für die Zukunft. Dabei werden mögliche Auswirkungen durch veränderte Rahmenbedingungen in einem Zeitfenster von 2 Jahren aufgezeigt. Neben einer Veränderung des Zinsniveaus wird auch eine Veränderung des Spreads zwischen Unternehmens- und Staatsanleihen betrachtet.

Bei dem Zinsniveau europäischer Unternehmensanleihen per 30. November 2014 von 1,23 Prozent mit einer durchschnittlichen Laufzeit von 5,5 Jahren gemessen am BofA Merrill Lynch Euro Corporate Index und einem Zinsniveau von Bundesanleihen mit einer vergleichbaren Laufzeit von etwa 0,2 Prozent ergibt sich ein Spread von Unternehmensanleihen zu Bundesanleihen in Höhe von etwa 1 Prozent. Die Restlaufzeit wird aus Vereinfachungsgründen fest mit 5 Jahren angenommen und eine Kostenbelastung des Fonds in Höhe von 1 Prozent einkalkuliert. Darüber hinaus wird unterstellt, dass der Fonds vor Kosten die Marktrendite erwirtschaftet und es bei den Unternehmensanleihen nicht zu Zahlungsausfällen kommt.

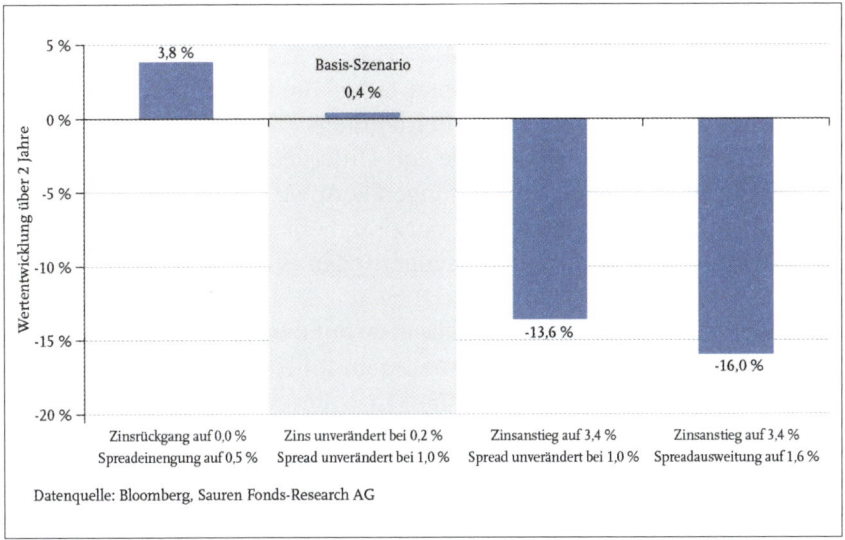

Szenario-Analyse bei einem Unternehmensanleihenfonds über 2 Jahre

Selbst im Basis-Szenario der Analyse mit vollständig unveränderten Rahmenbedingungen hinsichtlich Zinsniveau und Spread führt die Investition in einen Unternehmensanleihenfonds unter Einbeziehung von vereinnahmten Zinsen und Kosten lediglich zu einem Ertrag von 0,4 Prozent nach 2 Jahren. Dies entspricht einer Rendite von nur 0,2 Prozent p.a. Damit erscheint die vom Anleger in der Zukunft erzielbare Rendite auf absoluter Basis wenig attraktiv und liegt deutlich unter den Ergebnissen dieses Segments in den letzten Jahren.

Selbst in einem Szenario, in dem die Zinsen von Staatsanleihen auf 0 Prozent fallen und sich gleichzeitig der Spread auf 0,5 Prozent einengt, würde über die 2 Jahre lediglich ein Kapitalzuwachs in Höhe von 3,8 Prozent und damit 1,9 Prozent p.a. zu verzeichnen sein. Dagegen würde der Anstieg des Zinsniveaus von Staatsanleihen auf 3,4 Prozent – ohne Veränderung des Spreads – unter Einbeziehung von vereinnahmten Zinsen zu einem deutlichen Verlust in Höhe von 13,6 Prozent über 2 Jahre führen. Würde sich der Spread in diesem Umfeld gleichzeitig um 0,6 Prozent auf 1,6 Prozent ausweiten, wäre der Verlust über 2 Jahre mit 16,0 Prozent sogar noch deutlicher.

Zwischenfazit

Der Zinsrückgang bei Staatsanleihen hoher Bonität und die gleichzeitige Einengung der Spreads von Unternehmensanleihen haben zu historischen Tiefstwerten bei der Rendite von Unternehmensanleihen geführt. Infolge der positiven Marktbedingungen konnten Anleger mit Unternehmensanleihen und mit auf dieses Marktsegment ausgerichteten Fonds in der Vergangenheit deutliche Wertsteigerungen erzielen.

Eine Wiederholbarkeit der Entwicklung ist auf dem derzeitigen historisch niedrigen Renditeniveau bei Unternehmensanleihen nicht möglich. Das zukünftige Potenzial einer Investition in Unternehmensanleihen ist für Anleger insofern begrenzt. Gleichzeitig bestehen für den Anleger Risiken durch einen Anstieg der Kapitalmarktzinsen sowie durch eine Ausweitung der Spreads. Damit stellt sich das derzeitige Rendite-Risiko-Profil einer Investition in Unternehmensanleihen als unattraktiv dar.

3.3 Mischfonds und vermögensverwaltende Fonds in der Zinsfalle

Die sinkenden Zinsen der Vergangenheit haben allen rentenorientierten Strategien einen deutlichen Vorteil geboten. Nicht nur Fonds für Staatsanleihen oder für Unternehmensanleihen konnten den Rückenwind der Anleihenmärkte nutzen. Auch fast alle Mischfonds und vermögensverwaltenden Fonds konnten in den letzten Jahren mit ihren Investitionen in Anleihen vom Rückgang der Kapitalmarktzinsen bei gleichzeitig steigenden Aktienmärkten profitieren und erfreuen sich bei Investoren großer Beliebtheit.

Nachfolgend wird zunächst ein Blick auf die Gründe für das große Investoreninteresse an Mischfonds und vermögensverwaltenden Fonds geworfen. Dabei werden nicht nur die historisch erzielten Renditen der Fonds analysiert, sondern auch die angestrebten Motive der Anleger hinterfragt. Abschließend erfolgt eine Einschätzung des zukünftigen Potenzials der Fonds vor dem Hintergrund des aktuellen Marktumfeldes.

Mischfonds und vermögensverwaltende Fonds im Fokus der Investoren

Der erste Mischfonds in Deutschland wurde bereits im August 1950 unter dem Namen Fondra (Fonds für Renten und Aktien) von der Fondsgesellschaft ADIG aufgelegt. Während Mischfonds zunächst eher ein Nischendasein führten, wurden insbesondere in der jüngeren Vergangenheit zahlreiche Mischfonds oder vermögensverwaltende Fonds neu aufgelegt. Seit der weltweiten Finanzkrise im Jahr 2008 erfreuen sich diese Fonds großer Beliebtheit bei Investoren und konnten in den vergangenen Jahren hohe Mittelzuflüsse verzeichnen.

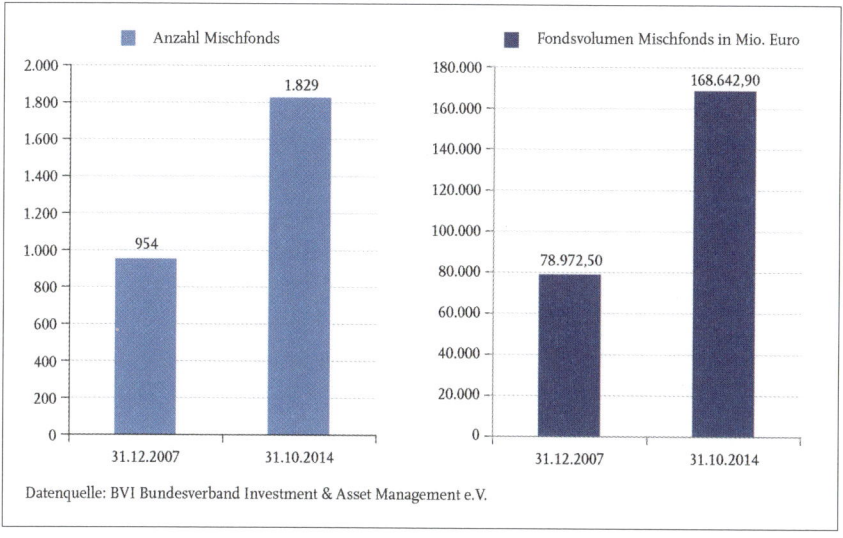

Anzahl Mischfonds und Fondsvolumen in den Jahren 2007 und 2014

Die negativen Erfahrungen vieler Anleger in der Finanzkrise und die Wertentwicklungsergebnisse einzelner Mischfonds bzw. vermögensverwaltender Fonds führten dazu, dass Anleger die Entscheidung über die Aufteilung ihrer Vermögensallokation lieber auf einen Fondsmanager übertrugen. Die damit verbundene Hoffnung der Anleger ist, dass der Fondsmanager es schafft, einen Mehrwert aus der erfolgreichen Steuerung der verschiedenen

Anlageklassen im Zeitablauf zu erzielen. Die historische Entwicklung ausgewogener Mischfonds im Vergleich zu einer Investition in ein statisches Portfolio aus 50 Prozent Anleihen und 50 Prozent Aktien stellt die Möglichkeiten, durch Timing-Entscheidungen einen Mehrwert zu erzielen, jedoch in Frage (siehe »Das Sauren Fonds-Konzept«, Kapitel 7 »Markt-Timing – ein Märchen?«[8]). Insbesondere die Möglichkeit, aufgrund von Timing-Entscheidungen nachhaltig überdurchschnittliche Ergebnisse zu erzielen, erscheint bei der Betrachtung der historischen Entwicklung zweifelhaft. Dies zeigt sich häufig auch in der Entwicklung einstiger Anlegerfavoriten, die aufgrund ihrer Ergebnisse zeitweise in den Fokus der Marktteilnehmer gerückt sind, bei Veränderungen der Marktbedingungen jedoch nicht an die Erfolge der Vergangenheit anknüpfen konnten[9]. Der fortwährende Wechsel der Anlegerfavoriten unterstreicht diese Problematik. Dennoch hegen viele Anleger die Erwartungshaltung, dass der von ihnen gewählte Fondsmanager es im Idealfall dauerhaft schafft, an Wertsteigerungen zu partizipieren und Verluste zu vermeiden. Dagegen sehen selbst erfahrene und erfolgreiche Fondsmanager, wie Bert Flossbach, Markt-Timing eher als Risiko an, »da ein nachhaltiger Erfolg hier äußerst unwahrscheinlich ist. [...] Timing ist unglaublich schwer und nicht beliebig wiederholbar. Wenn jemand behauptet, er könne dauerhaft erfolgreich timen, dann erliegt er wahrscheinlich einer Illusion.« (siehe Interview mit Bert Flossbach in diesem Buch)

Mischfonds und vermögensverwaltende Fonds: Profiteure der Marktentwicklung

In den letzten Jahrzehnten sind konservative Anlagen von einem höheren Zinsniveau und nachhaltigen Zinsrückgängen massiv unterstützt worden. Entsprechend günstig waren die Marktrahmenbedingungen für viele rentenorientierte Strategien und konservative Mischfonds. Die modellhafte Darstellung eines konservativen Mischfonds zeigt, wie stark diese Fonds von der Marktentwicklung in den letzten Jahren profitieren konnten. Im Beispiel wird eine Portfolioaufteilung von 80 Prozent in Unternehmensanleihen und 20 Prozent in Aktien unterstellt. Die Entwicklung der Unternehmensanleihen wird über den BofA Merrill Lynch Euro Corporate Index dargestellt, die der Aktien über den Weltaktienindex MSCI Welt. Es werden Fondskosten von 1,5 Prozent pro Jahr angenommen. Der nachfolgende

Chart stellt die Wertentwicklung eines modellhaften konservativen Mischfonds seit 30. Juni 2009 bis zum 30. November 2014 dar.

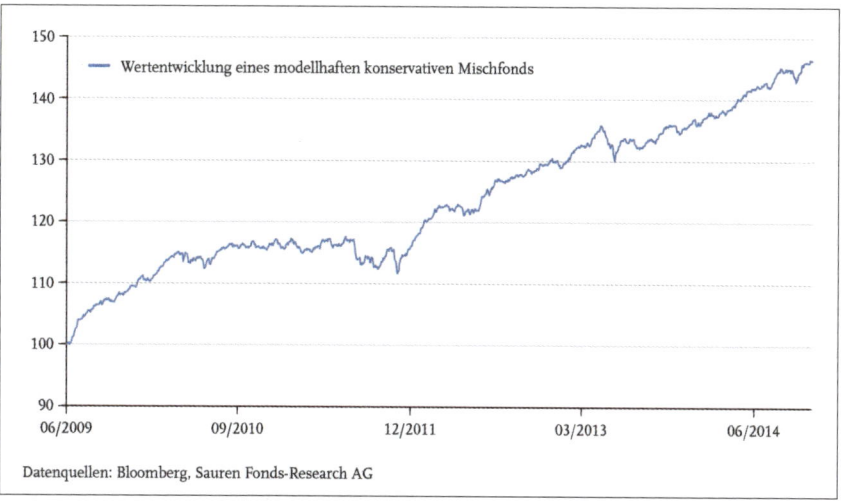

Wertentwicklung eines modellhaften konservativen Mischfonds aus 80% Unternehmensanleihen (BofA Merrill Lynch Euro Corporate Index) und 20% Aktien (MSCI Welt Index) im Zeitraum von Juni 2009 bis November 2014

Im Zeitraum vom 30. Juni 2009 bis zum 30. November 2014 konnte ein beispielhafter konservativer Mischfonds basierend auf der Markentwicklung und nach Abzug der Fondskosten einen Gesamtwertzuwachs von 46,3 Prozent erzielen. Dies entspricht einer jährlichen Rendite von 7,3 Prozent p.a. Wie der Chartverlauf zeigt, konnte der Wertzuwachs mit einer niedrigen Schwankungsbreite erzielt werden. Für Anleger ist es jedoch entscheidend, sich nicht von der erzielten Entwicklung in der Vergangenheit leiten zu lassen, sondern das Potenzial für die Zukunft zu hinterfragen.

Unternehmensanleihen haben insbesondere in der jüngeren Vergangenheit nicht zuletzt aufgrund des niedrigen Zinsniveaus von Staatsanleihen einen immer bedeutenderen Anteil innerhalb klassischer Mischfonds eingenommen. In der längerfristigen Betrachtung wurde der Anleihenbereich von Mischfonds jedoch häufig auch über Staatsanleihen abgedeckt. Dabei wirkte sich die zumeist gegenläufige Entwicklung von Aktienmärkten und Staatsanleihen hoher Bonität in der Vergangenheit positiv für Mischfonds aus. Die negative Wechselbeziehung (negative Korrelation) in den vergangenen etwa 15 Jahren hat dazu beigetragen, dass Wertentwicklungsrückgänge bei Aktien oder Anleihen mögliche Wertsteigerungen der jeweils anderen Anlageklasse entgegenstanden. Insofern konnten Mischfonds und vermögensverwaltende Fonds von dieser Marktentwicklung profitieren – unabhängig von einer Managerleistung. Der folgende Chart veranschaulicht die Entwicklung der 12-Monats-Korrelation von deutschen Aktien gemessen am DAX-Performanceindex und deutschen Staatsanleihen gemessen am REX-Performanceindex im Zeitablauf.

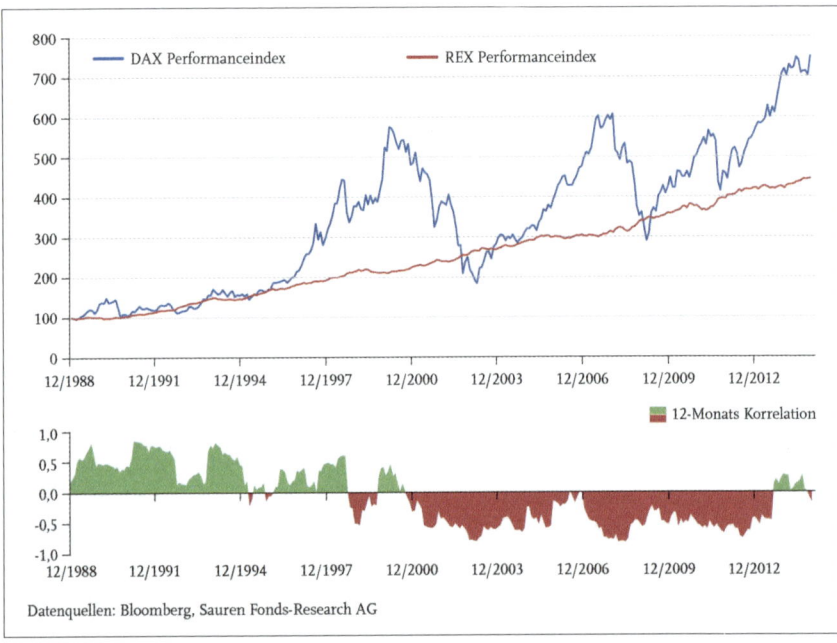

Wertentwicklung und Korrelation von DAX-Performanceindex und REX-Performanceindex von Dezember 1988 bis November 2014

Die längerfristige Entwicklung im Chart zeigt jedoch auch, dass eine negative Korrelation nicht als gegeben betrachtet werden kann und über viele

Jahre hinweg auch eine positive Korrelation von Aktien und Anleihen zu beobachten war. Insbesondere im aktuellen Niedrigzinsumfeld sollten sich Anleger die Frage stellen, inwieweit Anleihen auf dem derzeitigen Niveau tatsächlich noch eine sinnvolle Diversifikation darstellen können. Entsprechend muss auch die klassische Konstruktion von Mischfonds oder vermögensverwaltenden Fonds mit defensiven Portfoliobestandteilen im Anleihebereich und offensiven Portfoliobestandteilen im Aktienbereich als sinnvolle Portfolioaufstellung für die Zukunft hinterfragt werden.

Mischfonds und vermögensverwaltende Fonds: Potenzial für die Zukunft?

Die dargestellte Simulation der Vergangenheitsentwicklung eines konservativen Mischfonds verdeutlicht, dass Fonds mit einem Schwerpunkt im Anleihebereich allein aufgrund der Marktentwicklung bereits attraktive Wertzuwächse aufweisen konnten. Die Wertzuwächse stellen somit keinen Beleg für die Leistungen der Fondsmanager dar, weil diese häufig keinen Mehrwert (Alpha) gegenüber der Marktentwicklung (Beta) erzielen konnten, sondern lediglich von den positiven Marktbedingungen der letzten Jahre profitierten. »Doch was sich in der Vergangenheit bewährt hat, kann in der Welt von morgen ganz anders aussehen« (siehe auch Kasten: »Morningstar-Artikel vom 1. Juli 2013«).

Morningstar-Artikel vom 1. Juli 2013[10]
»Der tückische Charme konservativer Mischfonds«

»Das Rendite-Risiko-Profil defensiver Mischfonds besticht. Doch was sich in der Vergangenheit bewährt hat, kann in der Welt von morgen ganz anders aussehen. Die Renditen der Vergangenheit werden aller Voraussicht nach künftig nicht mit vergleichbaren Risiken erzielt werden können. Wir erinnern uns: Seit den 1980er-Jahren profitieren Bond-Investoren von sinkenden Anleihen-Renditen. Und da konservative Mischfonds vor allem am Rentenmarkt investieren, stammt ein großer Teil der Vergangenheits-Performance aus Kurssteigerungen bei Anleihen.«

Unternehmensanleihen in der Zinsfalle

Die gesunkene Attraktivität klassischer konservativer Mischfonds wird bei einer Betrachtung der Diskrepanz zwischen der attraktiven Wertentwicklung der Vergangenheit und dem Zukunftspotenzial deutlich, das sich bei heutigen Marktbedingungen bietet. Im Beispiel wird erneut eine Portfolioaufteilung von 80 Prozent in Unternehmensanleihen und 20 Prozent in Aktien unterstellt. Die Entwicklung der Unternehmensanleihen wird über den BofA Merrill Lynch Euro Corporate Index dargestellt, die der Aktien über den Weltaktienindex MSCI Welt. Es werden praxisübliche Fondskosten von 1,5 Prozent pro Jahr angenommen.

	Portfolioanteil in Anleihen 80 %		Portfolioanteil in Aktien 20 %		Wertentwicklung Gesamtportfolio p.a. nach Fondskosten
	Wertentwicklung Anleihen p.a.	Beitrag zur Wertentwicklung p.a.	Wertentwicklung Aktien p.a.	Beitrag zur Wertentwicklung p.a.	
Reale Wertentwicklung von Aktien und Anleihen vom 30.6.2009 bis 30.11.2014	6,9 %	5,5 %	17,0 %	3,4 %	7,4 %
Reale Wertentwicklung von Anleihen vom 30.6.2009 bis 30.11.2014 Aktienrendite: 7,5 % p.a.	6,9 %	5,5 %	7,5 %	1,5 %	5,5 %
Rendite im Zukunftsszenario ohne Zinsänderung bei Anleihen Aktienrendite: 7,5 % p.a.	1,2 %	1,0 %	7,5 %	1,5 %	1,0 %

Datenquelle: Bloomberg, Sauren Fonds-Research AG

Szenario-Analyse bei einem konservativen Mischfonds aus 80 % Unternehmensanleihen (BofA Merrill Lynch Euro Corporate Index) und 20 % Aktien (MSCI Welt Index)

Mischfonds und vermögensverwaltende Fonds in der Zinsfalle

Durch die Investition in Unternehmensanleihen konnte in dem Zeitraum vom 30. Juni 2009 bis zum 30. November 2014 eine Wertentwicklung von 6,9 Prozent p.a. erreicht werden, was für den Portfolioanteil von 80 Prozent in Unternehmensanleihen einen Wertzuwachs von 5,5 Prozent p.a. bedeutet. Die Investition von 20 Prozent des Portfolios in Aktien, die in diesem Zeitraum um 17,0 Prozent p.a. anstiegen, steuerte 3,4 Prozent p.a. zur Wertentwicklung des Gesamtportfolios bei. In der Summe konnte ein konservativer Mischfonds nach Abzug der Fondskosten von 1,5 Prozent pro Jahr also eine Rendite von 7,4 Prozent p.a. erzielen. Wird für die Entwicklung der Aktienmärkte nicht die hohe historische Wertsteigerung der letzten 5 Jahre herangezogen, sondern lediglich eine Wertentwicklung von 7,5 Prozent p.a. unterstellt, die als durchschnittliche Richtgröße für die langfristige Entwicklung der globalen Aktienmärkte dienen kann (siehe Kapitel 6 »Auswirkungen der Zinsfalle auf Aktien«), ergibt sich immer noch ein Wertzuwachs von 5,5 Prozent p.a. nach Kosten für das Gesamtportfolio.

Selbst ohne eine Prognose über die zukünftige Entwicklung der Kapitalmarktzinsen treffen zu wollen, ist offenkundig, dass die Renditen der Vergangenheit vor dem Hintergrund des aktuellen Zinsniveaus kaum noch erzielbar sind. Ohne Veränderungen des Kapitalmarktzinsniveaus ergibt sich für einen konservativen Mischfonds lediglich ein begrenztes Wertentwicklungspotenzial in der Zukunft.

So würde der Portfolioanteil von 80 Prozent Unternehmensanleihen bei der aktuellen Rendite europäischer Unternehmensanleihen von 1,2 Prozent p.a. einen Wertentwicklungsbeitrag von 1,0 Prozent p.a. für das Gesamtportfolio erzielen. Für den Aktienanteil ergibt sich unter Annahme einer Wertsteigerung von 7,5 Prozent p.a. ein Wertentwicklungsbeitrag von 1,5 Prozent p.a. Nach Abzug der Fondskosten erreicht der konservative Mischfonds somit eine Rendite von 1,0 Prozent p.a. – ein deutlicher Renditeunterschied zu der Wertentwicklung der Vergangenheit.

Die Entwicklung im Jahr 2013 beweist, dass die modellhafte Darstellung nicht nur theoretisch ist, sondern auch für die Praxis hohe Relevanz hat. So stieg die Umlaufrendite in Deutschland im Laufe des Jahres von 1,01 Prozent auf 1,61 Prozent, deutsche Staatsanleihen mussten gemessen am

REX-Performanceindex einen Jahresverlust von 0,5 Prozent hinnehmen. Im Zeitraum von April bis Mai 2013 fiel der Verlust zwischenzeitlich sogar noch deutlicher aus. Unternehmensanleihen konnten für das Gesamtjahr gemessen am BofA Merrill Lynch Euro Corporate Index zwar noch einen Wertzuwachs von 2,3 Prozent verbuchen, mussten jedoch insbesondere im Mai 2013 aufgrund des Renditeanstiegs europäischer Unternehmensanleihen zwischenzeitlich deutlichere Verluste hinnehmen. Gleichzeitig verzeichneten nahezu alle wichtigen Anlageklassen in dieser Marktphase Verluste. Dieser Entwicklung konnten sich aufgrund der parallel fallenden Notierungen im Anleihen- und im Aktienbereich auch konservative Mischfonds und vermögensverwaltende Strategien nicht entziehen. Insofern ist die Entwicklung im Jahr 2013 auch ein Beleg dafür, dass sich die Vergangenheitsentwicklung nicht fortschreiben lässt und Anleger immer die aktuelle Ausgangsbasis an den Kapitalmärkten betrachten sollten.

Konservative Mischfonds
Konservative Mischfonds haben vom Rückgang der Kapitalmarktzinsen in der Vergangenheit stark profitiert. Das Potenzial für die Zukunft erscheint auf dem aktuellen Niveau jedoch begrenzt. Im Beispiel liegt das Renditepotenzial für konservative Mischfonds mit 80 Prozent Portfolioanteil in Unternehmensanleihen und 20 Prozent Portfolioanteil in Aktien bei lediglich 1,0 Prozent p.a.

Der erneute Rückgang der Kapitalmarktzinsen und das in diesem Zuge erreichte neue Allzeithoch im REX-Performanceindex im Jahr 2014 haben die Ausgangssituation für Anleger in den Anleihenmärkten und damit auch bei Mischfonds nochmals verschärft. Die erzielbare Rendite und das Potenzial zukünftiger Kursgewinne sind gesunken, gleichzeitig hat sich das Risiko von Kursverlusten durch einen erneuten Zinsanstieg erhöht. Insofern sollte die aktuelle Entwicklung nicht als Zeichen für eine Fortschreibung der Historie interpretiert werden. Sie hat vielmehr eine Verschärfung der Zinsfalle bewirkt und den Bedarf erhöht, über die eigene Portfoliostruktur nachzudenken.

3.4 Weitere Auswirkungen des Niedrigzinsumfelds auf Unternehmensanleihen

Die globale Finanzkrise sowie das anhaltende Niedrigzinsumfeld haben eine Veränderung des Anleihenmarktes sowohl auf Ebene der Emittenten als auch auf Ebene der Investoren ausgelöst. Um die Risiken im Anleihenbereich einschätzen zu können, ist es für Anleger wichtig, sich mit diesen Veränderungen des Marktes auseinanderzusetzen. Ein von den Marktteilnehmern wenig beachtetes Thema stellt beispielsweise die Liquidität im Anleihenbereich dar. Im Folgenden wird zunächst eine kurze historische Betrachtung des Anleihenhandels sowie der Veränderungen durch die globale Finanzkrise vorgenommen. Im Anschluss wird gezeigt, welche Risiken sich daraus für Anleger ergeben.

Veränderungen in der Emittenten- und Investorenstruktur

Die nach der globalen Finanzkrise eingeschränkte Kreditvergabe der Banken hat viele Unternehmen, die sich bisher über Bankkredite finanzierten, als neue Emittenten an den Anleihenmarkt geführt. Gleichzeitig haben viele bereits am Anleihenmarkt tätige Unternehmen das Niedrigzinsumfeld und die starke Nachfrage der Investoren genutzt, um neue Anleihen auszugeben. Dies hat zu einem deutlichen Wachstum des Gesamtmarktes der Unternehmens- und Hochzinsanleihen sowie zu einer Ausweitung der Anzahl der Emissionen am Markt geführt. Als Maßstab für das Marktwachstum können das nominale Anleihenvolumen sowie die Anzahl der berücksichtigten Emissionen im BofA Merrill Lynch Euro Corporate Index beziehungsweise im BofA Merrill Lynch European Currency High Yield Index herangezogen werden. Im Zeitraum vom 30. Juni 2008 bis zum 30. November 2014 stieg die Anzahl der Emissionen bei Unternehmensanleihen um über 30 Prozent an. Im Bereich der Hochzinsanleihen steigerte sich die Anzahl der Emissionen sogar um etwa 230 Prozent. Ein ähnliches Bild zeigt sich für das nominale Gesamtvolumen der im Index enthaltenen Anleihen. Bei Unternehmensanleihen stieg das Volumen um ca. 30 Prozent auf etwa 1,5 Billionen Euro an, während es sich bei Hochzinsanleihen um ca. 330 Prozent auf ein Gesamtvolumen von etwa 335 Milliarden Euro ausweitete.

Gleichzeitig hat durch die Einführung neuer Anleihen, beispielsweise die von Banken begebenen Contingent Convertible Bonds (CoCo-Bonds) eine Verbreiterung des Marktes hinsichtlich der mit Anleihen abdeckbaren Risikostruktur stattgefunden. CoCo-Bonds können unter bestimmten, im jeweiligen Anleiheprospekt definierten Umständen von den Banken in Eigenkapital umgewandelt werden. In der Kapitalstruktur von Banken nehmen CoCo-Bonds eine nachrangige Position ein, das heißt, im Falle einer Insolvenz der Bank würden die Anleger der Anleihe nachrangig gegenüber anderen Gläubigern der Bank behandelt. Eine schematische Darstellung der Kapitalstruktur bei Banken ist untenstehend abgebildet.

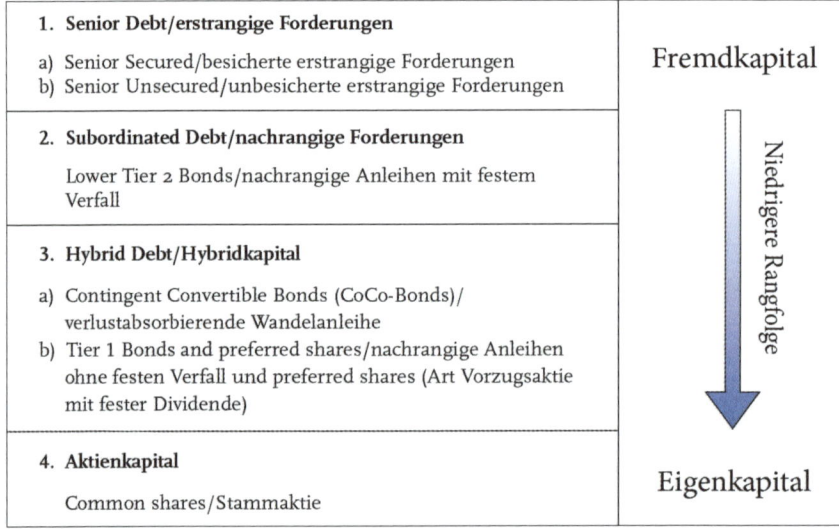

Kapitalstruktur bei Banken

Die CoCo-Bonds sind ein Beispiel für die unterschiedlichen Rendite-Risiko-Profile, die sich über eine Investition am Anleihenmarkt abdecken lassen. Anlegern steht ein breites Spektrum von Anleihen zur Verfügung. Die Bandbreite reicht von Unternehmen höchster Bonität bis hin zu Unternehmen niedriger Bonität und umfasst insbesondere bei Banken auch Anleihen mit unterschiedlicher Position in der Kapitalstruktur und damit in der Rangfolge im Falle einer Insolvenz.

Anleihen mit einem höheren Risikograd können aufgrund ihrer niedrigeren Rangfolge in der Kapitalstruktur oder aufgrund der niedrigen Bonität des Unternehmens einen Charakter entwickeln, der dem Eigenkapital ähnlich ist. Hochzinsanleihen zeigen zum Beispiel eine hohe Korrelation zur Aktienmarktentwicklung. Der folgende Chart verdeutlicht dies anhand der Spread-Entwicklung von Unternehmensanleihen im Vergleich zur Volatilität des Aktienmarktes, die insbesondere in Verlustphasen des Marktes deutlich ansteigt. Anleger sollten somit das Rendite-Risiko-Profil ihrer Investitionen im Anleihenmarkt im Kontext ihres Gesamtportfolios hinterfragen.

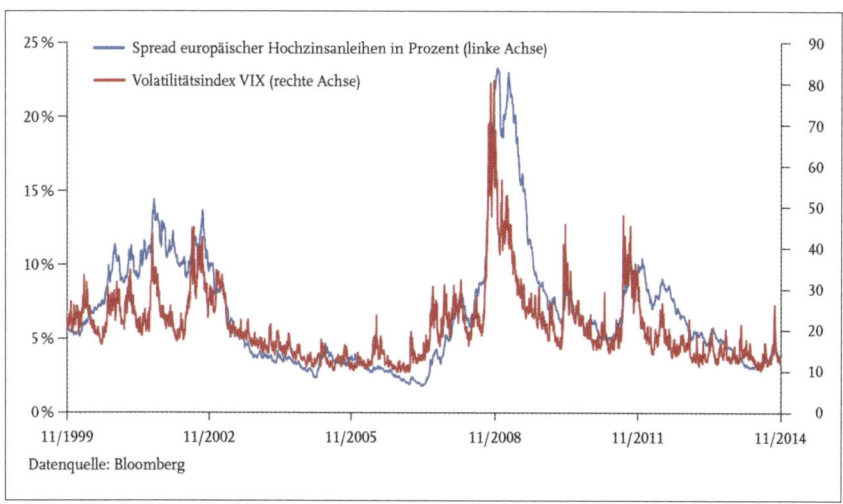

Entwicklung des Spreads europäischer Hochzinsanleihen (BofA Merrill Lynch European Currency High Yield Index) im Vergleich zur Aktienmarkt-Volatilität (Volatilitätsindex VIX) von November 1999 bis November 2014

Nicht nur auf Seite der Emittenten hat das Niedrigzinsumfeld eine Veränderung bewirkt, sondern auch auf Investorenseite. So hat die bereits mehrfach angeführte Suche nach Rendite dazu geführt, dass Anleger zur Erhaltung eines angestrebten Renditeniveaus häufig eine Ausweitung des eingegangenen Risikos in Kauf nehmen. So stellt die Deutsche Bundesbank im Finanzstabilitätsbericht 2014 fest: »Investoren fragen aus Renditeerwägungen Anlagen mit schlechten Bonitätsnoten und schwachem Investorenschutz stark nach.«[11] Dies hat häufig eine Ausweitung des Anlagespektrums der Investoren zur Folge, bei der neue und zum Teil aus der Anlagehistorie wenig bekannte Anlageklassen in das Anlageuniversum aufgenommen werden. Neben der mit der Renditeerhöhung einhergehenden grundsätzlichen Erhöhung des Risikos können sich für den einzelnen Investor zusätzliche Risiken aus der fehlenden Expertise für die Anlageklasse ergeben. Für den Gesamtmarkt erhöht sich das Risiko, dass beispielsweise im Falle einer Marktkorrektur Gelder schnell aus einer Anlageklasse abgezogen werden, die nicht zum Kern des Anlageuniversums gehören. Damit geht ein Liquiditätsrisiko einher, das Anleger nicht vernachlässigen sollten.

Liquidität des Anleihenmarktes als potenzielles Risiko?

Der Anleihenmarkt ist im Vergleich zum Aktienmarkt weniger standardisiert und deutlich fragmentierter. So haben Unternehmen in der Regel nur eine Aktiengattung ausgegeben (abgesehen von der Unterscheidung in Stamm- und Vorzugsaktien), während häufig verschiedene, wenn nicht sogar eine Vielzahl unterschiedlicher Anleihen eines Unternehmens existieren. Dabei können die Anleihen sehr unterschiedliche Gestaltungsformen aufweisen und sich hinsichtlich vielfältiger Merkmale unterscheiden. Die häufig über 100 Seiten umfassenden Prospekte der Anleihen enthalten dabei die rechtlichen Bedingungen, die der jeweiligen Anleihe zugrunde liegen. Als augenfälligste Unterscheidungsmöglichkeit sind sicherlich zunächst der Kupon sowie die Laufzeit der Anleihe, die Währung, in welcher die Anleihe denominiert ist, und das Emissionsvolumen zu nennen. Darüber hinaus können sich Anleihen jedoch hinsichtlich weiterer Ausgestaltungsmerkmale unterscheiden:

> Position in der Kapitalstruktur des Unternehmens und damit in der Bonität,
> rechtliche Ausgestaltung in Hinblick auf das geltende Recht,
> Gleichbehandlung gegenüber anderen Anleihen des Unternehmens,
> mögliche Optionsrechte für Emittenten und Anleger,
> Besicherung durch Vermögensgegenstände des Unternehmen bzw.
> Kuponzahlung in Abhängigkeit von Unternehmensgewinnen oder Dividendenzahlungen.

In der Praxis existiert für einzelne Unternehmen eine Vielzahl unterschiedlicher Anleihen. So hat per Ende November 2014 beispielsweise die Allianz 29 Anleihen, Daimler über 180 Anleihen und die Deutsche Bank sogar mehr als 1.000 Anleihen (ohne strukturierte Produkte) ausstehen[12]. Ein Anleger, der eine Anleihe der Deutschen Bank erwerben will, sollte den jeweiligen Anleiheprospekt der von ihm favorisierten Anleihe genau studieren. Aufgrund der zahlreichen Ausgestaltungsmöglichkeiten kann er sich nur so ein fundiertes Bild über die rechtlichen Regelungen verschaffen, die der Anleihe zugrunde liegen. Gleichzeitig bedeutet das auch, dass der Anleger im Falle eines Verkaufswunsches einen Käufer finden muss, der genau diese spezifische Anleihe mit ihrer spezifischen rechtlichen Ausgestaltung erwerben möchte. Insofern führt die deutlich größere Fragmentierung des Anleihenmarktes im Vergleich zum Aktienmarkt dazu, dass der Handel einer einzelnen Anleihe marktenger ist, also weniger Anbieter und Nachfrager vorhanden sind. Dies kann in Marktkrisen, wie im Jahr 2008, dazu beitragen, dass ein Handel nur eingeschränkt möglich ist beziehungsweise die Spanne zwischen Verkaufs- und Ankaufspreis (Geld-Brief-Spanne) aufgrund mangelnder Nachfrage nach Anleihen deutlich größer wird.

Der Handel von Anleihen erfolgt zwar auch über die Börse, wird aber zu weiten Teilen nicht über öffentliche Börsen abgewickelt. Der Großteil des Handels erfolgt stattdessen außerbörslich zwischen den am Anleihenmarkt aktiven Banken. In diesen Fällen wird auch von OTC-Geschäften (OTC = over-the-counter) gesprochen. Hierfür zeichnet zumeist der Eigenhandel der Banken verantwortlich, der gegebenenfalls als Market Maker Geld-Brief-Kurse für den Ankauf bzw. Verkauf einzelner Anleihen stellt und so dem Markt Liquidität bietet. Die folgende Grafik stellt den Handelsbestand von Banken in den USA im Anleihenbereich seit Ende des Jahres 2001 bis Ende November 2014 dar.

Die Grafik zeigt, dass Banken das Volumen im Anleihenbereich seit dem Jahr 2008 deutlich reduziert haben und heute lediglich unter 20 Prozent des in der Spitze erreichten Handelsbestands halten. Hierzu trugen im Wesentlichen zwei Entwicklungen bei: die Pleite der Investmentbank Lehman Brothers im Jahr 2008 und die daran anschließende globale Finanzkrise führten zu einem Abbau des Eigenhandels der Banken insgesamt und damit zu einem starken Rückgang des Handelsbestands. Darüber hinaus führte die ursprünglich für eine Verabschiedung im Sommer 2012 in den USA vorgesehene »Volcker-Rule«, benannt nach dem früheren Vorsitzenden der Zentralbank Federal Reserve (FED) in den USA, Paul Volcker, zu einem weiteren Rückgang der Handelsbestände. Das letztendlich erst 2014 eingeführte Gesetz sieht eine Trennung zwischen dem Eigenhandel der Banken und ihrem Kundengeschäft vor und hat bereits im Vorfeld des ursprünglich vorgesehenen Einführungstermins zu einer Anpassung der Handelsaktivitäten von Banken geführt.

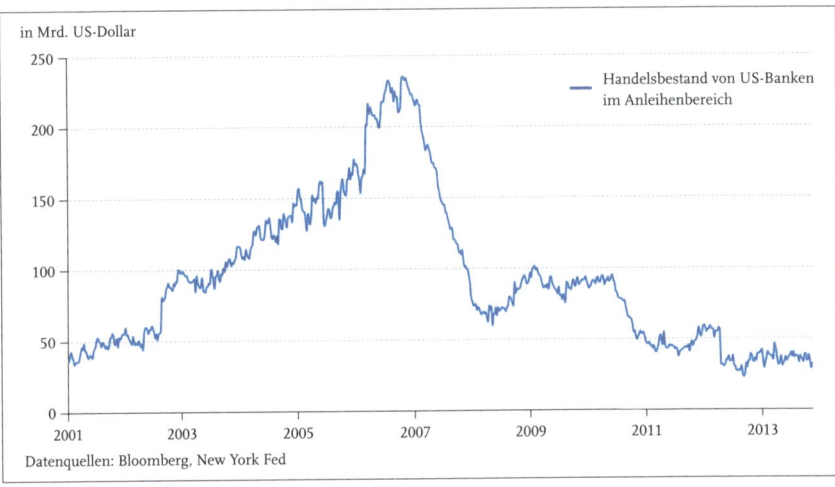

Entwicklung des Handelsbestands von US-Banken im Anleihenbereich von Dezember 2001 bis November 2014

Beide Entwicklungen veränderten den Anleihenhandel und das Verhalten der Banken. Vor der globalen Finanzkrise hielten Banken Anleihen für den Handel zwischenzeitlich im Eigenbestand. Sie kauften von Marktteilnehmern Anleihen auf und hielten diese auf den eigenen Büchern, bis ein neuer Investor gefunden war. Sie stellten dem Markt auf diese Weise Liquidität zur Verfügung. Durch den Abbau der eigenen Bücher agieren Banken heute zumeist anders. Sie treten lediglich als Zwischenhändler in Erscheinung, der zwischen Verkäufer und Käufer der Anleihe vermittelt. Sie stellen dem Markt somit weniger eigene Liquidität zur Verfügung, da sie Anleihen erst ankaufen, wenn sie den zukünftigen Käufer der Anleihe bereits identifiziert haben – die Anleihe geht also nicht in den Eigenbestand der Bank über. Diese Entwicklung hat auch nach den Aussagen führender Fondsmanager im Anleihebereich dazu geführt, dass die Liquidität zum Handel einzelner Anleihen spürbar zurückgegangen und der Kauf bzw. insbesondere der Verkauf größerer Investitionssummen heute deutlich schwieriger ist.

Parallel zum Rückgang des Handelsbestands und damit der Liquidität im Markt ist das Volumen des Anleihenmarktes deutlich gestiegen. Sowohl Staaten als auch Unternehmen konnten in den letzten Jahren in einem hohen Maße Anleihen am Markt platzieren. In den USA ist das Segment der Unternehmensanleihen von einem Volumen von 5.408,8 Milliarden US-Dollar Ende 2008 innerhalb von nur 5,5 Jahren um über 40 Prozent auf ein Volumen von 7.664,7 Milliarden US-Dollar Ende des 2. Quartals 2014 gewachsen. Dem Rückgang der Liquidität im Markt steht also ein stark angestiegenes Volumen ausgegebener Anleihen gegenüber. Damit einhergehend haben Anleger in den Jahren nach der globalen Finanzkrise verstärkt in Unternehmens- und Hochzinsanleihen investiert, das Volumen von Fonds in diesem Bereich hat sich seit dem Jahr 2008 mehr als verdoppelt. Die folgende Grafik stellt die Entwicklung des Fondsvolumens der Entwicklung des Handelsbestands der Banken gegenüber.

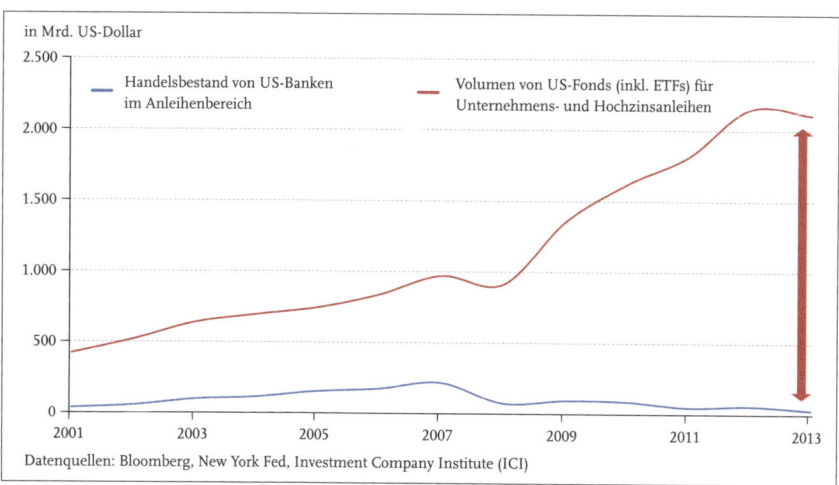

Entwicklung des Fondsvermögens im Anleihenbereich in den USA im Vergleich zum Handelsbestand von 2001 bis 2013

Mit dem Volumenwachstum der Fonds, die in Unternehmensanleihen investieren, hat sich auch die Investorenstruktur im Gesamtmarkt verändert. In der Vergangenheit dominierten vor allem institutionelle Investoren, wie beispielsweise Versicherungen, den Markt. Diese Anleger tendierten dazu, Unternehmensanleihen als langfristige Kapitalanlage zu erwerben. Die Anleihen wurden in der Regel über die gesamte Laufzeit gehalten, um beispielsweise Verpflichtungen gegenüber den Versicherungsnehmern zu erfüllen. Wenngleich es Verschiebungen innerhalb des Marktes – beispielsweise in einzelnen Anleihen – gab, waren die investierten Gelder auf Gesamtmarktebene langfristig in der Regel stabil. Wie die folgende Grafik zeigt, hat sich seit dem Jahr 2008 jedoch der Anteil von Fonds am Gesamtmarkt der Unternehmensanleihen deutlich ausgeweitet. Wie stabil diese Gelder in einem etwaigen Krisenszenario tatsächlich sind, wird die Zukunft erst noch zeigen müssen.

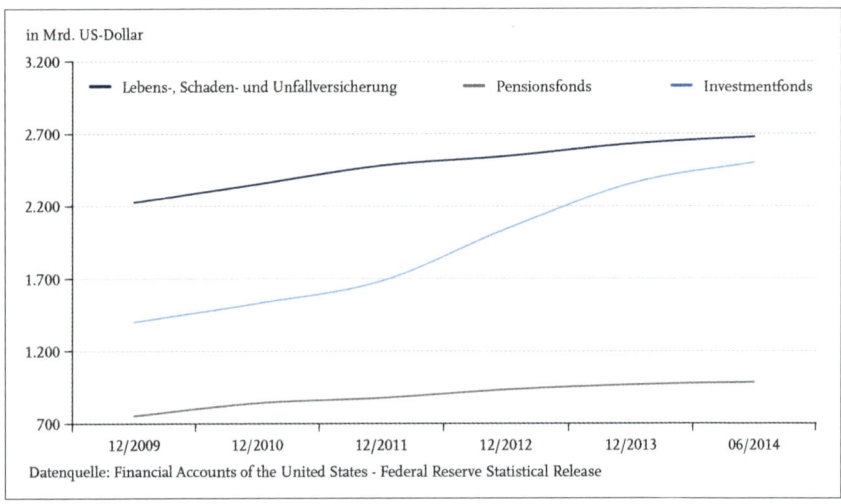

Entwicklung des Volumens von Investmentfonds für Unternehmensanleihen in den USA im Vergleich zum Volumen in Unternehmensanleihen von Versicherungen und Pensionsfonds von Dezember 2009 bis Juni 2014

In der Regel bieten die in Unternehmensanleihen investierenden Fonds den Anlegern eine tägliche Liquidität und suggerieren auf diese Weise unabhängig von der Anlagesumme und der tatsächlichen Handelbarkeit der dahinterstehenden Vermögenswerte eine jederzeitige Verfügbarkeit für den Anleger. Im Falle großer Rückgaben kann dieses Versprechen aber zum Problem werden, beispielsweise bei großen Rückgaben börsengehandelter Indexfonds (ETFs = Exchange Traded Funds). Auch bei massiven Rückgaben einer Vielzahl von Anlegern in Fonds mit großem Fondsvolumen ist eine Liquiditätsproblematik denkbar. So können volumenstarke Fonds häufig hohe Beteiligungen an einzelnen Anleihen und damit dominante Positionen an einzelnen Emissionen aufweisen. Inwiefern und zu welchem Preis sich diese bei Bedarf zeitnah veräußern lassen, ist fraglich. Häufig wird aus diesem Grund die Anzahl der Anleihen oder die Anzahl der Emittenten in einem volumenstarken Fonds deutlich ausgeweitet, um dominante Positionen zu vermindern bzw. die Gelder überhaupt investieren zu können. Auch dies stellt im Fall hoher und plötzlicher Rückgaben durch Investoren ein potenzielles Risiko dar, da die Kapazität für den Handel einer Vielzahl unterschiedlicher Anleihen ein Knappheitsfaktor sein kann.

Zusammenfassend zeigt allein die sich öffnende Schere zwischen dem Anlagevolumen in Fonds und dem Handelsbestand der Banken das Liquiditätsrisiko für Anleger anschaulich auf. Wenngleich dieses Risiko bisher im Markt nicht zum Tragen kam, sollten Investoren es bei ihren Anlageentscheidungen berücksichtigen. Ein Rückblick auf die Liquidität einzelner Anleihen im Rahmen der globalen Finanzkrise kann einen Eindruck der Situation vermitteln. So war bei einzelnen Anleihen aufgrund einer deutlichen Ausweitung der Geld-Brief-Spanne kein effektiver Handel mehr möglich, da Käufer im Markt fehlten. In der Folge verloren Unternehmens- und insbesondere Hochzinsanleihen deutlich an Wert. Heute stellen insbesondere Fonds als große Kapitalsammelstellen die Liquidität im Markt bereit, während der Handelsbestand der Banken gesunken ist. Ein aufgrund von massiven Rückgaben von Fondsinvestoren ausgelöster Verkauf der Bestände würde in dieser Situation das Potenzial bieten, wesentlich zu einer Liquiditätskrise beizutragen. So hat beispielsweise auch die Deutsche Bundesbank in ihrem Finanzstabilitätsbericht 2014 auf mögliche Liquiditätsprobleme und deren Ursachen hingewiesen: »Problematisch kann diese Entwicklung beispielsweise für Anleihenfonds sein, die ihren Anlegern »tägliche Liquidität« versprechen.«[13] Die Bundesbank sieht im Rückgang der Liquidität im Markt aufgrund des Rückzugs vieler Banken »weniger ein temporäres, als ein strukturelles Phänomen.« Wenngleich die konkreten

Auswirkungen je nach Anleihensegment und damit der Liquidität sowie Bonität der einzelnen Anleihen sehr unterschiedlich sein können, sollten Investoren sich des potenziellen Risikos für ihr Anleihenportfolio bewusst sein und ihre Allokation vor diesem Hintergrund überdenken.

3.5 Fazit

Unternehmensanleihen haben genauso wie Staatsanleihen in den zurückliegenden drei Jahrzehnten deutlich von dem hohen Zinsniveau und von dem allgemeinen nachhaltigen Zinsrückgang sowie der Einengung der Spreads zu Staatsanleihen profitiert. Mit den erreichten Tiefstwerten der Renditen stellt sich auch in diesem Segment das Chance-Risiko-Verhältnis als zunehmend unattraktiv dar.

Niemand kann vorhersagen, wie die Zukunft an den Märkten für konservative Anlagen genau aussehen wird. Aber eines ist klar: Mit der Vergangenheit wird diese Zukunft nicht mehr viel gemeinsam haben. Dies wird alleine aufgrund der nun erreichten, nicht mit früheren Zeiten vergleichbaren Ausgangsbasis deutlich. Insofern müssen Anleger ihre durch die historische Entwicklung geprägten Ertragserwartungen bei Investitionen in Unternehmensanleihen reduzieren.

Mischfonds und vermögensverwaltende Fonds haben von der positiven Entwicklung des Anleihenbereichs in der Vergangenheit ebenfalls profitiert. Grundsätzlich sollten Anlageentscheidungen auch in diesem Bereich nicht auf Basis historischer Zahlen getroffen werden, sondern bedürfen einer qualitativen Auseinandersetzung mit den nun gegebenen Rahmenbedingungen, die nur noch ein eingeschränktes Potenzial für die Zukunft bieten.

4. Bankeinlagen in der Zinsfalle

Die beliebteste Geldanlage der Deutschen sind Bankeinlagen. 1.822 Milliarden Euro haben die Bundesbürger auf Giro- und Tagesgeldkonten, in Festgeldern und Sparbriefen, sowie auf Sparbüchern und in anderen Spareinlagen deponiert. Das entspricht fast 40 Prozent ihres gesamten Geldvermögens von 4.976 Milliarden Euro.[14]

Die Gründe für die Beliebtheit der Bankeinlagen in Deutschland liegen auf der Hand: Sie weisen in der Regel kein Kursrisiko auf. Nur bei speziellen Einlagen, deren Rückzahlung zum Beispiel an die Wertentwicklung des Goldpreises gekoppelt ist, können Kursverluste auftreten. Solche Produkte sind jedoch kaum verbreitet.

Außerdem ist die Funktionsweise der meisten Bankeinlagen einfach nachzuvollziehen. Ihre jeweiligen Vor- und Nachteile sind daher leicht zu erkennen:

> **Guthaben auf Giro- und Tagesgeldkonten:** Über diese Sichteinlagen können die Anleger jederzeit und in vollem Umfang verfügen. Dafür ist die Verzinsung allerdings meistens nicht sehr hoch. Außerdem ist der Zinssatz in der Regel variabel. Die Bank kann ihn also jederzeit ändern.

> **Festgelder:** Diese Termineinlagen weisen eine feste Laufzeit auf. Sie liegt oft zwischen 1 Monat und 2 Jahren. Teilweise gibt es auch längere Laufzeiten. Anleger können in der Regel nicht vorzeitig über diese Bankeinlagen verfügen. Dafür ist der Zinssatz oft höher als bei den Sichteinlagen. Außerdem ist er für die gesamte vereinbarte Laufzeit festgelegt. Es besteht also kein Risiko, dass die Bank den Zinssatz in diesem Zeitraum senkt. Umgekehrt profitieren die Anleger aber auch nicht von steigenden Zinsen während der vereinbarten Laufzeit.

> **Sparbriefe:** Sie ähneln den Festgeldern. Allerdings weisen Sparbriefe oft eine längere Laufzeit auf. Diese liegt meistens zwischen 12 Monaten und 10 Jahren. Außerdem sind Sparbriefe rechtlich betrachtet Namensschuldverschreibungen. Die Deutsche Bundesbank erfasst sie statistisch dennoch als Bankeinlage. Wie bei Festgeldern ist der Zinssatz der Sparbriefe von Beginn an für die vereinbarte Laufzeit festgelegt. Eine vorzeitige Verfügung über die Anlage ist auch bei den Sparbriefen in der Regel nicht möglich. Eine Ausnahme davon stellen Sparbriefe mit einem von Jahr zu Jahr steigenden Zins dar. Sie ermöglichen oft auch eine vorzeitige Rückgabe. Dafür fallen ihre Zinssätze entsprechend niedriger aus.

> **Spareinlagen:** Bei ihnen wird in der Regel keine feste Laufzeit vereinbart. Stattdessen müssen die Anleger eine bestimmte Kündigungsfrist einhalten, um wieder über ihr Geld verfügen zu können. Beim Klassiker – dem Sparbuch mit einer vereinbarten Kündigungsfrist von 3 Monaten – dürfen sie aber oft bis zu 2.000 Euro im Kalendermonat ohne Kündigung abheben. Ob diese Möglichkeit besteht, regeln die genauen Bedingungen des Produktes – und diese unterscheiden sich von Geldinstitut zu Geldinstitut. Teilweise ist auch eine vorzeitige Verfügung gegen Zahlung einer Vertragsstrafe möglich. Andererseits gibt es manchmal eine Sperrfrist, vor deren Ablauf noch nicht einmal eine reguläre Kündigung möglich ist. Die Verzinsung der Spareinlagen erfolgt meistens variabel. Das Geldinstitut kann sie also jederzeit ändern. Einige Produkte sehen dagegen einen festen Zinssatz für einen bestimmten Zeitraum vor.

So unterschiedlich die verschiedenen Bankeinlagen im Einzelnen auch ausgestaltet sind – ein gemeinsames Problem haben sie: Attraktive Zinsen erhalten Anleger bei einem Neuabschluss von Bankeinlagen mittlerweile nicht mehr. Selbst das Erreichen eines realen Kapitalerhalts ist inzwischen schwierig geworden.

4.1 Renditetief bei Bankeinlagen

»Fast 200 Geldinstitute in Deutschland zahlen auf Tagesgeldkonten keine Zinsen mehr«, meldete die Tageszeitung »Die Welt« im Juli 2014[15]. Sie berief sich dabei auf eine Auswertung des Vergleichsportals Verivox, die auf einer Untersuchung von 635 Geldhäusern basiert. Angesichts von insgesamt rund 2.000 Kreditinstituten in Deutschland dürfte die Gesamtzahl der zinsfreien Tagesgeldkonten aber vermutlich noch höher liegen.

Bankeinlagen verursachen reale Wertverluste

Zinsfreie Tagesgeldkonten sind nicht das einzige Problem für die Anleger. Die durchschnittlichen Konditionen täglich verfügbarer Gelder in Deutschland reichen ebenfalls nicht mehr aus, um das Kapital der Anleger real zu erhalten. Zwar liegt die deutsche Inflationsrate im historischen Vergleich derzeit ungewöhnlich niedrig. Gemessen am Verbraucherpreisindex betrug sie im Oktober 2014 nur 0,8 Prozent auf Jahressicht. Doch die Zinsstatistik der Deutschen Bundesbank weist für täglich fällige Bankeinlagen privater Haushalte gerade noch eine durchschnittliche Rendite von 0,3 Prozent p.a. aus.[16] Selbst ohne Berücksichtigung der Steuern entsteht den Anlegern so im Schnitt ein realer Verlust von 0,5 Prozent p.a.

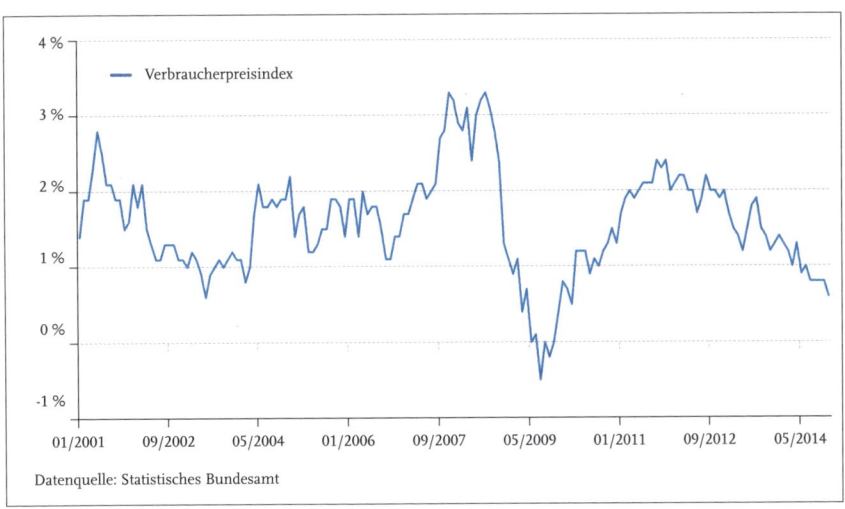

Entwicklung des deutschen Verbraucherpreisindex (Inflation) vom 31.01.2001 bis zum 30.11.2014

Kaum anders sieht es aus, wenn sich die Anleger etwas länger binden. Bankeinlagen privater Haushalte mit einer vereinbarten Laufzeit von bis zu 1 Jahr erzielen nach der Zinsstatistik der Deutschen Bundesbank bei einem Neuabschluss im Schnitt eine Rendite von 0,52 Prozent p.a. Das reicht nicht für den Inflationsausgleich. Bei Bankeinlagen mit einer vereinbarten Kündigungsfrist von bis zu 3 Monaten verlieren die Anleger ebenfalls real Geld. Die Zinsstatistik weist für neue Abschlüsse in dieser Kategorie nur eine Rendite von durchschnittlich 0,60 Prozent p.a. aus.

Diese Zahlen belegen, dass sich die Niedrigzinspolitik der Europäischen Zentralbank (EZB) inzwischen stark auf das Renditeniveau der Bankeinlagen auswirkt. In der öffentlichen Diskussion ist diese Entwicklung weitgehend unbestritten. Große Unterschiede gibt es jedoch bei ihrer Einordnung und Bewertung. Während einige Stimmen von einer »Enteignung der Sparer« sprechen, weisen andere darauf hin, dass es »kein Recht auf Rendite« gebe, berichtet die Süddeutsche Zeitung (SZ) im Juli 2014[17]. Sie führt dabei eine Untersuchung der Deutschen Bundesbank über die Realverzinsung von Spareinlagen mit einer Kündigungsfrist von 3 Monaten an. Seit dem Jahr 1967 – so das Ergebnis – sei diese mehrheitlich negativ gewesen. »In den ganzen 1970er-Jahren etwa haben die hohen Nominalzinsen nicht gereicht, um die noch höhere Teuerung auszugleichen«, schreibt die SZ. »Auch in den späten 1990er-Jahren war es ähnlich.« Die Schlussfolgerung: »Dass Sparer Geld verlieren können, wenn sie ihr Guthaben einfach so auf dem Sparbuch liegen lassen, ist nicht neu.«

Die Zeitung weist allerdings auch auf wesentliche Unterschiede zur Vergangenheit hin. »Sowohl in der Länge als auch im Ausmaß ist die aktuelle Phase der negativen Realzinsen heftiger als früher«, zitiert sie Ulrich Kater, den Chefvolkswirt der Dekabank. Und anders als in früheren Phasen negativer Realzinsen seien dieses Mal auch länger laufende Anlagen betroffen.

Das lässt sich auch aus der Zinsstatistik der Bundesbank ablesen. Bankeinlagen privater Haushalte mit einer vereinbarten Laufzeit von mehr als 2 Jahren kamen demzufolge bei einem Neuabschluss im September 2014 nur auf eine durchschnittliche Rendite von 1,16 Prozent p.a. Zwar reichte das aus, um zu diesem Zeitpunkt das Kapital real zu erhalten. Der Zinssatz ist dann jedoch auf Jahre hinaus fixiert. Sollte die Inflationsrate künftig wieder so stark steigen, wie es die Europäische Zentralbank anstrebt, wird sich auch bei länger laufenden Bankeinlagen ein realer Wertverlust einstellen.

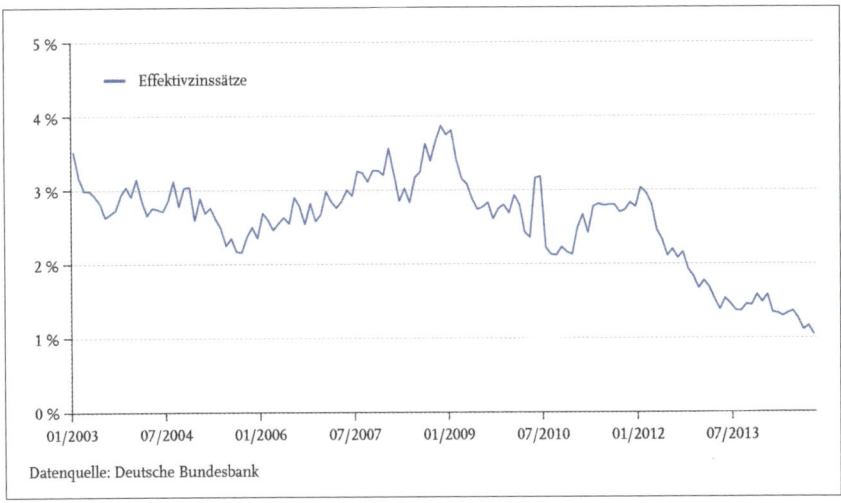

Entwicklung der Effektivzinssätze der deutschen Banken beim Neugeschäft für Einlagen privater Haushalte mit einer vereinbarten Laufzeit von über 2 Jahren vom 31.01.2003 bis zum 30.10.2014

Das Zinstief trifft die Bundesbürger besonders stark

Die Niedrigzinspolitik der Europäischen Zentralbank zielt zwar auf den gesamten Euroraum. Besonders stark bekommen ihre Konsequenzen jedoch die Bundesbürger zu spüren, so das Ergebnis einer Studie der Allianz[18]. Das Finanzunternehmen analysierte die Auswirkungen des Zinstiefs sowohl auf die Bankeinlagen als auch auf die Kredite der privaten Haushalte im Euroraum. Dafür verglich es die Zinsentwicklung ab dem Jahr 2010 mit den durchschnittlichen Zinssätzen der Jahre 2003 bis 2008, also dem Zeitraum vor der Krise. Anschließend saldierte es die Zinsverluste bei den Bankeinlagen mit den eingesparten Zinsen bei den Krediten der privaten Haushalte. So ergibt sich eine Gesamtbilanz der Auswirkungen des Zinstiefs auf die privaten Haushalte.

Für die Bundesbürger ist diese Gesamtbilanz negativ, so die Allianz-Studie. Durch das Zinstief entgingen ihnen in den Jahren 2010 bis 2014 saldiert insgesamt 22,7 Milliarden Euro. Das entspricht einem Zinsverlust von 281 Euro pro Bundesbürger. Die eingesparten Kreditzinsen sind in diesen Zahlen bereits berücksichtigt. »Für Deutschland ist der entscheidende Faktor für Zinsverluste auf der Einlagenseite zu suchen«, schreibt die Allianz. Während die eingesparten Kreditzinsen in der Pro-Kopf-Betrachtung in etwa dieselbe Größenordnung wie in vielen anderen Euroländern erreichten, gebe es auf der Einlagenseite signifikante Unterschiede. »Hier rächt sich für die deutschen Sparer ihre hohe Affinität zu (Sicht-)Einlagen«,[19] analysiert die Allianz. »Die deutschen Sparer reagieren auf die Minizinsen, indem sie immer weiter in die Liquidität fliehen. Der Anteil der Sichteinlagen an den gesamten Bankeinlagen ist von etwa 30 Prozent im Jahr 2003 auf über 50 Prozent Ende 2013 gestiegen. Durch diese ausgeprägte Liquiditätspräferenz wird der Abwärtstrend bei den Zinsen noch weiter verstärkt.«[20]

Die Bundesbürger geraten durch ihr Anlageverhalten bei den Bankeinlagen immer stärker in die Zinsfalle. »Mehr Fluch als Segen – Deutsche Banken stöhnen über die hohen Kundeneinlagen«, überschrieb das »Handelsblatt« im Oktober 2014 einen Artikel über den Umgang der Geldhäuser mit dem Mittelzufluss bei den Bankeinlagen. »Nicht mehr nur einzelne Institute drohen in Einlagen zu ertrinken, sondern der gesamte Bankensektor«, warnt die Wirtschaftszeitung[21]. Anlass des Artikels waren Berechnungen der Beratungsgesellschaft Barkow Consulting, nach denen 2014 die Kundeneinlagen der privaten Haushalte und Unternehmen zusammengerechnet das gesamte Kreditvolumen in Deutschland überstiegen.

»Das ist ein historisch äußerst seltenes Phänomen«, betont das Handelsblatt[22]. Schließlich besorgen sich die Institute für ihre Kreditvergabe auch Gelder von der Zentralbank und über Anleihen am Kapitalmarkt. Wenn jedoch schon die Kundeneinlagen das Kreditvolumen übertreffen, stellt sich für die Geldhäuser die Frage, wie sie die überschüssigen Mittel sinnvoll investieren können. Am sichersten wäre es, diese Mittel auf dem Konto des Institutes bei der EZB zu deponieren. Doch dafür fallen inzwischen Kosten an: »Parken die Banken Geld bei der EZB, müssen sie dafür einen

Strafzins von 0,2 Prozent zahlen«, erläutert die Wirtschaftszeitung. Die Institute machen dabei also einen kleinen Verlust. Das »Handelsblatt« sieht die Banken deshalb mittlerweile in einem Abwehrkampf gegen Kundengelder: »Diesmal geht es nicht darum, Geld mit attraktiven Zinsangeboten anzulocken. Es geht vielmehr darum, Geld mit möglichst unattraktiven Angeboten abzublocken.«[23] Denn die Annahme von weiteren Bankeinlagen ist für viele Institute inzwischen ein Verlustgeschäft.

Erste Banken berechnen Negativzinsen

Einige Banken greifen beim Versuch, Kundengelder abzuwehren, zu ungewöhnlichen Maßnahmen. Im November 2014 führte erstmals ein Geldinstitut in Deutschland negative Zinsen für Privatkunden ein[24]. Oberhalb eines Guthabens von 500.000 Euro fallen bei der Deutschen Skatbank auf dem Tagesgeldkonto seitdem Strafzinsen von 0,25 Prozent im Jahr an. Beim privaten Girokonto gelten diese ab einem Saldo von mehr als 2 Millionen Euro, erläutert das Preisverzeichnis des Geldhauses[25], das eigentlich nur eine unselbstständige Zweigniederlassung der VR-Bank Altenburger Land eG im Internet ist. Das Institut wendet die negativen Guthabenzinsen allerdings nur an, wenn der Kunde insgesamt mehr als 3 Millionen Euro Bankeinlagen bei ihm deponiert hat.

Asoka Wöhrmann, Chefanlagestratege der Deutschen Asset & Wealth Management, könnte sich eine Ausbreitung der Negativzinsen in Deutschland vorstellen. »Einige wenige Banken berechnen ihren Kunden jetzt schon negative Zinsen. Das dürfte angesichts der Niedrigzinspolitik der Europäischen Zentralbank bald keine Seltenheit mehr sein«, sagte er der »Welt am Sonntag« Anfang November 2014[26]. Was zuvor nur einige Geschäftskunden traf, könnte bald auch zu einem Thema für manche Privatkunden werden.

Strafzinsen sind nicht das einzige Mittel, um den Zufluss der Kundengelder zu begrenzen. Oft reicht schon eine starke Absenkung der Konditionen aus. So stellte die Allianz-Studie fest, dass die Zinssätze für Bankeinlagen in Deutschland – gemessen in Basispunkten (also 0,01 Prozentpunkten) – seit der Finanzkrise besonders stark gefallen sind.

»Mittlerweile liegen die Einlagenzinsen 30 Basispunkte unter dem durchschnittlichen Niveau der anderen Länder im Euroraum«, schreiben die Autoren. »Vor der Krise hatte Deutschland dagegen noch einen Vorsprung von etwa 20 Basispunkten.«[27] Insgesamt sind die Zinssätze für Bankeinlagen in Deutschland also um 0,5 Prozentpunkte stärker gesunken als im Durchschnitt des Euroraums. Tages- und Festgelder sowie Sparbücher und -briefe haben damit hierzulande besonders stark an Attraktivität verloren.

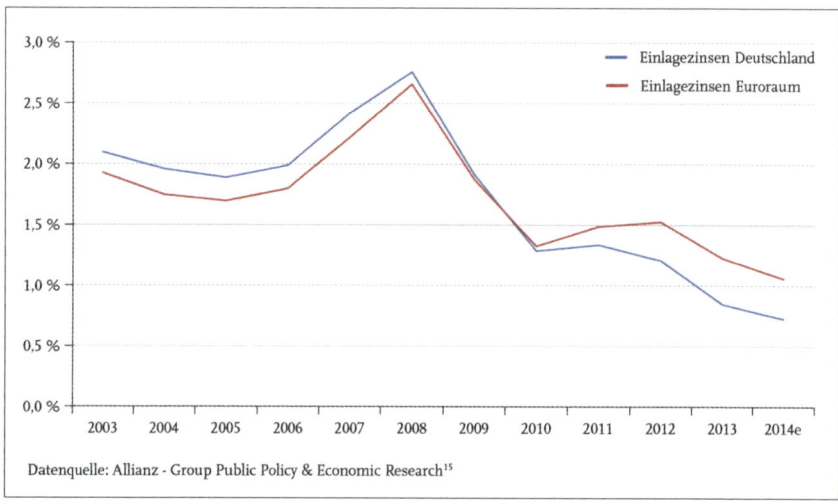

Entwicklung der Einlagezinsen in Prozent seit dem Jahr 2003

Diese Entwicklung könnte Anleger auf die Idee bringen, bei ihren Bankeinlagen verstärkt die höher verzinsten Angebote ausländischer Kreditinstitute aus dem Euroraum zu nutzen. Sie sollten dabei allerdings beachten, dass dort andere Ausfallrisiken bestehen. Die globale Finanzkrise 2008 hat gezeigt, wie schnell Geldhäuser zusammenbrechen können. Die Zinsfalle trifft die Bankeinlagen deshalb doppelt: zum einen durch das Renditetief bei den Konditionen und den dadurch drohenden Realwertverlust des eingesetzten Kapitals. Zum anderen stellt sich die Frage der Krisenfestigkeit dieser Anlageform und der Sicherheit der Rückzahlung nach den Erfahrungen der vergangenen Jahre neu.

4.2 Ausfallrisiken bei Bankeinlagen

»Bargeld lacht«, sagt der Volksmund – und spricht damit einen wichtigen Punkt an: Bargeld ist für Privatanleger in der Regel die einzige Möglichkeit, Zentralbankgeld zu besitzen. Der andere Weg, an Zentralbankgeld zu gelangen, steht nur den Mitarbeitern der Deutschen Bundesbank offen: Diese dürfen ein Konto direkt bei der Zentralbank unterhalten – ein Privileg, das sie nur mit den Banken und einigen öffentlichen Körperschaften teilen müssen.

Das Kreditrisiko der Bankeinlagen

Die Bankeinlagen der Privatanleger und Unternehmen sind dagegen kein Zentralbankgeld, sondern so genanntes Giralgeld. Dieses wird nicht von der Zentralbank geschaffen, sondern von den Geschäftsbanken. Gewähren diese Institute einem Kunden zum Beispiel einen Kredit über 1.000 Euro, erhöhen sie dafür den Stand seines Girokontos einfach um 1.000 Euro. Schon sind 1.000 Euro Giralgeld mehr in der Welt. Der Kreditnehmer kann mit seinem höheren Kontoguthaben Rechnungen bezahlen, Löhne überweisen oder Anschaffungen tätigen. Insofern erfüllt auch das Giralgeld die Aufgaben eines Zahlungsmittels. Einen Nachteil gegenüber dem Zentralbankgeld hat es dennoch: »Die Banken versprechen zwar, dieses Giralgeld jederzeit in Bargeld umzutauschen«, schreibt das »Handelsblatt« in einem Artikel aus dem Oktober 2014[28] über die Natur des Geldes. »Aber weil das meiste davon nie in Bargeld umgetauscht wird, schaffen die Banken ein Vielfaches des Bargeldbestandes an Giralgeld. Das ist zwar einträglich, aber auch riskant. Wenn die Bürger Zweifel bekommen und massenhaft Bargeld sehen wollen, ist die Krise da.«

Wie stark die Verbreitung von Giralgeld im Vergleich zum Bargeld ist, zeigt die Statistik der Deutschen Bundesbank[29] über das Geldvermögen der privaten Haushalte in Deutschland: Einem Bargeldbestand von 124 Milliarden Euro stehen Bankeinlagen in Höhe von 1.822 Milliarden Euro gegenüber. Das entspricht einem Verhältnis von annähernd 1:15 zu Lasten des Bargelds! Ein solches enormes Übergewicht des Giralgeldes lässt sich nur mit dem großen Vertrauen der Bürger in die Banken erklären. Schließlich geben sie den Instituten de facto einen Kredit, wenn sie Geld auf ihr Girokonto oder Sparbuch einzahlen: Sie glauben daran, dass die Bank die Rückzahlungsansprüche ihrer Kunden jederzeit erfüllen kann.

Doch sobald es Zweifel an dieser Fähigkeit eines Geldinstitutes zur Erfüllung aller seiner Verpflichtungen gibt, kann ein »Bank Run« einsetzen. Dann versuchen die Kunden, ihre Guthaben abzuheben. Sie wissen: Wer dabei am schnellsten ist, hat die besten Chancen, noch Bargeld zu erhalten. Und wer zu spät kommt, geht möglicherweise leer aus. Dieser Mechanismus kann eine gefährliche Eigendynamik entfachen, weil immer mehr Kunden ihr Geld retten wollen und die Bank bestürmen. Die Zentralbank und der Staat kennen die Gefahr eines solchen »Bank Runs« und versuchen deshalb in den meisten Fällen gegenzusteuern: die Zentralbank, indem sie das Kreditinstitut mit sehr viel Bargeld versorgt, und der Staat, indem er zum Beispiel eine Garantie für die Bank ausspricht, um deren Kunden zu beruhigen und ein Übergreifen des »Bank Runs« auf andere Institute zu vermeiden. Bei der fünftgrößten britischen Hypothekenbank Northern Rock war dies im September 2007 letztendlich erfolgreich, auch wenn die Kunden tagelang in Schlangen anstanden und sich Milliarden Britische Pfund auszahlen ließen[30].

Sind jedoch mehrere Banken in einer Schieflage, kann deren Rettung den Staat und die Zentralbank überfordern. So war es beispielsweise im März 2013 auf Zypern. Deshalb wurden dort die Banken für mehrere Tage geschlossen, die Möglichkeiten für elektronische Überweisungen stark eingeschränkt und die Geldautomaten mit Höchstgrenzen für die Abhebungen versehen. Dies brachte besonders Unternehmen in große Schwierigkeiten. Die Wochenzeitung »Die Zeit« berichtete von einem Hotelchef, der die Gehälter in Höhe von 600.000 Euro nicht auszahlen konnte, obwohl das Konto seines Unternehmens ein Guthaben von mehr als 2 Millionen Euro aufwies. Durch die Begrenzung des Kontozugriffs konnte er nur über 100.000 Euro verfügen. Der Rest des Geldes war eingefroren worden[31].

Auch in Deutschland könnten Unternehmen in einer schweren Bankenkrise solche Probleme bekommen – es sei denn, sie haben rechtzeitig ein eigenes Geldinstitut gegründet und sich dadurch einen Zugang zu Zentralbankgeld gesichert. Das Elektronikunternehmen Siemens beschritt diesen Weg nach der Finanzkrise und beantragte eine Banklizenz, die es dann auch erhielt. »Besonders attraktiv ist die Möglichkeit, mit einer eigenen Bank Kapital bei der Europäischen Zentralbank (EZB) anzulegen oder aufzunehmen«, erläutert Bernd Oppold, Partner bei der Unternehmensberatung KPMG, den Vorteil einer solchen Lizenz. »Insbesondere in Krisenzeiten ist die EZB für die Unternehmen mit eigener Bank ein ›safe haven‹.«[32]

Einen solchen sicheren Hafen suchte auch die Talanx. Deutschlands drittgrößtes Versicherungsunternehmen sah sein Geld im Fall einer Insolvenz von Geschäftsbanken im Zuge einer erneuten Finanzkrise nur unzureichend abgesichert. »Es gibt einen insolvenzgeschützten Anbieter, das ist die Bundesbank und wir hätten gerne ein Konto dort«, zitierte das »Manager-Magazin« einen Unternehmenssprecher der Talanx im Januar 2010. »Die Bundesbank sagt aber, das bekommen nur Banken.« Deshalb klagte der Versicherer. Er wollte nicht extra eine Bank gründen müssen, nur um ein Konto bei der Bundesbank eröffnen zu können. Doch die Talanx verlor den Prozess.[33]

Das Risiko einer Bankenkrise

Das Interesse von Unternehmen an einem direkten Zugang zum Zentralbankgeld dürfte mit einer Neubewertung der Risiken des Bankensystems nach der Finanzkrise zusammenhängen. Schieflagen von Geldhäusern hat es zwar auch schon früher gegeben. Doch der Zusammenbruch der großen amerikanischen Investmentbank Lehman Brothers im September 2008 hat die Verwundbarkeit des Bankensystems auf eine neue Art und Weise verdeutlicht. Damals griff die Angst vor einem Dominoeffekt um sich: Wenn ein großer Marktteilnehmer seine Verpflichtungen nicht mehr erfüllen kann, verursacht er möglicherweise bei anderen Kreditinstituten so hohe Verluste, dass auch diese zusammenbrechen. Die erneuten Zahlungsausfälle reißen dann möglicherweise weitere Geldhäuser mit in den Abgrund.

Die Ansteckungsgefahr ist gerade unter den Banken sehr groß, denn die Kreditinstitute arbeiten mit recht wenig Eigenkapital. Bezogen auf ihre gesamten bilanziellen und außerbilanziellen Verpflichtungen müssen die Banken nach den neuen, strengeren Vorschriften – Basel III genannt – ab dem Jahr

2018 ein Eigenkapital in Höhe von mindestens 3 Prozent vorhalten. Dies ist die so genannte Verschuldungsgrenze (Leverage Ratio). Das bedeutet: Bereits ein Verlust in Höhe von nur 4 Prozent der Verpflichtungen einer Bank kann das Eigenkapital des Instituts aufzehren und zu einer Überschuldung führen. Er würde damit teilweise auf Kosten der ersten Bankgläubiger gehen. Zu diesen könnten die Anleger mit nachrangigen Bankeinlagen gehören, wie etwa die Eigentümer von Sparbriefen mit einer Nachrangabrede.

Eine Verschuldungsgrenze von 3 Prozent entspricht einem Hebel auf das eingesetzte Eigenkapital vom 33-Fachen (100 Prozent / 3 Prozent = 33). Das ist ein sehr hoher Wert. Viele Hedgefonds arbeiten beispielsweise mit weniger als dem 2-Fachen des Eigenkapitals. Der Hebel einer Bank lässt sich zwar nur eingeschränkt mit dem Hebel von Hedgefonds vergleichen, weil die meisten Kreditinstitute auch viele risikoarme Geschäfte eingehen. Dennoch bleibt die Tatsache, dass es sich beim 33-Fachen um einen außerordentlich starken Hebel handelt, der im Krisenfall zum Tragen kommen könnte.

Neben der leichten Verwundbarkeit der Banken durch Verluste gibt es noch einen weiteren Punkt, der es Anlegern schwer macht, das Ausfallrisiko von Geldhäusern zuverlässig einzuschätzen: ihre geringe Transparenz. Für Kreditinstitute gelten in der Rechnungslegung eine Reihe von Ausnahmebestimmungen. Deren Zahl hat in den vergangenen Jahren noch zugenommen. »Die Bilanzen der Banken sind immer schwerer vergleichbar«, fasste die »Frankfurter Allgemeine Zeitung« (FAZ) den Inhalt eines Interviews mit dem Wirtschaftsprüfer Claus-Peter Wagner im Oktober 2012 zusammen. Für den Managing Partner Financial Services Deutschland der Wirtschaftsprüfungsgesellschaft Ernst & Young haben die Ausnahmen und Umwidmungsmöglichkeiten für die Banken den Blick von außen auf die Kreditinstitute erschwert: »Für den externen Bilanzleser wird es eine zunehmende Herausforderung, eine verlässliche Aussage über die Vermögens-, Finanz- und Ertragslage zu treffen.«[34] Manche Fondsmanager meiden aufgrund dieser schlechten Transparenz Investitionen in Banken weitgehend.

Auch 5 Jahre nach der Finanzkrise gibt es immer noch überraschende Schieflagen von Geldhäusern. So musste Portugal im August 2014 die Banco Espirito Santo, das größte börsennotierte Kreditinstitut des Landes, mit rund 5 Milliarden Euro vor einem Zusammenbruch bewahren[35]. Die prekäre Lage des Geldhauses war zuvor weder den Analysten noch den Investoren noch der Bankenaufsicht Portugals aufgefallen.

Die Probleme der europäischen Banken

Um die Gefahr von Bankenzusammenbrüchen zu verringern und deren Auswirkungen zu begrenzen, wurden in der Eurozone neue Strukturen für die Aufsicht der Kreditinstitute und die Abwicklung nicht überlebensfähiger Geldhäuser geschaffen: die so genannte Bankenunion. Am 4. November 2014 nahm die Einheitliche Europäische Bankenaufsicht (Single Supervisory Mechanism, SSM) ihre Arbeit auf. Sie ist bei der Europäischen Zentralbank (EZB) angesiedelt und wird die 120 größten Banken der Eurozone direkt überwachen. Außerdem macht sie Vorgaben für die Beaufsichtigung der anderen Kreditinstitute in der Eurozone durch die nationalen Behörden[36].

Bereits im Vorfeld prüfte die EZB die Bücher von 130 europäischen Banken und setzte deren Bilanzen einem Stresstest aus. Sie wollte dadurch schlummernde Risiken wie bei der Banco Espirito Santo vorab erkennen. 105 Institute bestanden den Test, 25 Geldhäuser fielen zum Stichtag 31. Dezember 2013 durch und mussten zusätzliches Kapital aufnehmen. Zwölf von ihnen gelang dies bis zum 4. November 2014 in ausreichendem Maße. Die Probleme der europäischen Banken sind damit aber noch nicht gelöst. »Es ist eine Illusion zu glauben, dass wir jetzt die Wahrheit über den Zustand der Banken kennen«, kommentierte das »Handelsblatt« die Überprüfung. »Das System verkraftet allenfalls einen Bruchteil der Wahrheit. Dem hat die EZB mit dem Stresstest Rechnung getragen.«[37]

Zu den Kritikpunkten an der Bankenprüfung gehören die Annahmen für das Stress-Szenario. »Dieses ging unter anderem von einer schrumpfenden Wirtschaftsleistung von gut 2 Prozent über 2 Jahre und einem Einbruch der Immobilien- und Aktienmärkte von 20 Prozent aus«, berichtet Robert Halver, Leiter der Kapitalmarktanalyse bei der Baader Bank. »Nach der Lehman-Pleite fiel jedoch die gesamte Eurozone mit minus 4,5 Prozent deutlich drastischer in die Rezession.«[38] Außerdem brachen die Aktienmärkte weitaus stärker ein. Ein Szenario wie 2008/2009 hätte deshalb höchstwahrscheinlich schlechtere Ergebnisse beim Bankenstresstest zufolge gehabt.

Die Prüfung der Kreditinstitute durch die EZB ist ein weiterer Schritt zur Stabilisierung und Gesundung des europäischen Bankensystems – mehr aber auch nicht. Unterhalb der Oberfläche gab es durchaus auch unerfreuliche Ergebnisse, etwa beim Volumen der notleidenden Kredite (Bad Loans), wie Anthony Doyle, Fondsmanager Anleihen bei M&G Investments anmerkt: »Der Stresstest der EZB ist einigermaßen glimpflich ausgegangen, doch auf Seite 67 des Berichts verbirgt sich eine unschöne Überraschung: Die Bad Loans in der Eurozone belaufen sich insgesamt auf 879 Milliarden Euro – das sind fast 9 Prozent der Wirtschaftsleistung in der Eurozone! Was uns wirklich Angst macht: Notleidende Darlehen sind ein Indikator mit Verzögerung. Die wirkliche Situation ist wahrscheinlich wesentlich schlimmer als die bekannten 879 Milliarden Euro.«[39]

Ein weiteres großes Problem der Geldinstitute in der Eurozone ist ihre geringe Profitabilität. »Seit langem erwirtschaften deutsche Banken deutlich geringere Renditen als viele ausländische, zum Beispiel englische Banken«, analysiert Günter Franke, Professor an der Universität Konstanz für Internationales Finanzmanagement. »Daher ist die Insolvenzgefahr einer deutschen Bank höher als die einer englischen, die dasselbe Portfolio von Bankaktivitäten betreibt.«[40] Ähnlich sieht es nach Angaben des Internationalen Währungsfonds (IWF) auch beim Vergleich der Institute aus der Eurozone mit den Banken aus den USA oder Asien aus: Sie verdienen weitaus weniger als die Wettbewerber aus Übersee. »Wir haben in Europa zu viel Kapazität im Bankensektor«, kritisiert deshalb der Bonner Wirtschaftsprofessor Martin Hellwig. »In Europa macht die aggregierte Bilanzsumme der Finanzbranche etwa 400 Prozent des Bruttoinlandsprodukts aus. In den USA sind es nur 100 Prozent. Ohne Konsolidierung werden die Banken wieder zocken müssen, um zu überleben.«[41]

Die Überkapazitäten bei den Banken in der Eurozone resultieren auch aus dem zögerlichen Umgang mit kriselnden Kreditinstituten. Während in den USA seit der Finanzkrise im Jahr 2008 rund 500 Banken geschlossen wurden, waren es in der Eurozone gerade einmal 50. Die geringe Zahl dürfte mit nationalen Empfindlichkeiten zusammenhängen. Die Schließung einer Bank lässt die Politiker im Land nicht gut aussehen. Entsprechend zurückhaltend agieren oftmals die nationalen Aufsichtsbehörden. Stattdessen springt dann die EZB oder die nationale Zentralbank in die

Lücke: Sie senkt die Anforderungen an die Wertpapiere ab, mit denen sich Banken beim Zentralbanksystem Geld besorgen können, oder gewährt Sonderkredite. Das hält die fußlahmen Institute am Leben. Doch diese Banken nehmen den anderen Geldhäusern Geschäfte weg, verringern dadurch deren Profitabilität und somit auch die Stabilität und Krisenfestigkeit.

Ob dieser Mechanismus durch die länderübergreifende Bankenaufsicht der EZB überwunden werden kann, wird sich in Zukunft zeigen. Vorerst kann für die Kreditinstitute in der Eurozone jedoch noch keine Entwarnung gegeben werden. Zwar sind sie auf dem Weg der Besserung, doch bis zu einer endgültigen Gesundung – und damit einer hohen Stabilität des Bankensektors – sind noch zahlreiche Schritte zu gehen.

Anleger sollten bis dahin bei ihren Bankeinlagen auf das eingegangene Verlustrisiko achten. Ein Hilfsmittel dabei können die Preise für die Ausfallversicherung von Bankanleihen sein. Diese so genannten Credit Default Swaps (CDS) stellen quasi eine Versicherung für Großanleger dar, die ihre Bankanleihen gegen Zahlungsausfälle absichern wollen. Der CDS-Markt gibt auch Privatanlegern wertvolle Hinweise. Für Banken, die auch Anlagezertifikate herausgeben, stellt der Deutsche Derivateverband (DDV) auf seiner Internetseite die aktuellen CDS-Prämien – Spreads genannt – für Anleihen mit einer Laufzeit von 5 Jahren zusammen:

Beispielhafte Unternehmen	Credit Default Swaps
BARCLAYS Bank	48,23
Commerzbank	73,71
Deutsche Bank	71,67
Goldman Sachs	82,11
Rabobank	41,81
Royal Bank of Scotland	50,77

Datenquelle: Deutscher Derivate Verband »Credit Default Swaps«[42]

CDS-Spreads von ausgewählten Banken per 08.12.2014

Ein Beispiel zur Interpretation der CDS-Spreads: Am 8. Dezember 2014 betrug die CDS-Prämie der Deutschen Bank 72 Basispunkte. Großanleger mussten also zu diesem Zeitpunkt 0,72 Prozent p.a. zahlen, um ihre 5-jährigen Deutsche-Bank-Anleihen gegen einen Zahlungsausfall abzusichern. Der Markt hält das Institut damit für risikoreicher als etwa die Rabobank (CDS-Prämie: 42 Basispunkte). Das niederländische Geldhaus nimmt über seine Zweigniederlassung Frankfurt am Main auch in Deutschland Bankeinlagen an.

Die CDS-Prämie lässt außerdem die Zinsangebote der Kreditinstitute in einem anderen Licht erscheinen. Beispielsweise zahlt die Deutsche Bank bei ihrem »FestzinsSparen« für eine Laufzeit von 5 Jahren einen Zinssatz von 0,40 Prozent im Jahr[43]. Berücksichtigt ein Bankkunde die Risikoeinschätzung des Marktes, müsste er kalkulatorisch von einer negativen Verzinsung dieser Anlage ausgehen: 0,40 Prozent Nominalzins abzüglich 0,72 Prozent CDS-Spread ergibt minus 0,32 Prozent im Jahr. Die Geldentwertung durch die Inflation ist dabei noch nicht berücksichtigt.

Bankeinlagen unterliegen allerdings – anders als die meisten Anleihen – einer Einlagensicherung. Diese bietet jedoch gerade bei Großbanken keine ausreichende Sicherheit in allen Situationen, wie die Analyse im folgenden Abschnitt zeigt.

4.3 Sicherungssysteme für Bankeinlagen

Einrichtungen zur Absicherung der Bankeinlagen haben in Deutschland eine lange Tradition. Schon 1934 – also kurz nach der großen Weltwirtschafts- und Bankenkrise – gründeten die genossenschaftlichen Volks- und Raiffeisenbanken ein solches Sicherungssystem[44]. Nach dem Zusammenbruch der Kölner Privatbank I.D. Herstatt KGaA durch verlustreiche Devisenspekulationen im Jahr 1974 schufen die privaten Geldhäuser den Einlagensicherungsfonds des Bundesverbandes deutscher Banken (BdB) in seiner heutigen Form[45]. Allerdings sind diese Sicherungssysteme eine freiwillige Einrichtung der jeweiligen Institutsgruppen. Die Anleger haben keinen rechtlichen Anspruch auf Leistungen bei Schieflage eines Geldhauses.

Dies änderte sich erst mit dem Jahr 1998. Die Europäische Union (EU) verpflichtete ihre Mitgliedstaaten damals, ein gesetzliches Sicherungssystem für Bankeinlagen einzuführen. Es bietet den Anlegern einen rechtlichen Anspruch auf eine anteilige Entschädigung bis zu einem bestimmten Betrag. In Deutschland waren dadurch zunächst Bankeinlagen bis zu 20.000 Euro abgesichert – allerdings nur zu 90 Prozent. Mit der Finanzkrise des Jahres 2008 bekamen die Ausfallrisiken von Bankeinlagen eine neue Dimension. In der Folge wurde das gesetzliche Einlagensicherungssystem verbessert. Mittlerweile sind 100.000 Euro pro Anleger und Bank abgesichert, und dies zu 100 Prozent.

Unter den Schutz fallen alle Formen von Bankeinlagen: Guthaben auf Giro- und Tagesgeldkonten, Termineinlagen wie das Festgeld, Sparbücher und andere Spareinlagen sowie Sparbriefe, wenn sie auf den Namen des Anlegers ausgestellt sind (Namensschuldverschreibungen). Die Anlagen müssen auf Euro lauten oder in der Währung eines EU-Mitgliedstaates ausgewiesen sein. Nicht geschützt sind dagegen Bankeinlagen in anderen Währungen – zum Beispiel US-Dollar – sowie übertragbare Papiere, wie Inhaberschuldverschreibungen oder Anlagezertifikate.[46] Ebenfalls ausgenommen sind Genussrechte und Genussscheine sowie alle anderen nachrangigen Anlagen. Besonders bei diesen sollten Anleger aufpassen: In Ländern wie Spanien haben bereits zahlreiche Bankkunden Geld durch nachrangige Papiere verloren – oftmals, ohne von ihrem Risiko gewusst zu haben. In Deutschland gibt es ebenfalls Institute, die ihren Kunden solche Anlagen anbieten. Häufig ist der Unterschied zu den geschützten Bankeinlagen nicht leicht zu erkennen – so etwa bei den Sparbriefen mit Nachrangabrede. Bis auf die höhere Verzinsung ähneln diese oft den gewöhnlichen Sparbriefen, die unter den Einlagenschutz fallen, sind von diesem aber ausgenommen.

Anspruch auf die Entschädigung haben Privatpersonen, Personengesellschaften und kleine Kapitalgesellschaften. Mit der Umsetzung der neuen EU-Richtlinie zur Einlagensicherung in nationales Recht, die spätestens zum 3. Juli 2015 erfolgen wird, sollen auch größere Kapitalgesellschaften in die Gruppe der Anspruchsberechtigten einbezogen werden[47]. Keinen Anspruch haben zum Beispiel andere Kreditinstitute, Finanzdienstleister, Versicherungsunternehmen sowie die Öffentliche Hand.

Auf den ersten Blick scheinen die Bankeinlagen durch die Kombination aus gesetzlicher Basissicherung und ergänzender freiwilliger Zusatzsicherung gut geschützt zu sein. Bei genauerer Betrachtung zeigen sich aber einige Lücken, die Bankkunden bei ihren Anlageentscheidungen berücksichtigen sollten.

So fällt beispielsweise die Mehrheit der deutschen Privatanleger aus der gesetzlichen Einlagensicherung heraus: Die Sparkassen und die Genossenschaftsbanken in Deutschland unterhalten jeweils eigene Sicherungssysteme – die so genannte Institutssicherung – und müssen deshalb nicht Mitglied eines gesetzlichen Einlagensicherungssystems sein. Bei den Sparkassen (und den mit ihnen verbundenen Landesbanken) liegen jedoch rund 40 Prozent der Einlagen von Privatpersonen. Die Genossenschaftsbanken kommen auf einen Anteil von rund einem Viertel. Für zwei Drittel der Bankeinlagen von Privatanlegern in Deutschland greift die gesetzliche Einlagensicherung deshalb nicht. Einen rechtlichen Anspruch auf Entschädigung für diese Anlegergruppe wird es erst ab dem 3. Juli 2015 geben, wenn die neue EU-Richtlinie zur Einlagensicherung in nationales Recht umgesetzt sein muss.

Die Sparkassen und Genossenschaftsbanken dürfen auch unter der neuen EU-Richtlinie ihre Sicherungssysteme leicht modifiziert fortführen. Deshalb wird es in Deutschland bei dem zersplitterten Einlagensicherungssystem bleiben, in dem nur knapp ein Drittel der privaten Bankeinlagen durch gesetzliche Entschädigungseinrichtungen geschützt ist. Entsprechend niedrig sind die Mittel, die in den drei unterschiedlichen Einlagensicherungssystemen als Vorsorge angesammelt werden können. Bei einer neuen Finanzkrise könnte das nicht ausreichen.

Neben diesen grundsätzlichen Schwächen der Einlagensicherung in Deutschland gibt es Einschränkungen, die Anleger in den jeweiligen Systemen beachten sollten.

Die Institutssicherung der Sparkassen und Genossenschaftsbanken

Die beiden Sicherungssysteme der Sparkassen und der Genossenschaftsbanken zielen nicht in erster Linie auf den Schutz der Kundeneinlagen ab. Sie wollen vielmehr den Zusammenbruch eines der angeschlossenen Institute verhindern. Gelingt dies, sind automatisch auch die Gelder der Kunden sicher. Die Institutssicherung bringt somit große Vorteile gegenüber den anderen Einlagensicherungssystemen mit sich: Erstens schützt sie bei Erfolg die Kundengelder in unbegrenzter Höhe. Das ist wichtig für vermögende Privatkunden, Selbstständige und Unternehmer. Einer Studie der Bielefelder Fachhochschule des Mittelstandes (FHM) zufolge legen mittelständische Betriebe im Schnitt rund 2,8 Millionen Euro an, den größten Teil davon als Bankguthaben[48]. Damit überschreiten sie die Grenze von 100.000 Euro deutlich. Zweitens sind durch die Institutssicherung auch Bankeinlagen in fremden Währungen, wie dem US-Dollar, sowie übertragbare Zinspapiere wie Inhaberschuldverschreibungen und Zertifikate geschützt. Ausgeschlossen sind nur nachrangige Anlagen, also beispielsweise Sparbriefe mit einer Nachrangabrede oder Sparkassenbriefe mit einer Nachrangabrede.

Die beiden Sicherungssysteme weisen aber auch besondere Schwächen auf. Der Haftungsverbund der Sparkassen ist extrem zersplittert. Er besteht aus 13 selbstständigen Einheiten: 11 regionalen Sparkassenstützungsfonds, der Sicherungsreserve der Landesbanken und Girozentralen und dem Sicherungsfonds der Landesbausparkassen[49]. Die einzelnen Einheiten sind entsprechend klein und haben daher nur begrenzte Rücklagen für den Sicherungsfall.

Außerdem muss nur ein kleiner Teil dieser Rücklagen aus Barmitteln bestehen. Die Mustersatzung für die Sparkassenstützungsfonds der Regionalverbände[50] schreibt in § 16 (1) vor: »Die aufzubringenden Barmittel betragen mindestens ein Drittel des Gesamtvolumens (Einzahlungs-Soll). In der verbleibenden Höhe (maximal zwei Drittel des Gesamtvolumens) besteht eine Nachschusspflicht.« Von dieser können sich die Mitglieder nach § 16 (5) allerdings befreien lassen, wenn sie »zu einer substantiellen Gefährdung« führen würde.

Reichen die Mittel für den Sicherungsfall nicht aus, muss der regionale Sparkassenstützungsfonds den Haftungsverbund anrufen und um überregionale Hilfe bitten. Dessen Unterstützung ist jedoch eine freiwillige Leistung. Die Satzung des Haftungsverbundes[51] stellt in § 9 klar: »Die Mitgliedsinstitute oder die anrufenden Sicherungseinrichtungen der Sparkassen-Finanzgruppe haben keinen Rechtsanspruch auf Maßnahmen im Rahmen des Haftungsverbundes.« Die Freigabe der Mittel muss zudem in den zuständigen Gremien mit einer Dreiviertelmehrheit erfolgen.

In der Finanzkrise 2008 sind zahlreiche deutsche Landesbanken in eine finanzielle Schieflage geraten. Sie wurden mit massiver Hilfe des Staates gerettet, der insgesamt mehr als 20 Milliarden Euro Eigenkapital in die Landesbanken einschoss, um diese zu stabilisieren. Ob der Sparkassen-Haftungsverbund die Landesbanken aus eigener Kraft hätte retten können, bleibt daher offen. Die starke Fragmentierung des Sparkassen-Sicherungssystems und der geringe Mindestanteil am Barmitteln lassen es eher als fraglich erscheinen. Ebenso die Zurückhaltung der bayerischen Sparkassen bei der Rettung der Bayerischen Landesbank (BayernLB): Diese ließen den Freistaat Bayern 2008 die Kapitalspritze von 10 Milliarden Euro für die Landesbank alleine aufbringen[52], obwohl sie damals zur Hälfte Miteigentümer waren.

Die Sicherungseinrichtung des Bundesverbandes der Deutschen Volksbanken und Raiffeisenbanken (BVR) ist nicht so zersplittert wie der Sparkassen-Haftungsverbund. Ihre Sicherungsmittel sind jedoch ebenfalls nur zu einem Teil eingezahlt. Die jährlichen Beitragszahlungen, die in einen Sicherungsfonds fließen, werden ergänzt durch Garantieerklärungen der angeschlossenen Institute. Somit muss auch bei den Genossenschaftsbanken in einem größeren Sicherungsfall erst einmal das Geld eingesammelt werden.

Außerdem leiden die Genossenschaftsbanken – ebenso wie die Sparkassen – besonders stark unter der Niedrigzinsphase. Traditionell haben diese beiden Institutsgruppen einen hohen Anteil an den Bankeinlagen. Sie leben vom Zinsüberschuss, indem sie die eingesammelten Gelder höher rentierlich als Kredite vergeben oder am Kapitalmarkt anlegen. Die Kreditzinsen und Kapitalmarktrenditen sinken jedoch schneller als die Einlagenzinsen, die Zinsmarge verringert sich. Zugleich steigt der Aufwand der Institute durch die schärfere Regulierung. Die Beratungsgesellschaft 4P Consulting analysierte die Geschäftszahlen von 300 Sparkassen und Volksbanken. Ergebnis: Der Anteil der Institute, die kaum noch konkurrenzfähig sind, könnte von 35 Prozent im Jahr 2013 auf 65 Prozent im Jahr 2018 steigen, wenn die Institute nicht gegensteuern. 4P-Consulting-Chef Bernd Nolte warnt deshalb vor einer »deutschen Regionalbankenkrise«[53]. Eine solche Entwicklung würde die Sicherungssysteme der Sparkassen und Genossenschaftsbanken von zwei Seiten her in Bedrängnis bringen: Zum einen gäbe es mehr Sicherungsfälle, zum anderen weniger gesunde Institute, die zusätzliche Sicherungsmittel aufbringen können.

Die Einlagensicherung der anderen Institute

Auch die Sicherungssysteme der anderen Institutsgruppen, die ungefähr ein Drittel der Bankeinlagen privater Anleger auf sich vereinen, sind zersplittert. So übernehmen gleich zwei privatwirtschaftliche Einrichtungen die gesetzliche Einlagensicherung für die Institute, die weder eine Sparkasse noch eine Genossenschaftsbank sind:

- die Entschädigungseinrichtung Deutscher Banken GmbH (EdB), der die meisten anderen Institute angehören, und
- die Entschädigungseinrichtung des Bundesverbandes öffentlicher Banken Deutschlands GmbH, der zum Beispiel die Direktbanken DKB und SKG angeschlossen sind.

Ergänzend gibt es jeweils noch ein freiwilliges Einlagensicherungssystem, auf deren Leistungen die Anleger allerdings keinen rechtlichen Anspruch haben:

- den Einlagensicherungsfonds des Bundesverbandes deutscher Banken e.V. (BdB) und
- den Einlagensicherungsfonds des Bundesverbandes Öffentlicher Banken Deutschlands e.V.

Außerdem unterhalten die Bausparkassen noch einen eigenen Einlagensicherungsfonds[54].

Neben dieser Zersplitterung gibt der geringe Beitrag zu denken, den die Mitgliedsbanken zu zahlen haben. Bei der EdB sind es nur 0,016 Prozent im Jahr[55]. Dieser Satz wird noch mit einem Bonitätsfaktor gewichtet, der zwischen 0,75 und 2,0 liegen kann. Insgesamt dürfte so kaum mehr als ein niedriger 3-stelliger Millionen-Euro-Betrag im Jahr zusammenkommen. Das reicht, um alle paar Jahre die Pleite einer kleineren Bank aufzufangen. Gerät ein Institut mittlerer Größe in eine Schieflage, könnte dies die Entschädigungseinrichtung bereits überfordern. Den Zusammenbruch einer Großbank oder finanzielle Schwierigkeiten bei einer Reihe von kleinen und mittleren Instituten dürfte sie kaum auffangen können.

Wie schwach die Einlagensicherung in Deutschland – selbst unter Berücksichtigung der freiwilligen Fonds – mit Kapital ausgestattet ist, zeigt der Zusammenbruch der amerikanischen Investmentbank Lehman Brothers. Deren deutsche Tochter hatte nach einem Bericht des Handelsblattes Verbindlichkeiten von rund 14 Milliarden Euro[56]. Das Institut war dem Einlagensicherungsfonds des Bundesverbandes deutscher Banken (BdB) angeschlossen. Dieser sicherte zum damaligen Zeitpunkt die Einlagen aller Gläubiger, die keine Banken sind, bis zur Höhe von 30 Prozent des haftenden Eigenkapitals eines zusammengebrochenen Instituts ab – unabhängig davon, auf welche Währung die Einlagen lauteten. Da auch die Schuldscheine von Großanlegern unter diesen Einlagenbegriff fallen, musste der BdB-Fonds nach dem Bericht des Handelsblattes rund 6 Milliarden Euro Entschädigung zahlen. Nach Angaben des Bundesfinanzministeriums betrug das Volumen des Fonds zu dem Zeitpunkt aber nur ungefähr 4,6 Milliarden Euro. Der Fonds brachte den nötigen Betrag für die Entschädigung letztlich über eine komplizierte Finanztransaktion mit einer staatlichen Garantie in Milliardenumfang und einer Refinanzierung durch die Bundesbank auf.[57]

Somit überforderte bereits der Zusammenbruch einer in Deutschland bestenfalls mittelgroßen Bank das Einlagensicherungssystem des finanzstärksten Landes innerhalb der EU. Dies sollten Anleger berücksichtigen, bevor sie Gelder bei Banken anlegen, die dem Einlagensicherungssystem eines anderen EU-Landes angehören – darunter auch manche Niederlassungen ausländischer Banken in Deutschland.

Teilweise gibt es auch Mischformen. Vor einer Anlageentscheidung ist es daher ratsam zu prüfen, welchem Einlagensicherungssystem ein Geldhaus unterliegt. Eine in Deutschland tätige englische Bank kann zum Beispiel der gesetzlichen Entschädigungseinrichtung Großbritanniens angehören, zugleich aber auch Mitglied im BdB-Einlagensicherungsfonds sein. Der deutsche BdB-Fonds leistet dann nur oberhalb der britischen Entschädigungshöchstgrenze von 85.000 Pfund. Ist die britische Bank dem Fonds erst vor kurzem beigetreten, gibt es zudem noch eine zusätzliche Begrenzung auf 250.000 Euro.[58] Der Fonds sichert dann also nur den Betrag zwischen 85.000 Pfund und 250.000 Euro ab. Die Entschädigungseinrichtungen und Einlagensicherungsfonds führen in der Regel im Internet auf, wer bei ihnen Mitglied ist, und geben die Höchstgrenze für eine Entschädigung an.

Die Einlagensicherung in der Europäischen Union

»Die deutsche Finanzwirtschaft bietet ihren Kunden ein weltweit einmaliges Schutzniveau für Sparguthaben«, behauptet der Bundesverband deutscher Banken (BdB) in seiner Broschüre zum Thema »Einlagensicherung«.[59] Dass auch das deutsche System nur eingeschränkt Sicherheit für die Bankeinlagen bietet, haben wir bereits gezeigt. Gleichwohl ist die Aussage des BdB nicht ganz von der Hand zu weisen: Der Schutz von Bankeinlagen im Ausland erreicht nicht überall das deutsche Niveau.

Die Europäische Union (EU) versucht, dies in ihrer neuen Richtlinie zur Einlagensicherung schrittweise zu verbessern. Die Mitgliedstaaten müssen die meisten Regelungen bis zum 3. Juli 2015 in nationales Recht umgesetzt haben. So sollen künftig sämtliche Einlagensicherungssysteme bereits im Voraus Mittel ansammeln. »In vielen EU-Staaten sind diese bisher lediglich ex post finanziert«, berichtet die Bundesanstalt für Finanzdienstleistungsaufsicht (BaFin) in ihren Erläuterungen zur neuen Richtlinie. Die Banken dort »müssen also erst Beiträge entrichten, wenn ein Entschädigungsfall eintritt«.[60] Dass so etwas in einer schweren Finanzkrise kaum praktikabel ist, dürfte offensichtlich sein. Insofern bringt die neue Richtlinie eine Verbesserung für die Anleger mit sich. Sie sieht allerdings nur vor, dass innerhalb der nächsten 10 Jahre mindestens ein Sicherungsvermögen von 0,8 Prozent der gedeckten Einlagen in einem EU-Mitgliedstaat aufgebaut werden muss – für eine größere Bankenkrise wohl deutlich zu wenig.

Anleger, die dennoch Einlagen bei ausländischen Banken unterhalten wollen, sollten außerdem darauf achten, dass sie nicht zu viele Risiken kumulieren. Ein Beispiel für eine solche Risikoanhäufung wären illiquide Anlagen bei der Tochter einer russischen Bank, die dem österreichischen Sicherungssystem angehört. Sollte es zu einem schweren Konflikt in Osteuropa unter russischer Beteiligung kommen und zugleich die russische Banktochter in finanzielle Schwierigkeiten geraten, würde das österreichische Sicherungssystem vermutlich überfordert sein: Viele österreichische Kreditinstitute sind stark in Osteuropa engagiert und könnten durch eine krisenhafte Entwicklung in Osteuropa in Schieflage geraten. Dann wäre der österreichische Staat gefragt. Dieser hat aber schon bei der Rettung der Bank Hypo Alpe Adria demonstriert, dass er ausländische Gläubiger – in diesem Fall Anleihenbesitzer – an den Sanierungskosten beteiligt.[61]

4.4 Politische Risiken bei der Einlagensicherung

Die deutsche Einlagensicherung hat in der Vergangenheit zahlreiche Pleiten kleiner und kleinster Kreditinstitute erfolgreich aufgefangen. Doch den Zusammenbruch der deutschen Tochter von Lehman Brothers im September 2008 konnte sie aus eigener Kraft nicht bewältigen und musste auf staatliche Hilfe zurückgreifen. Der Staat griff auch bei der Schieflage zahlreicher Landesbanken massiv ein. Es gibt keine Anhaltspunkte dafür, dass die Einlagensicherung künftig bei ähnlichen Krisen ohne Hilfe des Staates auskommen wird. Anleger sollten bei der Bewertung des Ausfallrisikos ihrer Bankeinlagen daher auch die politische Dimension berücksichtigen.

Während der Finanzkrise 2008 erklärte die Bundeskanzlerin Angela Merkel die deutschen Bankeinlagen für sicher. Rechtlich einklagbar ist diese so genannte Merkel-Garantie jedoch nicht.[62] Auch gibt es – anders als häufig vermutet – keine staatliche Sicherung für Bankeinlagen bis 100.000 Euro. Die gesetzliche Einlagensicherung ist in Deutschland privatwirtschaftlichen Institutionen übertragen worden. Reichen deren Mittel nicht aus, können Anleger den Staat dafür nicht haftbar machen.[63]

In einer schweren Finanzkrise werden die Politiker die Vor- und Nachteile einer erneuten Rettung der Banken mit dem Geld der Steuerzahler abwägen. Wie flexibel sie dabei sein können, zeigt das Beispiel der Bankenrettung auf Zypern im März 2013. Obwohl auch in diesem EU-Mitgliedstaat die gesetzliche Einlagensicherung von 100.000 Euro gilt, war dort zunächst eine Beteiligung aller Sparer an den Rettungskosten über eine Vermögensabgabe von mindestens 6,75 Prozent vorgesehen.[64] Erst nach einigen Diskussionen wurden Bankkunden mit weniger als 100.000 Euro Einlagen davon verschont. Dafür ging ein großer Teil der Beträge oberhalb dieser Grenze verloren.

Beim größten Geldhaus der Insel, der Bank of Cyprus, wurden insgesamt 47,5 Prozent der Bankeinlagen oberhalb von 100.000 Euro in Aktien zwangsumgewandelt und zur Deckung der Milliardenverluste des Instituts herangezogen.[65] Der Handel mit den Aktien wurde ausgesetzt und erst Mitte Dezember 2014 nach fast zwei Jahren wieder aufgenommen. Die Bank benötigte im Jahr 2014 außerdem noch eine Kapitalerhöhung. Die Anteilsscheine aus der Zwangsumwandlung haben daher mittlerweile massiv an Wert verloren. Ein weiterer Teil der ungesicherten Bankeinlagen stand den Kunden nicht sofort zur Verfügung. Er sollte als Reserve für eine weitere Verlustdeckung dienen und wurde erst später freigegeben.

Noch schlimmer traf es die Kunden des zweitgrößten Geldhauses Zyperns, der Laiki-Bank. Bei ihr blieben nur die Einlagen bis 100.000 Euro verschont. Der Rest finanziert die Verluste und die Abwicklung des Instituts.[66] Als Ausgleich dafür erhielten die Bankkunden Aktien der Bank of Cyprus, die inzwischen stark an Wert verloren haben. Entsprechend hoch fielen die Verluste aus. Wer zum Beispiel 300.000 Euro auf Konten der Laiki-Bank liegen hatte, büßte so nahezu zwei Drittel seines Geldes ein – rund 200.000 Euro.

Der Reiz einer Abgabe auf Bankeinlagen liegt in der leichten Umsetzung. Alle Daten sind bereits elektronisch erfasst. Dagegen müssten für Abgaben auf Luxusgüter und ähnliche Vermögenswerte erst aufwändige Erhebungen durchgeführt werden. Einige Regionen Spaniens führten deshalb eine Steuer auf Sparguthaben in Höhe von 0,5 Prozent ein. Da die Zentralregierung um die Einheitlichkeit des spanischen Finanzmarktes fürchtete, weitete sie diese Abgabe auf ganz Spanien aus – allerdings mit einem verringerten Steuersatz von 0,03 Prozent.[67]

In einer künftigen Bankenkrise besteht die Gefahr, dass die Politik sich für eine Beteiligung der Anleger an den Rettungskosten entscheidet. Dabei dürfte die 100.000-Euro-Grenze auch in Deutschland nicht in Stein gemeißelt sein. Während der Diskussion über die Bankenrettung in Zypern sagte der damalige grüne Spitzenpolitiker Jürgen Trittin in einer Talkshow: »Ich wehre mich gegen die Optik, dass jemand, der auf einem Konto 100.000 Euro hat, ein Kleinsparer ist.«[68] Trittin plädierte für eine Freigrenze von 25.000 Euro im Zypern-Rettungspaket. Andere deutsche Politiker nannten ähnliche oder sogar noch niedrigere Beträge. Nimmt man solche Äußerungen als Indiz, könnte die faktische Schutzgrenze für Bankeinlagen in Deutschland bei einer großen Bankenkrise deutlich unter den oft genannten 100.000 Euro liegen.

4.5 Fazit

Die Bankeinlagen sind bereits massiv in die Zinsfalle geraten. Kurzfristige Anlagen werfen meist nur noch sehr niedrige Renditen ab, die oft nicht mehr zum Ausgleich der aktuellen Geldentwertung ausreichen. Einige Institute geben mittlerweile sogar die Negativzinsen, die sie bei der Europäischen Zentralbank (EZB) bezahlen müssen, an ihre Kunden weiter. Betroffen sind davon bisher Unternehmen und in Einzelfällen auch vermögende Privatkunden.

Derzeit können Anleger bei vielen Instituten einen Inflationsausgleich mit Bankeinlagen nur noch dann erreichen, wenn sie sich längerfristig binden. Die mehrjährige Festschreibung der Zinsen verhindert jedoch eine Anpassung der Konditionen in den nächsten Jahren. Beschleunigt sich die Geldentwertung wieder, geht so der künftige Inflationsausgleich verloren.

Die Niedrigzinsphase erschwert nicht nur den Realwerterhalt der Bankeinlagen. Sie erhöht auch deren Ausfallsrisiko. Viele der kleinen, regional ausgerichteten Institute leben von der Spanne zwischen den Kredit- und den Einlagenzinsen. Diese schrumpft in einer Niedrigzinsphase. Wenn viele

Sparkassen sowie Volks- und Raiffeisenbanken in eine Zinsfalle geraten sollten, könnte deren Institutssicherung überfordert sein. Dann drohen sogar Zahlungsausfälle bei den Bank- und Sparkasseneinlagen.

Das stark zersplitterte deutsche Einlagensicherungssystem wird außerdem die Schieflage einer großen Bank kaum aus eigener Kraft auffangen können. Bereits mit einem mittelgroßen Institut, wie der deutschen Tochter der amerikanischen Investmentbank Lehman Brothers, war es überfordert und musste auf staatliche Hilfe zurückgreifen. Bei der Schieflage der deutschen Landesbanken in der Finanzkrise 2008 sprang ebenfalls der Staat massiv ein.

Anleger sollten sich deshalb bewusst machen, dass Bankeinlagen keine völlig sichere Geldanlage sind. Mit jeder Einlage geben die Bankkunden ihren Instituten einen Kredit. Sie sollten sich dabei der Kreditrisiken bewusst sein und sorgfältig prüfen, welchem Institut sie ihr Geld anvertrauen. Halten sie größere Beträge in Bankeinlagen, ist eine breite Risikostreuung angebracht. Dazu gehört unter anderem eine Verteilung der Gelder auf Häuser aus den unterschiedlichen Institutsgruppen, um so über die verschiedenen Sicherungssysteme zu diversifizieren.

Sollte in einer schweren Finanzkrise die deutsche Einlagensicherung überfordert sein, müssten die Anleger auf das Einspringen des Staates hoffen. Einen Rechtsanspruch darauf haben sie nicht. Die häufig genannte Schutzgrenze von 100.000 Euro ist bei einer solchen politischen Rettungsaktion nicht in Stein gemeißelt. Das zeigen die Äußerungen deutscher Politiker während der Zypern-Umschuldung im März 2013: Sie siedelten das schützenswerte Vermögen von Kleinsparern deutlich unterhalb der 100.000-Euro-Grenze an.

Stellen die Bankeinlagen einen bedeutenden Teil des Vermögens dar, sollte daher geprüft werden, ob eine breitere Verteilung auf unterschiedliche Anlageformen in Frage kommt. Ausführliche Informationen zu den anderen Anlageformen finden sich in den übrigen Kapiteln dieses Buches. Die Abschlussbetrachtung in diesem Buch hilft außerdem, die aktuelle Positionierung des Portfolios vor diesem Hintergrund zu überprüfen.

5. Immobilieninvestments als alternative Geldanlage im Niedrigzinsumfeld

Immobilien nehmen in der Vermögensallokation deutscher Haushalte einen wesentlichen Bestandteil ein. Laut Statistischem Bundesamt entfallen Anfang 2013 ca. 64 Prozent des durchschnittlichen Nettogesamtvermögens privater Haushalte auf Immobilienbesitz.[69] In einer aktuellen Befragung des Deutschen Sparkassen- und Giroverbands nannten 52 Prozent der Befragten (Mehrfachnennungen möglich) die selbst genutzte Immobilie an erster Stelle auf die Frage, welches Produkt sich mit am besten für die Vermögensplanung bzw. den Vermögensaufbau eignet. An 5. Stelle folgte die fremd genutzte Immobilie mit 25 Prozent.[70]

Es lässt sich somit feststellen: Das Vertrauen in die Immobilie ist sehr hoch. Sparer und Investoren in Anleihen sehen sich derweil aufgrund des niedrigen Zinsumfeldes vor der Fragestellung, ob eine Immobilie nicht ein geeignetes Alternativinvestment sein könnte. Diese Anleger suchen Anlagen mit einem anleiheähnlichen Renditeprofil und glauben, dies in einem Immobilieninvestment zu finden. Tatsächlich weisen langlaufende Anleihen und Immobilieninvestitionen durchaus Gemeinsamkeiten auf.

Diese Gemeinsamkeiten werden gerne in entsprechenden Werbeanzeigen herausgestellt, die vergleichsweise hohe Renditen bei gleichzeitig hoher Sicherheit der Anlageform versprechen. Häufig wird in diesem Zusammenhang von Betongold gesprochen. Für viele Anleger ist die Anlage in Immobilien auch ein Stück weit nachvollziehbarer und verständlicher, da eine Immobilie im wahrsten Sinne des Wortes greifbarer ist als eine Anlage in Wertpapiere, die doch eher abstrakt wirkt. Auf der anderen Seite weiß jeder, der bereits eine Immobilie ge- oder verkauft hat, dass dies kein leichtes Unterfangen ist und viel Zeit erfordern kann.

In diesem Kapitel sollen einige grundsätzliche Gedanken bezüglich eines Immobilieninvestments diskutiert werden und auch, welche Auswirkungen das Niedrigzinsumfeld auf ein solches Investment hat bzw. zukünftig haben kann. Dabei ist natürlich zu betonen, dass jede Immobilie aufgrund ihrer eigenen Charakteristika für sich zu bewerten ist und pauschale Aussagen für alle Immobilien kaum möglich sind.

Zunächst erfolgt ein Überblick über die Angebots- und Nachfragedynamik sowie die Preisentwicklung am deutschen Wohnimmobilienmarkt. Des Weiteren wird die selbst genutzte Immobilie betrachtet, die aufgrund ihrer Zwitterstellung als Anlageobjekt bzw. Konsumgut einen Sonderfall darstellt. Am Beispiel einer Immobilie als Kapitalanlage werden im Besonderen die Zinsrisiken eines solchen Investments betrachtet. Abschließend wird der Bereich der Offenen Immobilienfonds als gesondertes Anlagevehikel diskutiert.

5.1 Wohnimmobilienmarkt

Angebots- und Nachfragedynamik auf dem deutschen Wohnimmobilienmarkt

Wird nach den drei wichtigsten Faktoren beim Kauf einer Immobilie gefragt, lautet die Antwort gerne »Lage, Lage & Lage«. Wie bei allen frei handelbaren Gütern bestimmt sich der Preis in erster Linie nach Angebot und Nachfrage. Die Nachfrage nach Wohnraum wird in Ballungsgebieten mit einem hohen Arbeitsplatzangebot sowie einer hohen Lebensqualität vermutlich immer vorhanden sein. In diesem Zusammenhang lässt sich ebenfalls ein positiver Zusammenhang zwischen dem Pro-Kopf-Einkommen und den Immobilienpreisen feststellen, die Lage ist also mit Sicherheit ein ganz entscheidender Faktor für die Nachfrage nach einer Immobilie.

Umgekehrt kann sich in strukturschwachen Regionen, aus denen junge, gut ausgebildete Menschen wegziehen, die Bedeutung der Lage schnell negativ bemerkbar machen. Hier kann ein Überangebot an Immobilien entstehen, was entsprechend fallende Preise nach sich ziehen wird. Die demografische Entwicklung einer Region schlägt sich somit unmittelbar in den Immobilienpreisen nieder.

In diesem Zusammenhang ist es daher sinnvoll, die demografische Entwicklung zu berücksichtigen, um eine Vorstellung von der zukünftigen Nachfrage nach Wohnraum zu erhalten. Das Statistische Bundesamt hat im Jahr 2009 eine Bevölkerungsvorausberechnung bis zum Jahr 2060 vorgenommen. Wesentliche Einflussfaktoren für die Bevölkerungsentwicklung sind die Geburtenrate, die Sterblichkeit sowie die Nettozuwanderung. Das Statistische Bundesamt stellte fest, dass die Bevölkerung in Deutschland seit dem Jahr 2003 abnimmt.[71]

Die nachfolgende Grafik visualisiert die Schätzung des Statistischen Bundesamts für die zukünftige Bevölkerungsentwicklung bis in das Jahr 2060. Die Obergrenze geht dabei von einer jährlichen Nettozuwanderung von 200.000 Personen aus, die Untergrenze von einer jährlichen Zuwanderung von nur 100.000 Personen. Aufgrund der reinen Bevölkerungsentwicklung wird die Nachfrage nach Wohnraum demzufolge rückläufig sein.

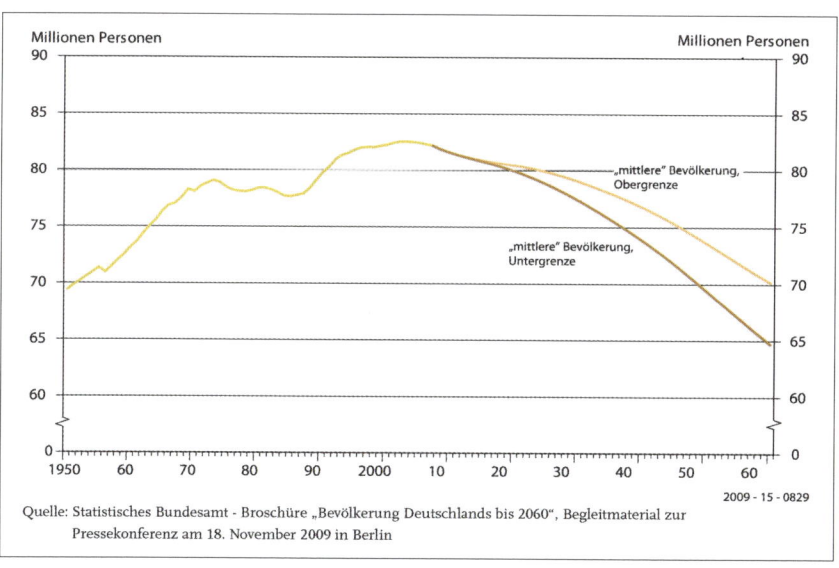

Geschätzte Bevölkerungsentwicklung in Deutschland bis 2060

Andererseits kann beobachtet werden, dass die Wohnfläche pro Einwohner in den letzten Jahren gestiegen ist. Das Statistische Bundesamt weist eine Ausweitung der durchschnittlichen Wohnfläche pro Person von 34,6 m² im Jahr 1987 auf 46,3 m² im Jahr 2013 aus. Die durchschnittliche Wohnfläche ist demnach um 34 Prozent angewachsen.[72]

Ein Teil dieser Zunahme lässt sich auf den Remanenzeffekt zurückführen. Hiermit wird der Umstand bezeichnet, dass älter werdende Menschen den einmal bezogenen Wohnraum nicht aufgeben, auch wenn sie die gesamte Fläche eigentlich nicht länger benötigen. Das ist insbesondere zu beobachten, wenn die Kinder ausgezogen sind, die Eltern aber nach wie vor denselben Wohnraum bewohnen.

Die Anzahl der Wohnungen ist laut dem Statistischen Bundesamt seit dem Jahr 1987 von 33,1 Millionen auf 41,0 Millionen im Jahr 2013 angewachsen und die Anzahl der Wohnungen pro 1.000 Einwohner ist kontinuierlich gestiegen.

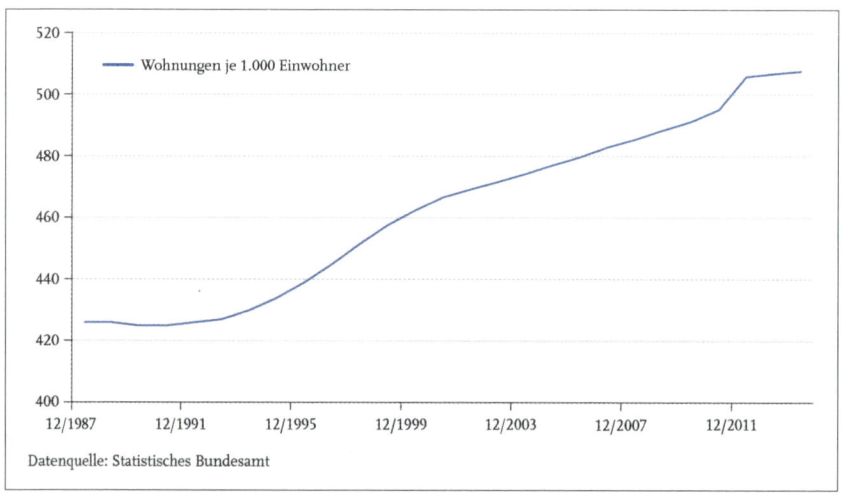

Wohnungen je 1.000 Einwohner vom 31.12.1987 bis zum 31.12.2013

Nicht nur die absolute Bevölkerungszahl wird sich über die Jahre verändern, sondern auch die Altersstruktur. Der Jahrgang der Babyboomer – die geburtenstarken Jahrgänge zwischen Mitte der 1950er- und Mitte der 1960er-Jahre – bildet in der Bevölkerungspyramide (siehe Grafik unten) den »dicken Bauch«. Hierbei handelt es sich um die Bevölkerungsgruppe, die ihre Wohnimmobilie bereits gekauft hat – sofern sich die einzelnen Haushalte dies leisten konnten oder wollten – und deren Kinder zu großen Teilen bereits ausgezogen sein dürften. Die nachfolgenden Generationen werden den Wegfall der Nachfrage der Babyboomer am Immobilienmarkt kaum kompensieren können. Das gilt vor allem, wenn die Generation der Babyboomer doch irgendwann ihre jetzigen, vergleichsweise großzügigen Wohnverhältnisse aufgeben bzw. die Immobilien von den Erben am Markt angeboten werden.

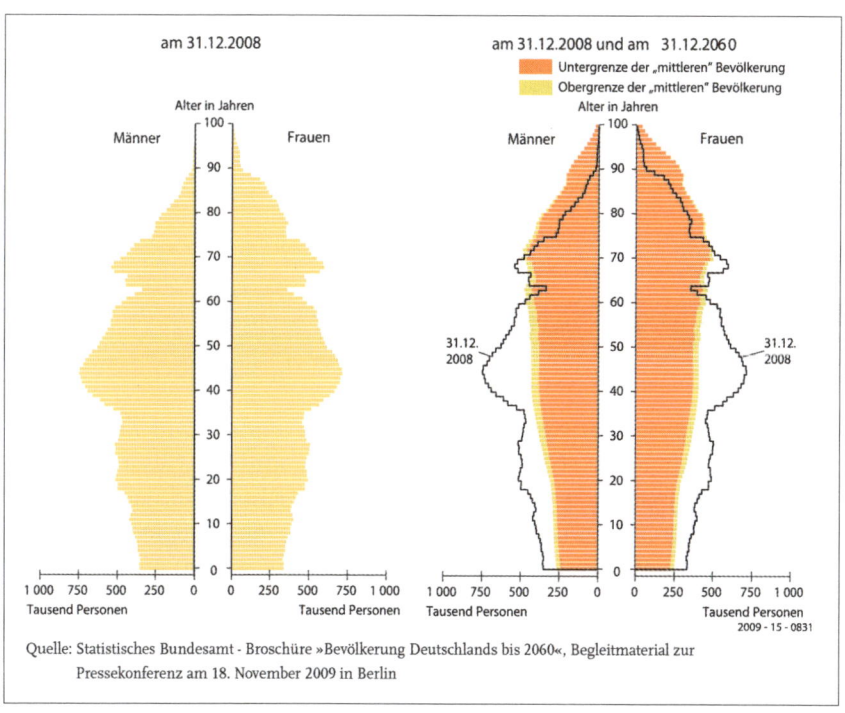

Demografische Entwicklung

Über die zukünftige Entwicklung der Anzahl der Haushalte in Deutschland gibt es unterschiedliche Schätzungen, die zum einen auf der Bevölkerungsentwicklung und zum anderen auf der Veränderung der Haushaltsgrößen beruhen. Das Statistische Bundesamt hat im Jahr 2010 die Entwicklung der Privathaushalte bis zum Jahr 2030 prognostiziert, um abschätzen zu können, wie sich die Zahl der Haushalte bei einer insgesamt schrumpfenden Bevölkerungszahl entwickeln wird.

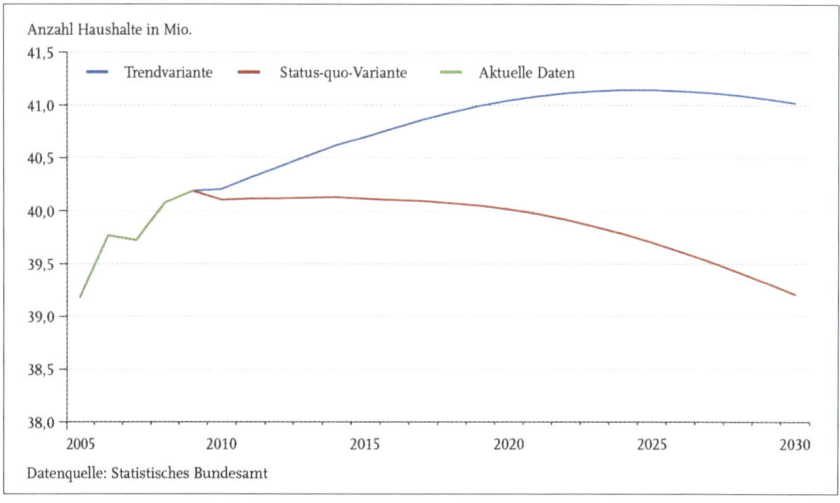

Geschätzte Zahl der Haushalte in Deutschland bis zum Jahr 2030

Die Trendvariante geht von einer weiter zunehmenden Zahl von Ein-Personen-Haushalten aus. Unter dieser Annahme wird die Gesamtzahl der Haushalte im Jahr 2025 ihren Höhepunkt erreichen und danach kontinuierlich sinken. Die Status-quo-Variante, in der die Anteile der jeweiligen Haushaltsgrößen konstant gehalten werden, kommt zu dem Ergebnis, dass der Höhepunkt bereits 2009 erreicht worden ist. Einer Schätzung der Deutsche Bank Research aus dem Jahr 2008 zufolge wird der Höhepunkt der Haushaltszahl bei hoher Zuwanderung im Jahr 2020 und bei niedriger Zuwanderung im Jahr 2017 erreicht. Danach würden die Haushaltszahlen bis zum Jahr 2050 auf gut 38 Millionen bzw. knapp 36 Millionen Haushalte sinken.[73]

Es lässt sich somit feststellen, dass davon auszugehen ist, dass das Verhältnis von Angebot und Nachfrage aktuell noch positiv ist, sich aber aufgrund der oben beschriebenen Dynamik in absehbarer Zeit ins Negative umkehren wird. Hierbei ist natürlich zu berücksichtigen, dass es deutliche regionale Unterschiede in der Entwicklung der einzelnen Immobilienmärkte geben wird.

Preisentwicklung des deutschen Wohnimmobilienmarkts

Die regionalen Unterschiede zeichnen sich bereits heute in der Preisentwicklung ab. Die Deutsche Bundesbank veröffentlicht die Entwicklung von Immobilienpreisen in den 7 Großstädten (Berlin, Düsseldorf, Frankfurt am Main, Hamburg, Köln, München und Stuttgart) sowie aggregiert über 125 Städte und deutschlandweit.

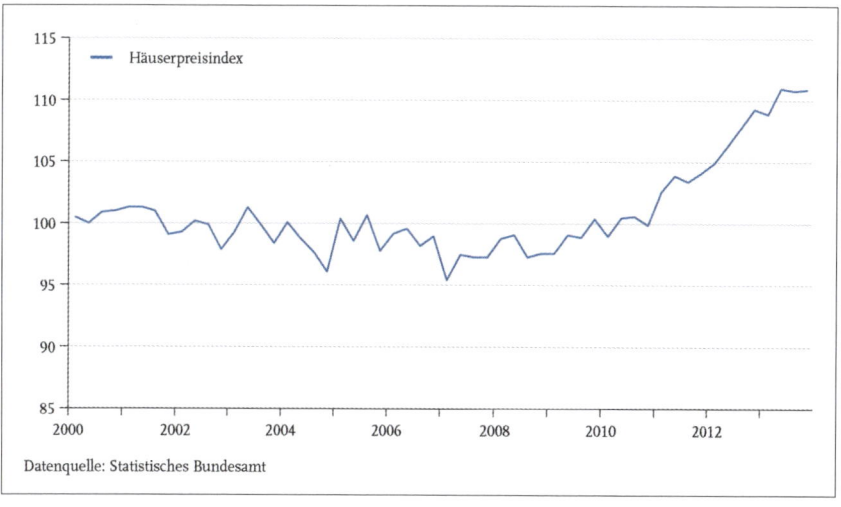

Entwicklung der Wohnimmobilienpreise vom 01.01.2000 bis zum 31.12.2013

Die Grafik zeigt, dass die Immobilienpreise deutschlandweit deutlich angezogen haben, wobei zu bemerken ist, dass die Entwicklung der deutschen Immobilienpreise im internationalen Vergleich eher zurückgeblieben ist.

Die Bundesbank stellt in ihrem Monatsbericht Oktober 2013 jedoch insbesondere in Bezug auf einige Ballungsgebiete fest:

>»Die Preissteigerungen haben sich bislang auf die städtischen Immobilienmärkte konzentriert. Dort könnte es gemessen an den längerfristigen demographischen und ökonomischen Einflussfaktoren gegenwärtig Überbewertungen zwischen 5 Prozent und 10 Prozent geben. In den attraktiven Großstädten betragen die Abweichungen nach oben bis zu 20 Prozent.«[74]

Die Preissteigerungen sind dabei auf eine insgesamt steigende Nachfrage zurückzuführen, die insbesondere mit der leichteren Finanzierbarkeit zu begründen ist. Die historisch niedrigen Hypothekenzinsen lassen derzeitige Mieter verstärkt darüber nachdenken, Eigentum zu erwerben. Anleger hingegen suchen nach Immobilien als alternative Geldanlagen. Aufgrund der gefallenen Finanzierungskosten, aber auch wegen des angestiegenen verfügbaren Einkommens hat sich die Finanzierbarkeit trotz gestiegener Hauspreise in den letzten Jahren für Käufer deutlich erleichtert.

5.2 Die selbst genutzte Immobilie

Nach Angaben von Eurostat, dem statistischen Amt der Europäischen Union, leben etwa 52,6 Prozent der deutschen Haushalte in der eigenen Immobilie. Damit liegt Deutschland deutlich hinter dem EU-Durchschnitt, der laut Eurostat bei 70,0 Prozent liegt.[75] Grundsätzlich lässt sich also ein gewisser Nachholbedarf feststellen. Für die meisten Käufer einer selbst genutzten Immobilie handelt es sich jedoch in aller Regel nicht vornehmlich um eine Anlageentscheidung, sondern vielmehr um eine Konsumentscheidung. Der Wunsch nach Selbstverwirklichung in den eigenen vier Wänden steht sowohl bei der Auswahl der spezifischen Immobilie als auch beim Preis, den ein Käufer bereit ist zu zahlen, im Vordergrund. Die Frage nach der Rendite einer Investition in die selbst genutzte Immobilie ist in der Regel schwer zu beantworten, vor allem da der individuelle Nutzen des Eigentums nur schwer in monetären Größen zu quantifizieren ist. Nichtsdestoweniger sollte sich jeder Käufer vor dem Erwerb einer selbst genutzten Immobilie die Frage stellen, welche finanziellen

Verpflichtungen und welche Risiken damit eingegangen werden, um die Vor- bzw. Nachteile gegenüber einem vergleichbaren Mietobjekt abwägen zu können.

Finanzierungsmöglichkeit

Die historisch niedrigen Hypothekenzinsen haben dazu geführt, dass sich viele derzeitige Mieter überlegen, ob es für sie nun möglich geworden ist, eine Immobilie zu kaufen, anstatt diese zu mieten. Trotz der gestiegenen Hauspreise in den letzten Jahren ist die Finanzierbarkeit des Immobilienerwerbs für einen Haushalt deutlich leichter zu realisieren als in den vorangegangenen Jahren, da das verfügbare Einkommen insgesamt gestiegen ist und die Kosten der Kreditaufnahme gefallen sind.

Aktuell lässt sich ein 10-jähriges Darlehen für eine Immobilienfinanzierung bei hoher Bonität des Schuldners für unter 2 Prozent p.a. aufnehmen. Im folgenden Rechenbeispiel bzgl. der Finanzierung einer selbst genutzten Immobilie soll der Einfachheit halber ein Zins von 2 Prozent p.a. angenommen werden. Geht man davon aus, dass ein Haushalt monatlich 1.000 Euro Nettokaltmiete zahlt und einen Kredit mit anfänglich 2 Prozent tilgt, könnte dieser Haushalt einen Kredit von 300.000 Euro aufnehmen, ohne dass sich die monatliche Belastung von 1.000 Euro aufgrund der Kreditrate ändern würde. Bei einem Zinssatz von 4 Prozent p.a. wäre unter diesen Vorgaben lediglich ein Kredit über 200.000 Euro möglich. Das Wohneigentum ist aufgrund der gesunkenen Zinsen für viele somit zunächst einmal bezahlbarer geworden.

Monatliche Belastung	Jährliche Belastung	Zins & Tilgung	Kreditvolumen
1.000 Euro	12.000 Euro	2 % + 2 % = 4 %	300.000 Euro
1.000 Euro	12.000 Euro	4 % + 2 % = 6 %	200.000 Euro

Quelle: Eigene Berechnung
Beispielrechnung Finanzierbarkeit

Angesichts dieser verlockenden Zahlen ist es verständlich, wenn sich der eine oder andere Mieter denkt: »Warum soll ich ein Leben lang Miete zahlen, wenn ich für dasselbe Geld auch einen Kredit abtragen kann und das Haus danach mir gehört?« Ein jeder muss jedoch auch bedenken, dass sich durch eine solch langfristige Investitionsentscheidung auch Risiken ergeben, die im schlimmsten Fall zur privaten Insolvenz führen können.

Risiken bei der selbst genutzten Immobilie

In der Regel müssen Käufer einer selbst genutzten Immobilie einen relativ hohen Anteil des Kaufpreises über einen Kredit fremdfinanzieren. Dabei wird in den meisten Fällen ein Darlehen mit 10-jähriger Laufzeit gewählt. Das Risiko der Anschlussfinanzierung nach dieser Laufzeit lässt sich anhand des zuvor aufgeführten Beispiels bzgl. einer Kreditaufnahme von 300.000 Euro und anfänglichen Tilgung von 2 Prozent aufzeigen. Nach Ablauf der 10-jährigen Zinsbindung besteht eine Restschuld von ca. 234.000 Euro. Die Höhe der Zinsen bei einer Anschlussfinanzierung in 10 Jahren ist jedoch völlig ungewiss. Somit besteht ein Risiko darin, dass die zukünftigen monatlichen Raten höher liegen und eine Tilgung im selben Umfang evtl. nicht länger möglich ist.

Sowohl die Einkommens- als auch die private Lebenssituation können sich über einen solch langen Zeitraum deutlich verändern. Neben einer zu knapp kalkulierten Finanzierung zählen Arbeitslosigkeit, Scheidungen sowie Krankheit und ein damit verbundener Einkommensausfall zu den häufigsten Ursachen für Zwangsversteigerungen von Immobilien. Die Zahl der Zwangsversteigerungen von unbeweglichen Gegenständen ist nach Angaben des Statistischen Bundesamt seit dem Jahr 2004 deutlich rückläufig, im Jahr 2013 wurden jedoch immerhin noch 51.650 Fälle registriert.[76] Die rückläufigen Zahlen dürften dabei unter anderem auf das deutlich gesunkene Zinsniveau zurückzuführen sein. Bei einem steigenden Zinsumfeld könnte sich dies wieder umkehren.

Ferner besteht das Risiko, dass die Immobilienpreise in der Region, in welcher die entsprechende Immobilie steht, deutlich sinken. Damit würde der Beleihungswert, den eine Bank bei einer Anschlussfinanzierung ansetzt, deutlich niedriger ausfallen. Der Beleihungswert wird von der finanzierenden Bank geschätzt und beziffert den Wert, zu welchem das Objekt zeitnah veräußert werden könnte. Sollte der Beleihungswert unter dem Finanzierungsbedarf liegen, ist eine Anschlussfinanzierung möglicherweise nicht ohne weiteres realisierbar. Ein potenzieller Verkauf wäre in diesem Szenario wohl ebenfalls nur mit deutlichen Verlusten möglich. Gerade wenn ein großer Anteil der Immobilie fremdfinanziert ist und ansonsten nur geringe Vermögenswerte vorhanden sind, besteht die Gefahr der Insolvenz, sollte der Wert der Immobilie deutlich sinken. Des Weiteren gelten auch einzelne Risiken wie bei einem Renditeobjekt sowie die Punkte bzgl. Instandhaltungskosten und einer möglichen Besteuerung von Immobilienvermögen, die im Abschnitt »Risiken der Immobilie als Renditeobjekt« betrachtet werden.

Wie zu Beginn angeführt, ist der Kauf einer selbst genutzten Immobilie viel mehr als eine Anlageentscheidung. Jeder muss für sich selbst entscheiden können, welches Volumen finanzierbar ist bzw. welche Risiken tragbar sind. Auf der anderen Seite gilt es für die finanzierenden Kreditinstitute und Darlehensvermittler sorgsam zu prüfen, ob eine Finanzierung tragbar ist oder nicht. Für Kreditgeber und Käufer gilt gleichermaßen: Nur weil eine Finanzierung irgendwie machbar ist, bedeutet dies noch lange nicht, dass diese auch wirklich umgesetzt werden sollte.

5.3 Immobilien als Renditeobjekt/Kapitalanlage

Bei der Analyse einer Immobilie als Renditeobjekt steht für den Anleger die zu erzielende Rendite im Vordergrund; im Gegensatz zur selbst genutzten Immobilie sollte der Anleger keine große emotionale Bindung zu dem Objekt haben. In der konkreten Situation kann das natürlich anders aussehen, wenn der Mieter keine abstrakte Person ist, sondern persönlich bekannt. Dieser Aspekt soll jedoch im Folgenden außen vor bleiben, und es sollen die rein finanziellen Aspekte sowie die Risiken von Immobilien als Anlageform betrachtet werden. Auf steuerliche Aspekte wird nicht näher eingegangen werden, sondern vornehmlich eine grobe Kalkulation erfolgen, wie sich ein Immobilieninvestment in Relation zu einer Alternativanlage darstellt und insbesondere, wie sich das Zinsniveau hier auswirken kann.

Mietrendite

Die Mietrendite ist eine Kennzahl, die den Preis der Immobilie und den erzielbaren Ertrag aus Mieten ins Verhältnis zueinandersetzt. In Anzeigen, die den Kauf von Immobilien bewerben, wird häufig die Mietrendite eines Objekts herausgestellt. Hierbei muss jedoch deutlich zwischen der Bruttomietrendite und der tatsächlichen Nettomietrendite unterschieden werden. Die Bruttomietrendite bezieht sich auf die zu erwartende Jahreskaltmiete im Verhältnis zum Kaufpreis. Kostet eine Immobilie beispielsweise 300.000 Euro und erzielt eine monatliche Kaltmiete von 1.000 Euro, ergibt sich daraus eine Bruttomietrendite von 4 Prozent p.a.

Bei Erwerb der Immobilie fallen jedoch eine Reihe von Nebenkosten an, die den effektiven Kaufpreis erhöhen. Je nach Bundesland muss der Käufer Grunderwerbssteuern zwischen 3,5 Prozent und 6,5 Prozent des Kaufpreises zahlen. Weiterhin fallen Kosten für den Notar und die Grundbucheintragung an, die zusammen etwa 1,5 Prozent des Kaufpreises ausmachen. Sollte beim Kauf ein Makler involviert sein, so fällt zusätzlich eine Maklerprovision zwischen 3,5 Prozent und 7 Prozent des Kaufpreises an. In der Summe entstehen Erwerbsnebenkosten zwischen 5 Prozent und 15 Prozent des Kaufpreises. Hinzu kommen evtl. Kosten für ein Wertgutachten des Objekts sowie Anwaltskosten für die Prüfung des Kaufvertrags und die eigenen Suchkosten des Anlegers, bis er ein geeignetes Objekt gefunden hat. Pauschal lassen sich somit 10 Prozent als realistischer Richtwert für die Erwerbsnebenkosten ansetzen.

Allerdings müssen auch bei der erzielbaren Nettokaltmiete bestimmte Kosten berücksichtigt werden. Hier sind insbesondere die Kosten für Reparaturen und die Instandhaltung der Immobilie zu nennen. Je nach Alter und Zustand der Immobilie können sehr unterschiedliche Beträge angesetzt werden. Ferner fallen Kosten für die Hausverwaltung an und es muss davon ausgegangen werden, dass die Immobilie nicht konstant vermietet ist, sondern dass es immer wieder Phasen geben wird, in denen keine Miete eingenommen werden kann. Die Leerstandsquoten variieren sehr stark nach Region. Nach Angaben des Bundesverbands deutscher Wohnungs- und Immobilienunternehmen (GdW) liegen die Leerstandsquoten der Mitglieder im Jahr 2013 zwischen 0,8 Prozent in Hamburg und 11,6 Prozent in Sachsen-Anhalt.[77]

Für Mietobjekte in sehr guter Lage ohne besondere Instandhaltungsmaßnahmen sollten zwischen 10 Prozent und 20 Prozent der Nettokaltmiete für die laufenden Nebenkosten einkalkuliert werden. Im Folgenden werden pauschal 15 Prozent angesetzt. Kosten und Rückstellungen in Höhe von 1.800 Euro p.a. dürften eine eher niedrige Schätzung sein, gerade bei größeren Instandhaltungsmaßnahmen können deutlich höhere Zusatzkosten anfallen, um die Substanz und damit den Wert der Immobilie zu erhalten.

Immobilienpreis	300.000 €	Erwerbsnebenkosten (10%)	30.000 €	Gesamterwerbskosten	330.000 €
monatliche Kaltmiete	1.000 €	monatliche laufende Nebenkosten (15%)	150 €	monatlicher Ertrag (vor Steuern)	850 €
Kaltmiete p.a.	12.000 €	jährliche laufende Nebenkosten	1.800 €	jährlicher Ertrag (vor Steuern)	10.200 €
Bruttokaltmiete p.a.	4,0 %			Nettomietrendite p.a. (vor Steuern)	3,09 %

Quelle: Eigene Berechnung
Berechnung Mietrendite 1

Die Berechnung zeigt, dass bei Gesamterwerbskosten von 330.000 Euro ein jährlicher Ertrag von 10.200 Euro erzielt werden kann. Dies entspricht einer Nettomietrendite (vor Steuern) von 3,1 Prozent p.a. und ist somit deutlich weniger als die Bruttomietrendite.

Kredithebel

Häufig werden Immobilien zumindest zum Teil fremdfinanziert. Immer wenn die zu erwartende Rendite höher liegt als die aktuellen Finanzierungskosten, kann es verlockend sein, den Ertrag über einen Kredit weiter zu hebeln. Angenommen, der Anleger hat ebenfalls die Möglichkeit, wie in Abschnitt »Finanzierungsmöglichkeit« beschrieben, einen Kredit zu 2 Prozent p.a. aufzunehmen, und verfügt über Eigenkapital von 100.000 Euro. Dieser Anleger müsste somit einen Kredit von weiteren 230.000 Euro aufnehmen, um die Immobilie aus dem vorangegangenen Beispiel zu finanzieren. Es fallen jährliche Zinskosten in Höhe von 4.600 Euro an. Gleichzeitig erzielt der Anleger mit der Vermietung einen jährlichen Ertrag von 10.200 Euro, sodass ihm nach Abzug der Zinsen 5.600 Euro übrig bleiben, die nicht zur Tilgung des Kredits verwendet werden sollen. Die Rendite auf den Eigenkapitaleinsatz von 100.000 Euro steigt dadurch von 3,1 Prozent p.a. auf 5,6 Prozent p.a. und der Anleger erzielt durch den Kredithebel einen um 80 Prozent höheren Ertrag.

Wie in der Physik wirkt auch dieser Hebel immer in zwei Richtungen. Sollte sich der Wert der Immobilie reduzieren, so kann das Eigenkapital schnell aufgebraucht werden. Bei einem Absinken des Wertes von ursprünglich 300.000 Euro auf 230.000 Euro wäre das Eigenkapital des Anlegers vollständig aufgebraucht, da die Höhe des ausstehenden Kredites insgesamt 230.000 Euro beträgt. Das Investment würde für den Anleger im Totalverlust enden, obwohl der Wert der Immobilie lediglich um 23,3 Prozent zurückgegangen ist.

Es ist recht üblich, ein Immobilieninvestment über einen Kredit zu hebeln, wer so vorgeht, wird wenig Verwunderung in seinem Bekanntenkreis auslösen. Anders sähe dies jedoch aus, wenn derselbe Anleger verkünden würde, er habe einen identischen Kredit aufgenommen, um beispielsweise in Aktien mit hoher Dividendenrendite oder in hoch verzinste Anleihen zu investieren. Dabei gilt für alle kreditfinanzierten Anlagen die gleiche Formel: Je höher der Kredithebel und das Risiko der zu finanzierenden Anlage, desto höher ist auch das Risiko eines Totalverlusts. Gerade bei einem hohen Kredithebel, wie er in der Immobilienfinanzierung üblich ist, benötigt es nur eine vergleichsweise geringe Wertveränderung, um das Eigenkapital dahinschmelzen zu lassen. Jeder Anleger muss sich bewusst machen, dass der Kredithebel ein zweischneidiges Schwert ist und die Risiken nicht unterschätzt werden dürfen.

Risiken der Immobilie als Renditeobjekt

Der Vermieter erhält die Mieteinnahmen, trägt im Gegenzug aber das spezifische Risiko der einzelnen Immobilie. Risiken können ein andauernder Mietausfall bzw. außerordentliche Instandhaltungsmaßnahmen sein, die zusätzliche Investitionen zum Erhalt des Wertes der Immobilie erforderlich machen, um die laufenden Mieteinnahmen zu erhalten. Insbesondere bei außerordentlichen Kosten wird die tatsächliche Nettomietrendite nachhaltig geschmälert. Ein sich verändernder Bedarf oder ein Wechsel im stilistischen Geschmack kann ebenfalls wertmindernd wirken. Eine Immobilie in einer sehr schlechten Lage weist unter Umständen sogar einen negativen Zahlungsstrom auf, wenn diese nicht zu vermieten ist und lediglich Kosten anfallen. Im schlimmsten Fall bemisst sich der Wert anhand des Grundstückwerts abzüglich der Abrisskosten.

Weiterhin sind regulatorische Risiken zu nennen, wie z. B. die derzeit in Deutschland diskutierte »Mietpreisbremse«. Diese soll im Sommer 2015 eingeführt werden und stellt neben den bereits existierenden Mietschutzrechten einen Einschnitt in der Vertragsgestaltung des Vermieters mit seinem Mieter dar. Die Mietpreisbremse soll die mögliche Bruttomiete in bestimmten Gebieten deckeln, die ein Vermieter bei Abschluss eines neuen Mietvertrages ansetzen kann. Künftig darf der Mietpreis bei Neuvermietungen höchstens 10 Prozent über dem Niveau der ortsüblichen Vergleichsmiete liegen, Ausnahmen sind vorgesehen. Die Frage, wie genau in Zukunft ortsübliche Vergleichsmieten zu definieren sind und wie scharf evtl. Ausnahmen abgegrenzt sein werden, birgt Rechtsrisiken. Es ist davon auszugehen, dass Rechtskosten auf den Vermieter für die Neugestaltung der Mietverträge zukommen werden. Mit Sicherheit wird jedoch die zukünftige Preisgestaltung des Vermieters gegenüber seinem Mieter eingeschränkt.

Weitere regulatorische Risiken bestehen in der Erhebung von Steuern. Die Grundsteuer kann zwar vom Vermieter auf den Mieter umgelegt werden, es ist jedoch durchaus denkbar, dass Immobilienvermögen in der Zukunft mit einer Sondersteuer belegt werden könnte. Griechenland hat beispielsweise Ende 2011 eine Immobiliensteuer inklusive einer gesonderten Luxussteuer für Swimmingpools eingeführt. Auch in Deutschland wurde im Zuge des Lastenausgleichs nach dem Zweiten Weltkrieg im Jahr 1948 eine

Sonderbelastung für Immobilienbesitzer in Form einer Zwangshypothek eingeführt.

Immobilienvermögen kann gerade in Krisenzeiten vom Staat besonders leicht herangezogen werden, da sich Immobilien im Gegensatz zu vielen anderen Vermögensgegenständen weder ins Ausland schaffen noch leicht verstecken lassen. Vor diesem Hintergrund mutet es auch seltsam an, wenn Anleger aufgrund einer Europa-Skepsis oder Sorge vor einer Schuldenkrise ihr Vermögen ausgerechnet in Anlagen investieren, auf die der Staat besonders leicht Zugriff hat. Die Anlage in immobile Vermögensgegenstände empfiehlt sich nur, wenn der Anleger ein entsprechendes Vertrauen in die staatliche Ordnung hat.

Zinssensitivität einer Immobilienanlage

Wie bei allen Anlagen hat die Änderung des Zinsniveaus auch Auswirkungen auf den Wert einer Immobilie (vergleiche auch Kapitel 1.1 unter »Barwertmethode – Der Wert von Zahlungen«). Im Folgenden sollen die Annahmen aus dem Beispiel, das bereits für die Mietrendite herangezogen wurde (Tabelle: Berechnung Mietrendite 1) weiterverwendet werden, um aufzuzeigen, wie sich eine Zinssteigerung theoretisch auf die Anlage auswirken sollte.

In dem Beispiel erzielt der Anleger auf Basis der Annahmen eine durchschnittliche jährliche Nettomietrendite von 3,1 Prozent. Ferner soll angenommen werden, dass keine außergewöhnlichen Risiken oder Kosten eintreten. In diesem Fall hätte das Auszahlungsprofil dieses Investments große Ähnlichkeiten mit der Anlage in eine langlaufende Anleihe mit jährlichem Kupon von ebenfalls 3,1 Prozent. In Kapitel 2.2 unter »Zinsentwicklung und Kursentwicklung« wurde aufgezeigt, wie sich der Kurs einer Anleihe verhält, wenn sich der Zins verändert. Diese Beobachtung lässt sich auf den Marktpreis der Immobilienanlage übertragen.

Angenommen, das Zinsniveau verändert sich insofern, dass allgemein 2 Prozent p.a. höhere Renditen zu erzielen sind. Damit die Immobilienanlage aus dem obigen Beispiel weiterhin attraktiv ist, muss diese nun einen Ertrag von 5,1 Prozent anstatt 3,1 Prozent erzielen. Ein Anleger, der nun vor der Wahl steht, wie er sein Geld anlegen soll, würde auch bei einer Immobilie eine höhere Rendite verlangen. Die Immobilienanlage müsste somit eine Rendite von 5,1 Prozent versprechen, damit diese für den Anleger überhaupt in Betracht kommt. Dies kann erreicht werden, indem die Mieteinnahmen hinreichend gesteigert werden und eine Nettokaltmiete von 6,6 Prozent vor den laufenden Nebenkosten erzielt wird. Die Nettokaltmiete müsste somit auf 1.647 Euro pro Monat erhöht werden, um das entsprechende Renditeniveau zu erreichen (siehe Tabelle Berechnung Mietrendite 2). Dies bedeutet eine Mietsteigerung von 64,7 Prozent. Der derzeitige Besitzer eines solchen Renditeobjekts müsste ebenso kalkulieren, andernfalls stellt er sich mit seiner bestehenden Immobilien-Anlage schlechter als mit einer entsprechenden Alternativanlage.

Immobilienpreis	300.000 €	Erwerbsnebenkosten (10 %)	30.000 €	Gesamterwerbskosten	330.000 €
monatliche Kaltmiete	1.647 €	monatliche laufende Nebenkosten (15 %)	247 €	monatlicher Ertrag (vor Steuern)	1.400 €
Kaltmiete p.a.	19.765 €	jährliche laufende Nebenkosten	2.965 €	jährlicher Ertrag (vor Steuern)	16.800 €
Bruttokaltmiete p.a.	6,59 %			Nettomietrendite p.a. (vor Steuern)	5,09 %

Quelle: Eigene Berechnung
Berechnung Mietrendite 2

Allein ein Anstieg des Zinsniveaus um 0,5 Prozentpunkte müsste einen Mietanstieg von 16,2 Prozent nach sich ziehen. Eine solche Anhebung der Mieten dürfte – zumindest innerhalb eines kurzen Zeitraums – kaum realistisch sein. Die Beispielrechnung zeigt jedoch sehr deutlich, welche Steigerungsraten notwendig wären, um die Nettomietrendite entsprechend anzuheben.

Alternativ kann berechnet werden, welche Anpassungen am Wert der Immobilie vorgenommen werden müssten, sollte sich die Miete nicht erhöhen lassen, damit ein Käufer auf dem aktuellen höheren Zins-Niveau diese

Immobilie kaufen würde. Hierfür wird in dem Beispiel unterstellt, dass die Kaltmiete weiterhin bei 1.000 Euro pro Monat bleibt.

Der potenzielle Käufer muss eine Mietrendite von 6,6 Prozent p.a. vor den laufenden Kosten erzielen, um eine Nettorendite von 5,1 Prozent zu erhalten. Die Nettokaltmiete beträgt 12.000 Euro im Jahr, sodass die Immobilie den Käufer insgesamt nur gut 200.000 Euro kosten darf, um die entsprechende Mietrendite zu erzielen. Werden Erwerbsnebenkosten in Höhe von 10 Prozent abgezogen, darf der Immobilienpreis lediglich gut 182.000 Euro betragen. Der Verkäufer muss dabei gegenüber seinen Gesamterwerbskosten von 330.000 Euro einen Verlust von knapp 148.000 Euro hinnehmen, wenn ein potenzieller Käufer lediglich 182.000 Euro zahlen würde. Somit entsteht ein Wertverlust von fast 45 Prozent.

Immobilienpreis	182.143 €	Erwerbsnebenkosten (10%)	18.214 €	Gesamterwerbskosten	200.357 €
monatliche Kaltmiete	1.000 €	monatliche laufende Nebenkosten (15%)	150 €	monatlicher Ertrag (vor Steuern)	850 €
Kaltmiete p.a.	12.000 €	jährlichen laufenden Nebenkosten	1.800 €	jährlicher Ertrag (vor Steuern)	10.200 €
Bruttokaltmiete p.a.	6,59%			Nettomietrendite p.a. (vor Steuern)	5,09%

Quelle: Eigene Berechnung

Berechnung Mietrendite 3

Dieses Rechenbeispiel zeigt, wie sensitiv eine Immobilienanlage auf Zinsänderungen reagieren kann, wenn die Mieten nicht in ausreichend hohem Umfang angehoben werden können. Die nachfolgende Übersicht zeigt den rechnerischen Wertverlust aufgrund eines entsprechenden Zinsanstiegs. Der Verlust selbst ohne Zinsanstieg erklärt sich dadurch, dass die Nebenerwerbskosten für den Käufer natürlich zu berücksichtigen sind. Umgekehrt lässt sich ein solcher Effekt bei sinkenden Zinsen als Wertsteigerung analog zu den Anleihen in Kapitel 2.2 unter »Zinsentwicklung und Kursentwicklung« zeigen.

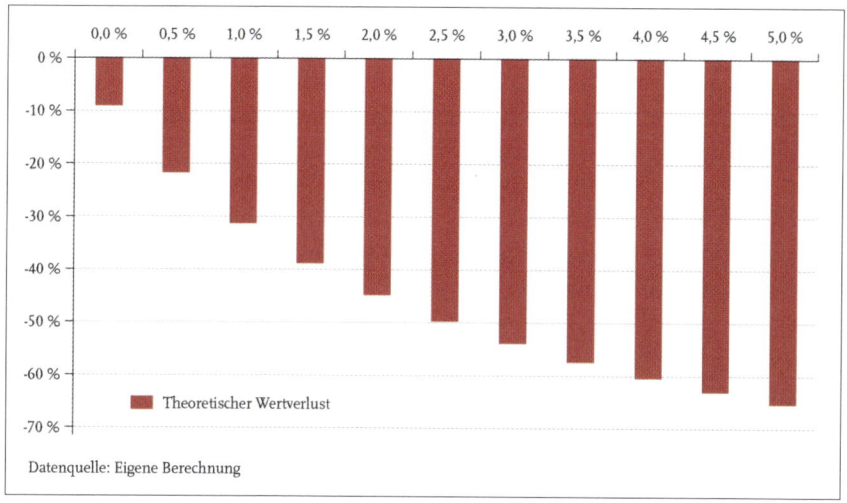

Theoretischer Wertverlust bei Zinssteigerung

Allerdings lässt sich eine solch hohe Zinssensitivität in der Praxis nicht ohne Weiteres belegen. Wie der für seine Weisheiten berühmte US-Baseball-Star Lawrence Peter Berra gesagt hat: »In der Theorie gibt es keinen Unterschied zwischen Theorie und Praxis. In der Praxis schon.«

Marktdaten der Deutsche Bank Research zufolge unterliegen die historischen Mietrenditen anscheinend kaum höheren Schwankungen.[78] Es lassen sich keine direkten Auswirkungen eines sich verändernden Zinsniveaus auf die Mietrenditen und damit auch Immobilienpreise ablesen. Auch die Daten des Bundesverbands deutscher Wohnungs- und Immobilienunternehmen (GdW) zeigen, dass die Gesamtkapitalrentabilität, also die Rentabilität ohne die Berücksichtigung von Kredithebeln und deren Kosten, in dem Zeitraum von 2000 bis 2012 in den alten Bundesländern sehr stabil zwischen 3,0 Prozent und 3,5 Prozent gelegen haben,[79] obwohl sich mit sicheren Staatsanleihen vor 2008 deutlich höhere Renditen erzielen ließen.

Die Problematik liegt zum einen darin begründet, dass es zur Entwicklung der Nettomietrenditen kaum historische Daten mit hinreichender Qualität gibt. Hinzu kommt, dass bei der Auswahl einer Wohnimmobilie für den

Käufer eine Reihe von Faktoren eine bedeutendere Rolle spielen als nur der Preis und die potenzielle Rendite. Ferner ist zu beobachten, dass Immobilienverkäufer Transaktionen zurückhalten, wenn zu dem gewünschten Preis aktuell kein Käufer gefunden werden kann, außer sie werden aus wirtschaftlichen Gründen zum Verkauf gezwungen.

Die Deutsche Bundesbank identifiziert in ihrem Monatsbericht vom Oktober 2013 ähnliche Probleme hinsichtlich der Bestimmung der Einflussfaktoren auf Immobilienpreise:

> »Die Wachstumserwartungen und Realzinsen sind wichtige makroökonomische Größen, die Aktivität und Preise auf den Immobilienmärkten beeinflussen dürften. Die Wirkungszusammenhänge lassen sich in der empirischen Analyse allerdings häufig nicht gut identifizieren.«[80]

Auch scheint der deutsche Markt gegenüber internationalen Immobilienmärkten weniger volatil zu sein. Es ist somit zu vermuten, dass zumindest in Deutschland die Immobilienpreise deutlich träger reagieren, als das in diesem Kapitel vorgestellte Modell bzgl. der Zinssensitivität es vermuten lassen würde. Nichtsdestoweniger muss das Risiko einer möglichen Zinsänderung bei der Bewertung einer Anlage in Immobilien berücksichtigt werden.

5.4 Bewertungsillusion bei Immobilien

Jede Immobilie ist ein Einzelstück und hat ihre ganz eigenen Charakteristika. Diese Eigenschaft macht es so schwierig, Immobilien wirklich zu bewerten und noch viel schwieriger, einen aktuell erzielbaren Preis zu benennen. Von der Deutschen Bank AG befinden sich beispielsweise über eine Milliarde einzelne Aktien im Umlauf und somit viel mehr, als es Immobilien in Deutschland gibt. Trotzdem ist es sehr einfach, für eine einzelne Aktie einen Preis zu ermitteln, da alle Aktien identische Eigenschaften aufweisen und somit vollkommen gleich sind. An den Wertpapierbörsen wird während der Handelsstunden konstant ermittelt, zu welchem Preis Transaktionen stattgefunden haben und zu welchem Preis derzeit jemand kaufen oder verkaufen würde. Somit wird eine hohe Transparenz in der Preisbildung erreicht, die auch alle Schwankungen sichtbar macht. Offensichtlich hat das dazu geführt, dass Aktien von vielen als riskant, weil sehr schwankungsintensiv wahrgenommen werden.

Bei Immobilien ist die Situation anders. Die geringe Vergleichbarkeit von Immobilien, der geringe Umschlag und der intransparente Markt führen dazu, dass sich allenfalls schätzen lässt, welcher Preis heute bei einem Verkauf bei einer bestimmten Immobilie erzielbar ist. Dadurch wird der Preis als wenig schwankungsanfällig wahrgenommen. Eine Preisermittlung wie am Aktienmarkt ist für eine bestimmte Immobilie überhaupt nicht möglich. Dies darf jedoch nicht zu der Illusion führen, dass die Immobilie keinen Preisschwankungen unterworfen sei. Der geschätzte Wert und der aktuell erzielbare Preis sind zwei sehr unterschiedliche Dinge. Dies zeigt sich jedoch häufig erst, wenn die entsprechende Immobilie verkauft werden soll. Wie groß diese Diskrepanz sein kann, zeigt das Teilkapitel zu den Offenen Immobilienfonds eindrucksvoll auf.

5.5 Fazit Wohnimmobilien

Insgesamt muss festgestellt werden, dass Immobilienmärkte deutlich intransparenter sind, als dies beispielsweise der Aktienmarkt oder auch der Anleihenmarkt ist. Dies mag auch eine Erklärung dafür sein, dass es in der Vergangenheit immer wieder zu massiven Immobilienblasen gekommen ist, die neben anderen Auslösern verheerende Wirkungen auf die globale Weltwirtschaft hatten. Anfang der 1990er-Jahre platzte die japanische Immobilienblase. Auf dem Höhepunkt sollten allein die Immobilien in Tokio angeblich zwei Drittel des gesamten Weltimmobilienwertes ausgemacht haben. Im Sommer 2007 platzte die US-Immobilienblase und brachte das globale Finanzsystem ins Wanken. Diese gigantischen Preisblasen zeigen deutlich, dass der Begriff »Beton-Gold« evtl. doch ein wenig vermessen ist und dass wie bei jeder anderen Geldanlage auch sehr genau zu prüfen ist, ob die mögliche Rendite in einem angemessenen Verhältnis zu den vorhandenen Risiken steht.

Insbesondere im aktuellen Zinstief können die vergleichsweise hohen Mietrenditen einer Immobilienanlage verlockend klingen oder die Finanzierung der selbst genutzten Immobilie erschwinglich erscheinen lassen.

Es gilt jedoch, die durchaus erheblichen Risiken nicht aus dem Blick zu verlieren. Hierzu zählt auch das oftmals hohe Klumpenrisiko, welches einzelne Immobilien im Gesamtvermögen eines Anlegers ausmachen. Dies gilt im Besonderen, wenn eine Immobilienfinanzierung mit einem Kreditvolumen einhergeht, das einen hohen Anteil am Gesamtvermögen ausmacht. In diesem Fall reicht bereits eine vergleichsweise geringe Wertveränderung der Immobilie, um eine private Insolvenz auszulösen.

5.6 Offene Immobilienfonds als alternative Immobilienanlage

Offene Immobilienfonds werden von den Anbietern als einfache Möglichkeit beworben, an den Erträgen und der Wertentwicklung von Immobilien zu partizipieren. Eine kurze Vorstellung des Fondskonzepts zeigt zum Einstieg dieses Abschnitts die Konstruktion sowie die Vor- und Nachteile der Offenen Immobilienfonds. Im Anschluss werden die spezifischen Risiken der Produkte beleuchtet, die Anleger in der Vergangenheit zum Teil schmerzlich erfahren mussten. Abschließend werden die historische Entwicklung sowie die daraus resultierenden Konsequenzen näher betrachtet und die Veränderungen für Anleger in der jüngeren Vergangenheit vorgestellt.

Konzept der Offenen Immobilienfonds

Offene Immobilienfonds existieren in Deutschland seit über 50 Jahren, der erste Fonds des Produktsegments wurde bereits im Jahr 1959 aufgelegt. Offene Immobilienfonds investieren das Geld der Anleger in Immobilien. Zum Anlageuniversum gehören vornehmlich Gewerbeimmobilien, wie etwa Büro-, Einzelhandels- und Logistikgebäude. In der jüngeren Vergangenheit rücken auch verstärkt Wohnimmobilien in den Fokus und es werden einzelne auf diesen Bereich spezialisierte Fonds im Markt angeboten. Der Schwerpunkt in den Portfolios der Offenen Immobilienfonds liegt jedoch nach wie vor bei Büroimmobilien, gefolgt von Einzelhandelsimmobilien.[81]

Offene Immobilienfonds als alternative Immobilienanlage

Offene Immobilienfonds werden meistens damit angepriesen, dass Anleger sich bereits durch Investition kleiner Summen an einem Portfolio beteiligen können, das breit über eine Vielzahl von Immobilien an verschiedenen Standorten gestreut ist. Entsprechend ihrem Anteil partizipieren sie an den Mieteinnahmen sowie an möglichen Wertsteigerungen der Immobilien. Darüber hinaus erhalten die Anleger gegebenenfalls Zinserträge aus der im Fonds gehaltenen Liquidität – in der aktuellen Zinssituation lassen sich diese Erträge jedoch vernachlässigen oder es fallen gegebenenfalls sogar Negativzinsen an (siehe Kapitel 4.1 unter »Erste Banken berechnen Negativzinsen«). Als Risiken der Offenen Immobilienfonds für Anleger sind sicherlich mögliche Mietausfälle und Leerstände bei Objekten, das Neuvermietungsrisiko sowie Wertverluste aufgrund eines Rückgangs der allgemeinen Immobilienpreise zu nennen.

Seit 1959 wuchs die Anzahl der Fonds innerhalb des Produktsegments bis Ende des Jahres 2000 nach Angaben des BVI Bundesverband Investment und Asset Management e.V. auf 19 an, die Fonds in diesem Segment verwalteten zu diesem Zeitpunkt ein Volumen von etwa 48 Milliarden Euro. Die ausgeprägten Verluste der Aktienmärkte zu Beginn des Jahrtausends rückten die häufig auch als »Beton-Gold«[82] bezeichneten Fonds verstärkt in den Fokus der Anleger. Die stetigen Renditen der Vergangenheit mit nur geringen Schwankungen zogen die Gelder der Anleger an, das Segment konnte Rekordzuflüsse verzeichnen. Dieser Effekt wurde durch eine regulatorische Neuerung verstärkt: Das zum 1. Juli 2002 umgesetzte 4. Finanzmarktförderungsgesetz eröffnete den Offenen Immobilienfonds neue Anlagefreiheiten, wie beispielsweise erweiterte Investitionen in ausländische Immobilien. Daraus entstand eine neue Dynamik, neue Anbieter traten in den Markt ein und erhöhten die Zahl der Fonds. War das Volumen in den 40 Jahren bis 2000 auf rund 48 Milliarden Euro angewachsen, dauerte es nun nicht einmal 4 Jahre, um dieses Volumen fast zu verdoppeln. Die Zahl der Fonds stieg bis 2012 sogar auf das 2,5-Fache. Im Zuge dieser Entwicklung verzeichneten Offene Immobilienfonds aber auch größere Schwankungen in den jährlichen Mittelzu- und -abflüssen als in den Jahrzehnten zuvor.

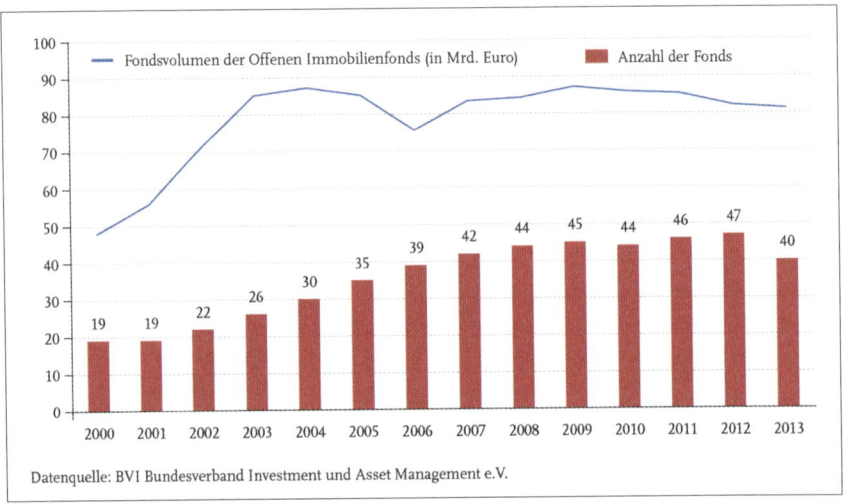

Offene Immobilienfonds – Anzahl und Volumenentwicklung seit Ende 2000

Schon die kurze Vorstellung des Konzepts Offener Immobilienfonds zeigt mögliche Vorteile für Anleger gegenüber einer direkten Immobilienanlage auf:

> Eine Investition kann auch mit kleineren Anlagesummen erfolgen. Die Immobilienanlage muss damit keinen dominierenden Anteil innerhalb des Portfolios einnehmen, sondern kann gezielter auf das für die Anlageklasse vorgesehene Investitionsvolumen ausgerichtet werden. Dies ermöglicht eine breitere Diversifikation des Anlegerportfolios und reduziert mögliche Klumpenrisiken gegenüber Direktanlagen.

> Der Anleger kann eine breite Streuung der Immobilienanlage über eine Vielzahl verschiedener Objekte und Mieter erreichen, die ihm mit dem Direkterwerb von Immobilien nicht möglich wäre. Die Vorteile ergeben sich zum Beispiel aus der regionalen Streuung, der Streuung von Mietausfallrisiken oder der Streuung nach Nutzungsarten.

Als Nachteil muss sicherlich die für den Anleger geringe Transparenz bei der Investition in Offene Immobilienfonds genannt werden. Er kennt die einzelnen Objekte sowie deren korrekte Bewertung nicht, Informationen zu seinen Investitionen erhält er im Wesentlichen nur über Jahres- und Halbjahresberichte. Die Befürworter Offener Immobilienfonds werden an dieser Stelle entgegnen, dass die Bewertung der Objekte anhand der Jahres- und Halbjahresberichte und die tagesaktuelle Kursbewertung für den Anleger eine höhere Transparenz schaffen als das bei Direktinvestitionen der Fall ist. Zudem lässt sich der Anteil an einem Offenen Immobilienfonds gegebenenfalls schneller veräußern als eine Immobilie oder gar mehrere. Diese Argumente werden im Folgenden einer detaillierten Betrachtung unterzogen. Die Liquidität der Offenen Immobilienfonds sowie die Bewertung der Immobilienobjekte werden dabei als besondere Risiken des Produktkonzepts in den Mittelpunkt gestellt.

Besondere Risiken Offener Immobilienfonds

Liquiditätsproblematik

Offene Immobilienfonds investieren das von Anlegern zur Verfügung gestellte Kapital in Immobilienobjekte. Die Immobilienanlage stellt in der Regel eine langfristige Investitionsentscheidung dar. Eine Investition bringt zum einen hohe Nebenkosten mit sich, die erst über die Mieteinnahmen oder eine Wertsteigerung verdient werden müssen, um eine positive Rendite aus der Investition zu erhalten. Zum anderen ist der Immobilienmarkt aufgrund der Individualität der einzelnen Immobilien und der daraus resultierenden längerfristigen Prüfung der Einzelobjekte weniger liquide als beispielsweise der standardisierte Aktienmarkt. Die hieraus resultierende geringere Fungibilität der Immobilien, also die geringere Austauschbarkeit im Rahmen einer Transaktion, führt zu einem längerfristigen Anlagehorizont der Immobilienfonds.[83]

Die in Offenen Immobilienfonds investierten Gelder sind dagegen von den Anlegern eher kurzfristig abrufbar. So können Investoren innerhalb bestimmter Fristen – in der Vergangenheit sogar auf täglicher Basis – die Rücknahme der Anteilscheine verlangen und erhalten den jeweils gültigen Anteilspreis ausbezahlt. Aufgrund des Liquiditätsversprechens gegenüber den Anlegern und des langfristigen Anlagehorizonts der Investitionen betreiben Offene Immobilienfonds eine Fristentransformation, das heißt, sie verwenden kurzfristig verfügbare »Einlagen« für eine langfristige Immobilienanlage. Diese ist vergleichbar mit der bei Banken vorgenommenen Fristentransformation der kurzfristig abrufbaren Spareinlagen auf der einen und den langfristig vergebenen Krediten auf der anderen Seite. Ähnlich wie es bei den Banken das Risiko eines »Bank Run« gibt (siehe Kapitel 4.2 unter »Das Kreditrisiko der Bankeinlagen«), sind auch Offene Immobilienfonds dem Risiko eines plötzlichen Abzugs der Investorengelder ausgesetzt.[84]

Offene Immobilienfonds können die Rückgabeverlangen der Anleger so lange erfüllen, wie ihnen Liquidität zur Verfügung steht. Bei darüber hinaus gehenden Rückgabeverlangen müssen sie Objekte des Portfolios veräußern. Da ein Verkauf von Immobilien jedoch in der Regel nicht kurzfristig realisierbar ist, müssen Immobilienfonds in der Regel eine gewisse Mindestliquidität vorhalten. Darüber hinaus sehen Offene Immobilienfonds eine besondere Möglichkeit vor, die bei Publikumsfonds einzigartig ist: Die Rücknahme der Anteilscheine kann vorübergehend ausgesetzt werden, während weiterhin ein Fondspreis veröffentlicht wird. Die Aussetzung kann für eine gesetzlich geregelte Zeitspanne erfolgen, damit die Fondsgesellschaft Zeit gewinnt, um Immobilien zur Schaffung von Liquidität zu veräußern.

Ein Verkauf verursacht jedoch Kosten, die dem Fonds und damit seinen Anlegern belastet werden und zu einer Reduzierung des Fondspreises führen. Ohne Berücksichtigung etwaiger Transaktionskosten oder Ausgabeaufschläge ist es daher für Anleger ökonomisch sinnvoll, im Falle drohender hoher Anteilrückgaben bei Offenen Immobilienfonds die eigenen Fondsanteile möglichst schnell zurückzugeben, um aus der vorgehaltenen Liquidität des Offenen Immobilienfonds bedient zu werden. Dieser aus der Fondskonstruktion resultierende ökonomische Anreiz für Investoren stellt für die Fonds ein echtes Dilemma dar. Die von Anlegern aufgrund rationaler Überlegungen getroffene Entscheidung zum Abzug von Geldern aus den Fonds bewegt bei Bekanntwerden größerer Abflüsse wiederum weitere Anleger zum Verkauf. Auf diese Weise versuchen die

Anleger, eine Illiquidität der Anteile durch eine vorübergehende Fondsschließung sowie die Kostenbelastung durch den Verkauf von Objekten zu vermeiden. Eine Fondsschließung kann somit zur »selbsterfüllenden Prophezeiung« werden. Dabei stellt sich für Anleger insbesondere in Hinblick auf einen erforderlichen Verkauf von Immobilien die Frage, zu welchem Preis die einzelnen Objekte am Markt verkauft werden können. Die Beantwortung dieser Frage zeigt die Bewertungsproblematik bei Offenen Immobilienfonds.

Bewertungsproblematik

Die Bewertung der Immobilien im Fonds wird von unabhängigen Sachverständigen vorgenommen, die den Wert der Immobilien in Gutachten ermitteln. In die Bewertung fließen immobilienspezifische Einflussfaktoren, wie Vermietungsstand, nachhaltige Mieteinnahmen und Laufzeit der Mietverträge ein. Ebenso werden Marktdaten zur durchschnittlichen Miethöhe sowie dem auf vergangenen Markttransaktionen beruhenden Liegenschaftszins im Umfeld des Objekts berücksichtigt. Der Liegenschaftszins stellt einen auf vergangenen Markttransaktionen beruhenden Zinssatz dar, der als marktübliche Renditeerwartung in die Kalkulation eines Immobilienwertes durch einen Sachverständigen mit einfließt. Die Bewertung durch die Sachverständigen soll den nachhaltigen Wert der Immobilie bestimmen und geht von einer langfristigen Immobilieninvestition aus. Entsprechend schwanken die Objektbewertungen weniger stark als die Marktpreise der Immobilien.

Die Bewertung der Immobilien in einem Offenen Immobilienfonds ist also auf keinen Fall mit dem Marktpreis zu verwechseln, Abweichungen sind sowohl nach oben wie nach unten möglich. Da sich der aktuelle am Markt erzielbare Preis im Gegensatz zu Aktien oder Anleihen nicht an einer Börse ablesen lässt, ist es für Anleger nur schwer abzuschätzen, ob die derzeitigen Bewertungen der Objekte dem Marktpreis entsprechen oder nicht.

Der »glättende« Effekt der Immobilienbewertung durch Sachverständige bewirkt, dass die Objektbewertungen in einem steigenden Marktumfeld tendenziell den Marktpreisen nachlaufen. Entsprechend weisen die Objekte weiteres Bewertungspotenzial auf. In diesem Fall würden Anleger von Objektverkäufen profitieren, da sie die über der Bewertung im Fonds liegenden Marktpreise realisieren. In einem Umfeld deutlich sinkender Marktpreise weisen die Objekte allerdings tendenziell zu hohe Bewertungen auf, lassen sich darum gegebenenfalls nicht zu den aktuellen Bewertungen am Markt veräußern, um Liquidität für Rückgaben von Anlegern zu schaffen. Die Notwendigkeit, Abwertungen der Objekte vorzunehmen bzw. Verluste beim Verkauf zu realisieren, steigert das Risiko ausgeprägter Rückgabewellen. An diesem Punkt ergibt sich ein Zusammenhang mit dem Liquiditätsrisiko der Offenen Immobilienfonds. Das Zusammenspiel beider Faktoren hat in der jüngeren Historie der Offenen Immobilienfonds zu der marktverändernden Krise des Segments geführt, deren Nachwirkungen bis heute zu spüren sind. Nachfolgend werden die historische Entwicklung der Offenen Immobilienfonds und ihre Auswirkungen auf das Produktsegment bis heute dargestellt.

Historische Entwicklung Offener Immobilienfonds

Offene Immobilienfonds konnten bis ins Jahr 2005 eine verhältnismäßig stabile Entwicklung aufweisen, Negativ-Schlagzeilen waren die Ausnahme. Die Produkte galten aufgrund ihrer stetigen Wertzuwächse in der Vergangenheit als »Witwen- und Waisenpapiere«[85] und klassisches Anlageprodukt für konservative Anleger. Im Jahr 2005 musste jedoch »erstmals in der Geschichte der offenen Immobilienfonds [...] ein Fonds geschlossen werden«[86]. Damit rückte in der langjährigen Historie der Offenen Immobilienfonds erstmals die Möglichkeit zur Aussetzung der Anteilsscheinrücknahme in den Fokus der Anleger.

Im Jahr 2008 kam es bei zahlreichen Offenen Immobilienfonds erneut zu Aussetzungen der Anteilsscheinrücknahme, weil die Fonds sich großen Rückgabeverlangen des Gesamtmarktes gegenübersahen, die über die vorgehaltene Liquidität hinausgingen. Als eine Auswirkung der globalen Finanzkrise hatten zu diesem Zeitpunkt auch Gewerbeimmobilien rund um die Welt weitreichende negative Folgen zu verzeichnen. Ein Rückgang der Immobilienbewertungen und ein deutlich erschwerter

Vermietungsmarkt mit geringeren erzielbaren Mietrenditen und Problemen bei der Neuvermietung verschlechterten die Rahmenbedingungen für Offene Immobilienfonds nachhaltig. Gleichzeitig nahm die Liquidität im Transaktionsmarkt deutlich ab. Den Offenen Immobilienfonds fehlten dadurch die Marktliquidität und die Nachfrage der Investoren, um Immobilien zeitnah verkaufen zu können und mit der geschaffenen Liquidität dem Rückgabeverlangen der Investoren nachzukommen. Aufgrund der fortwährenden Probleme, innerhalb des vorgesehenen Zeitfensters Liquidität durch Objektverkäufe zu schaffen, mussten zahlreiche Offene Immobilienfonds nach Ablauf der maximalen Fristen von insgesamt 2 Jahren zur Aussetzung der Anteilsscheinrücknahme ihre Auflösung und Abwicklung bekanntgeben.

Anleger mit Anteilen an den Fonds in Abwicklung sind zum Erhalt ihres Geldes auf Ausschüttungen der Fonds angewiesen. Diese erfolgen in der Regel halbjährlich, sofern Liquidität für Auszahlungen durch Objektverkäufe geschaffen wurde. Die Abwicklung der Offenen Immobilienfonds ist angesichts der nicht kurzfristig zu veräußernden Immobilien auf einen Zeitraum von mehreren Jahren angesetzt. Anleger sind während dieses Zeitraums weiterhin in ihrer Investition »gefangen«. Die Fonds in Abwicklung zeigen, dass die am Markt erzielbaren Preise oftmals deutlich unter den Objektbewertungen der Immobilien im Portfolio lagen. Infolge dieser Entwicklungen mussten die Offenen Immobilienfonds teils erhebliche Rückgänge der Objektbewertungen hinnehmen und Verluste verzeichnen. Eine andere Möglichkeit für Anleger, an Liquidität aus ihren Investitionen zu kommen, stellt ein Verkauf der Anteile über die Fondsbörse dar. Anteile zahlreicher Offener Immobilienfonds werden an einer Börse ähnlich wie Aktien gehandelt und können dort zum aktuellen Marktpreis ge- und verkauft werden. Die Marktpreise weisen jedoch zumeist deutliche Abschläge vom offiziellen Fondspreis auf und spiegeln Angebot und Nachfrage der Investoren sowie deren Erwartungen hinsichtlich der zukünftigen Entwicklung wider. Die nachfolgende Übersicht zeigt beispielhaft in Abwicklung befindliche Offene Immobilienfonds und ihre auf den veröffentlichten Fondspreisen basierenden Wertverluste bis zum 30. November 2014 gegenüber dem jeweils erreichten Hoch im Fondspreis auf. Darüber hinaus wird der Abschlag an der Fondsbörse Hamburg auf den bereits gesunkenen Fondspreis per 30. November 2014 angegeben. Die Übersicht ist sortiert in der zeitlichen Reihenfolge des Übergangs des Fondsvermögens auf die Depotbank, welcher am Ende der jeweiligen Kündigungsfrist 3 oder 5 Jahre nach Bekanntgabe der Fondsauflösung erfolgt. Das Datum kann insofern auch ein Indiz des jeweiligen zeitlichen Verkaufsdrucks für die Objekte darstellen.

Fonds	Bekanntgabe der Auflösung	Übergang auf Depotbank	Verlust im Fondspreis vom Hoch bis 30.11.2014	Datum des Hochs	Abschlag auf den Fondspreis an der Fondsbörse per 30. November 2014
Morgan Stanley P2 Value	25.10.2010	01.10.2013	–62,9 %	25.06.2009	–20,5 %
TMW Immobilien Weltfonds	31.05.2011	01.06.2014	–51,4 %	09.03.2010	–29,0 %
DEGI Europa	22.10.2010	01.10.2014	–47,5 %	20.11.2009	–32,6 %
DEGI International	25.10.2010	16.10.2014	–27,3 %	20.11.2009	–24,2 %
AXA Immoselect	19.10.2011	21.10.2014	–35,4 %	29.09.2010	–30,1 %
UBS 3 Sectors Real Estate	05.09.2012	06.09.2015	–24,1 %	14.09.2010	–23,0 %
KanAm grundinvest Fonds	29.02.2012	01.01.2017	–13,0 %	16.03.2012	–27,8 %
CS Euroreal	21.05.2012	01.05.2017	–9,4 %	20.03.2012	–24,7 %
SEB Immoselect	07.05.2012	01.05.2017	–8,7 %	04.04.2012	–30,9 %

Datenquelle: Bloomberg, Sauren Fonds-Research AG

Wertentwicklung beispielhafter Offener Immobilienfonds in Abwicklung

In dieser systemischen Marktkrise der Offenen Immobilienfonds zeigten sich die beiden bereits dargestellten Probleme der Fondskonstruktion sehr anschaulich: die Liquiditätsproblematik genauso wie die Bewertungsproblematik. Zugleich machte die Krise deutlich, dass eine geringe Schwankungsbreite der Wertentwicklung in der Vergangenheit nicht gleichzusetzen ist mit einem geringen Risiko für die Zukunft. Insofern ist es für

Anleger wichtig, die fundamentale Marktsituation und die Funktionsweise einer Anlage zu verstehen, um sich selbst ein Bild über die Chancen und Risiken einer Investition machen zu können. Die Entwicklung der oben dargestellten Offenen Immobilienfonds in Abwicklung kann Anlegern dabei einen Hinweis auf das Rendite-Risiko-Profil der bestehenden Produkte im Falle einer Abwicklung geben. Selbstverständlich sollte jeder Einzelfall sorgfältig geprüft werden.

Die Problematik der Offenen Immobilienfonds trat in Deutschland im Rahmen der globalen Finanzkrise im Jahr 2008 zu Tage. Erfahrungen in anderen Ländern haben in der Vergangenheit aber schon gezeigt, dass bei der Investition in Immobilien über offene Fonds eine Konstruktionsproblematik auftreten kann[87]. So wurden Fonds in den Niederlanden und Australien nach den Krisen der Produkte in Immobilienaktien (Real Estate Investment Trusts – REITs) umgewandelt[88] und mussten zum Teil deutliche Wertverluste hinnehmen. Beide Krisen hatten dabei ähnliche Vorzeichen wie starke Mittelzuflüsse und ein ansteigendes Zinsniveau bei gleichzeitigem Rückgang des Immobilienmarktes zu verzeichnen[89]. Auch in der Schweiz wurden die Produkte bedingt durch eine Krise der Produktgattung rechtlich überarbeitet und werden heute als börsennotierte Produkte mit lediglich jährlicher Rückgabemöglichkeit und einjähriger Ankündigungsfrist angeboten[90]. In Deutschland führte die Systemkrise der Offenen Immobilienfonds ebenfalls zu einer mehrfachen Überarbeitung der gesetzlichen Grundlagen für das Produktsegment. Die heutige rechtliche Ausgestaltung stellt sich für Anleger folglich anders dar als in der Vergangenheit. Aus diesem Grund wird nachfolgend die aktuelle Situation der Offenen Immobilienfonds für Investoren näher betrachtet.

Aktuelle Situation Offener Immobilienfonds

Die rechtliche Neugestaltung der Offenen Immobilienfonds setzte insbesondere bei den beiden wesentlichen, oben dargestellten Problemen der Produktkonstruktion an. So wurden sowohl die Bewertung der Immobilien in den Fonds als auch die Rückgabemöglichkeiten der Anleger neu geregelt. Zunächst wurde im Jahr 2011 das Investmentgesetz überarbeitet, im Jahr 2013 wurde mit der Einführung des Kapitalanlagegesetzbuchs

(KAGB) dann eine erneute Änderung der rechtlichen Regelungen umgesetzt.

Auf der Bewertungsseite wurde an der Bewertung durch Sachverständige festgehalten, allerdings die Häufigkeit der Bewertungszeitpunkte erhöht. Während in früheren Jahren jedes Objekt nur ein Mal pro Jahr bewertet wurde, muss diese Bewertung inzwischen quartalsweise vorgenommen werden. Zudem müssen die Bewerter häufiger gewechselt werden. Durch diese Veränderungen sollen die Objektbewertungen Marktentwicklungen schneller nachvollziehen und damit näher am Markt sein. Allerdings werden die Bewertungen nach wie vor auf Basis nachhaltiger Mieterträge und unter Annahme eines langfristigen Anlagehorizonts vorgenommen.

Die wesentlichsten Veränderungen für Anleger haben sich auf der Liquiditätsseite ergeben. So können Anleger in der Regel zwar nach wie vor täglich in einen Offenen Immobilienfonds investieren. Bei der Rückgabe müssen sie aber bestimmte Mindesthaltefristen und Ankündigungsfristen berücksichtigen, die vom Gesetzgeber eingesetzt wurden, um die tägliche Rückgabemöglichkeit der Anteile als mögliche Ursache von Krisen einzuschränken. Indem die kurzfristige Liquidierbarkeit auf Anlegerebene verlängert wird, soll die Problematik der Fristentransformation entschärft und dem langfristigen Gedanken der Immobilienanlage Rechnung getragen werden. Aufgrund der Geltungsstichtage der unterschiedlichen gesetzlichen Regelungen bestehen derzeit unterschiedliche Regelungen nebeneinander im Markt[91]:

> Anleger, die ihre Anteile vor dem 1. Januar 2013 gekauft haben, müssen lediglich eine Kündigungsfrist von 12 Monaten beachten, also 1 Jahr vor einer geplanten Rückgabe den Verkauf der Anteile bekannt geben. Darüber hinaus steht ihnen ein Freibetrag von 30.000 Euro pro Kalender-Halbjahr zur Verfügung, den sie ohne Ankündigung zurückgeben können.

> Anleger, die ihre Anteile nach dem 1. Januar 2013 und vor dem Inkrafttreten des KAGB am 23. Juli 2013 erworben haben, müssen neben der Ankündigungsfrist von 12 Monaten auch eine 24-monatige Mindest-

haltefrist beachten. Während der Mindesthaltefrist ist eine Kündigung jedoch bereits möglich. Der Freibetrag von 30.000 Euro pro Kalender-Halbjahr steht den Anlegern ebenfalls zur Verfügung.

> Anleger, die nach dem 23. Juli 2013 in Offene Immobilienfonds investiert haben, müssen eine 24-monatige Mindesthaltedauer sowie eine 12-monatige Kündigungsfrist beachten. Ihnen steht kein Freibetrag für Rückgaben zur Verfügung.

Die Änderung der Rückgabemöglichkeiten der Anleger schränkt die kurzfristige Liquidierbarkeit der Anteile an einem Offenen Immobilienfonds ein. Die Problematik einer möglichen Rückgabewelle wird dabei trotzdem nicht vollständig aufgelöst. Wenn größere Rückgaben von Investoren zu erwarten sind oder es zu deutlichen Wertverlusten an den Immobilienmärkten kommt, kann es für Anleger unter der neuen Regelung ökonomisch sinnvoll sein, ihre Anteile möglichst frühzeitig zu kündigen. Auf diese Weise können sie ihre Rückgaben gegebenenfalls zeitlich vor den Rückgaben anderer Investoren platzieren. Dann würden sie noch aus der vorhandenen Liquidität der Fonds bedient werden, ohne die Kosten und Risiken von Objektverkäufen zu tragen oder gegebenenfalls auf den nur schwer verkäuflichen Immobilien sitzen zu bleiben. Der Anreiz eines schnellen Handelns besteht für die Anleger also nach wie vor. Prof. Dr. Stephan Madaus und Prof. Dr. Steffen Sebastian kommen in ihrer bereits zum Referentenentwurf des KAGB veröffentlichten Stellungnahme »Flexibilisierung der Fristentransformation bei Offenen Immobilienfonds in Gründung, Verlauf und Krise« zu dem Schluss, dass »das grundsätzliche Problem dieser Anlageform nicht gelöst«[92] wird. Sie sehen es als problematisch an, dass alle Fonds »in gleicher Art und Weise Fristentransformation betreiben müssen und diese auch in einer Krise nicht anpassen dürfen. Hieraus werden erneut Abwicklungsrisiken und Marktverwerfungen [...] entstehen.«[93]

Die unterschiedliche Stellung der Investoren in den Fonds aufgrund der unterschiedlichen Investitionszeitpunkte und der entsprechend abweichenden Rückgaberegelungen kann auch ein Problem darstellen. So können Investoren mit einem Freibetrag von 30.000 Euro pro Halbjahr ihr Geld gegebenenfalls innerhalb eines kürzeren Zeitfensters als der für heutige Investoren vorgesehenen Dauer aus dem Fonds herausziehen. Eine

Situation, die für einen heutigen Investor einen entscheidenden Nachteil mit sich bringen kann und eine Benachteiligung gegenüber Altinvestoren im selben Fonds darstellt[94], die heutigen Anlegern bewusst sein sollte. Verschiedene Gesellschaften sind bereits mit neuen Fonds an den Markt gekommen oder haben Pläne zur Auflegung neuer Fonds bekannt gegeben, die erst nach dem 23. Juli 2013 gestartet sind und somit nur Investoren ohne Freibeträge haben. Auch wenn heutige Investoren dadurch nicht gegenüber »Altinvestoren« benachteiligt sind, sollten sie sich ein umfassendes Bild über die Chancen und Risiken der neu aufgelegten Fonds verschaffen. Mögliche Faktoren sind hier Chancen durch den Aufbau eines neuen Portfolios ohne historische Bewertungsrisiken, aber auch Risiken durch die fehlende Diversifikation, die Abhängigkeit von wenigen Objekten und das mögliche Scheitern beim Aufbau eines breit gestreuten Portfolios in der Anfangsphase. Die geschilderte grundsätzliche Problematik des Produktsegments bleibt hier selbstverständlich ebenfalls bestehen.

5.7 Fazit Offene Immobilienfonds

Offene Immobilienfonds wurden in der Vergangenheit als wertstabile und risikoarme Anlagemöglichkeit für konservative Anleger angeboten und häufig als Alternative zu einer Investition im Anleihenbereich herangezogen. Anleger konnten dabei anleihenähnliche Erträge bei niedriger Volatilität erzielen. Die Erfahrungen im Zuge der globalen Finanzkrise haben leider gezeigt, dass Offene Immobilienfonds höhere Risiken aufweisen, als dies die schwankungsarme Wertentwicklung der Vergangenheit suggeriert. Zahlreiche Anleger müssen auch heute noch die schmerzliche Erfahrung der Illiquidität ihrer Investitionen in Verbindung mit deutlichen Wertrückgängen machen. Neue gesetzliche Regelungen zielen zwar darauf ab, die spezifischen Risiken von Offenen Immobilienfonds zu verringern, ihre Wirksamkeit wird sich langfristig aber erst noch beweisen müssen. Jeder Anleger muss sich sein eigenes Bild über mögliche Investitionen in jedem Einzelfall machen, aufgrund ihres Rendite-Risiko-Profils und der Erfahrungen der Vergangenheit erscheinen Offenen Immobilienfonds derzeit jedoch eher unattraktiv.

6. Auswirkungen der Zinsfalle auf Aktien

Aktien scheinen als Anlageklasse zunächst nicht von der Zinsfalle betroffen zu sein. Schließlich stellen sie eine Beteiligung an einem Unternehmen dar und sind keine zinstragenden Wertpapiere. Trotzdem gibt es mittelbare Folgen für den Aktienmarkt, die in diesem Kapitel erläutert und mit ihren Hintergründen beleuchtet werden. Abschließend wird gezeigt, welche potenziellen Risiken sich aus Änderungen der Situation am Zinsmarkt zukünftig ergeben können.

Wie auch schon beim Thema Anleihen betont, sollen die Ausführungen bewusst keine Prognosen über die zukünftige Entwicklung des Aktienmarktes beinhalten. Ziel ist vielmehr eine prognose- und wertungsfreie Darstellung möglicher Einflussfaktoren, die ein Anleger bei Investitionen im Aktienbereich angesichts des derzeitigen Niedrigzinsumfeldes berücksichtigen sollte. Die Ausführungen erheben keinen Anspruch auf eine vollständige Darstellung des Aktienbereichs und seiner Einflussfaktoren. Es werden lediglich gezielt einzelne Faktoren im aktuellen Umfeld beleuchtet.

Eine Beimischung von Aktien als langfristig attraktive Anlageklasse in ein Portfolio erscheint im Rahmen einer durchdachten Gesamtstrategie sinnvoll. Die konkrete Umsetzung ist jedoch in jedem Einzelfall zu bewerten. Ob und in welcher Höhe eine Investition in Aktien erfolgen sollte, hängt dabei im Wesentlichen von der jeweiligen Situation des Anlegers ab und ist entsprechend seiner Risikoneigung und Risikotragfähigkeit zu beurteilen.

6.1 Einführung Aktien

Mit Aktien erwirbt der Anleger einen Anteil am Unternehmen, er wird zum Miteigentümer des Unternehmens und stellt ihm dafür Eigenkapital zur

Verfügung. Im Gegensatz zum Anleiheninvestor als Fremdkapitalgeber und damit Gläubiger des Unternehmens hat der Aktieninvestor keinen Anspruch auf eine festgelegte Zinszahlung oder die Rückzahlung des Kapitals zu einem bestimmten Termin. Vielmehr hat er als Miteigentümer ein Mitspracherecht und ist am Gewinn des Unternehmens beteiligt. Sofern dieser in Form einer Dividende ausgeschüttet wird, hat der Aktionär zudem Anspruch auf die Dividendenzahlung.

Der Anleger partizipiert darüber hinaus an der Wertentwicklung der Aktie. Wenngleich die Aktien eines Unternehmens nicht zwingend börsennotiert sein müssen, wird im Folgenden auf börsennotierte Aktien abgestellt. Die Börse stellt nicht nur Liquidität für die Investoren bereit, sondern hat auch eine Bewertungsfunktion. An den Börsenkursen kann der Anleger den aktuellen Preis der von ihm gehaltenen Aktien unmittelbar ablesen. Dabei spiegelt der derzeitige Börsenkurs die Erwartungen der Summe der Marktteilnehmer über die zukünftige Entwicklung des Unternehmens wider.

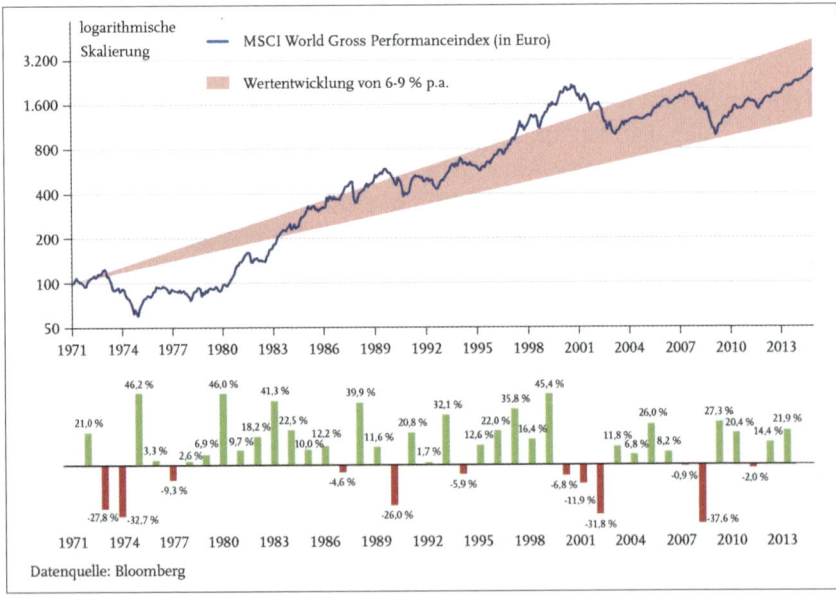

Langfristige Wertentwicklung des globalen Aktienmarktes und Jahresrendite von Dezember 1971 bis November 2014

Der abgebildete Chart stellt die Wertentwicklung des MSCI Welt Gross Performanceindex (inklusive Dividenden und vor lokalen Steuern) in Euro bzw. D-Mark für den Zeitraum vom 31. Dezember 1971 bis zum 30. November 2014 dar. Zusätzlich ist die Wertentwicklung in den einzelnen vollen Kalenderjahren von 1972 bis 2013 angegeben. Aktien stellen langfristig eine renditestarke Anlageklasse dar. Eine durchschnittliche Rendite von 6 bis 9 Prozent kann auf Basis der historischen Entwicklung als langfristige Richtgröße für eine Investition am Aktienmarkt dienen. Die Entwicklung des Aktienmarktes ist jedoch von einer hohen Schwankungsintensität (Volatilität) geprägt. Bei Betrachtung einzelner Kalenderjahre lassen sich sowohl hohe Wertzuwächse als auch hohe und schmerzliche Wertverluste feststellen. Ein ähnliches Bild zeichnet das nachfolgend abgebildete DAX-Rendite-Dreieck des Deutschen Aktieninstituts, das sowohl die langfristigen Renditemöglichkeiten als auch die kurzfristig ausgeprägte Schwankungsbreite des Aktienmarktes verdeutlicht. Anleger sollten bei einer Investition am Aktienmarkt entsprechend einen langfristigen Anlagehorizont mitbringen und sich der Volatilität des Marktes bewusst sein.

DAX-Rendite-Dreieck
Quelle: Deutsches Aktieninstitut

Einführung Aktien

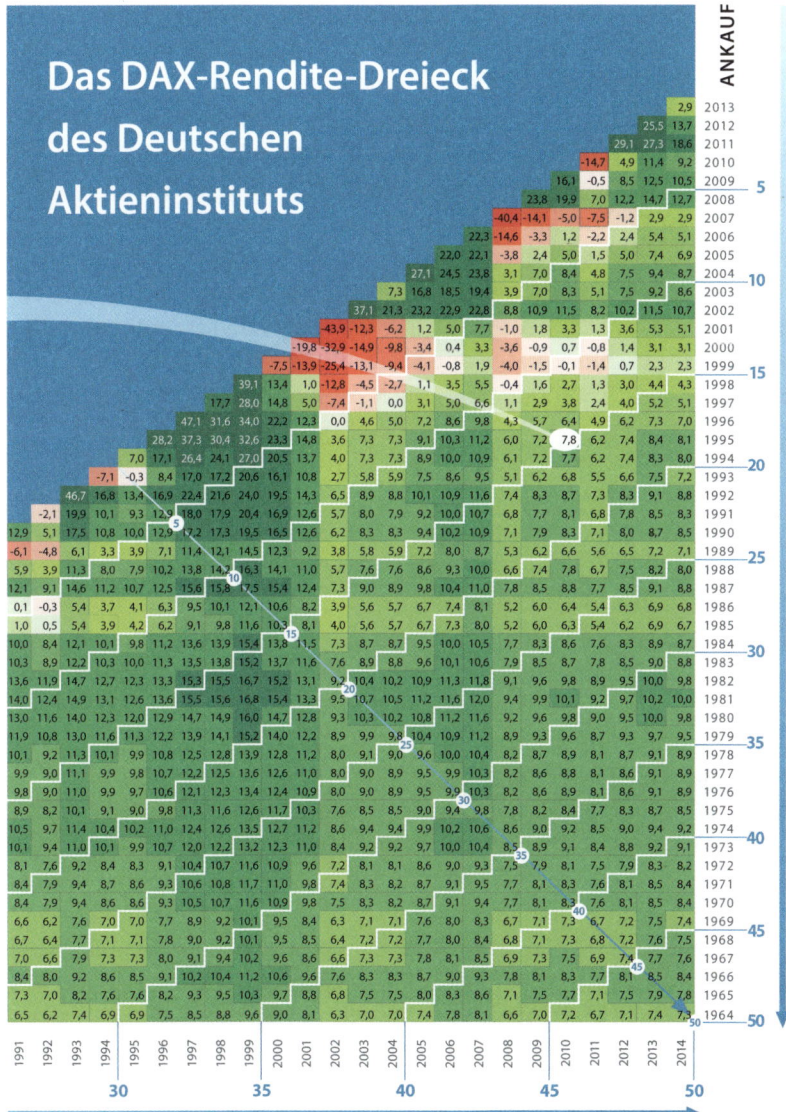

6.2 Einflussfaktoren der Zinsfalle auf Aktien

Ein unmittelbarer Einfluss der Kapitalmarktzinsen auf die Entwicklung des Aktienmarktes ist zunächst nicht ersichtlich. Trotzdem wirkt sich das Niedrigzinsumfeld auch auf Aktien aus. Der nachhaltige Rückgang der Kapitalmarktzinsen hat das Verhalten sowohl der Unternehmen als auch der Anleger beeinflusst und auf diese Weise die Entwicklung des Aktienmarktes mit geprägt. Im Folgenden werden zunächst das Verhalten der Unternehmen und dessen Auswirkungen auf die Aktienbewertung betrachtet, bevor der Einfluss der nach Anlagealternativen suchenden Investoren aufgezeigt wird. Den Abschluss bildet eine Betrachtung von Aktien als Sachwert, ein Argument, das insbesondere mit Blick auf mögliche Inflationsgefahren häufig angeführt wird.

Unternehmen im Umfeld niedriger Zinsen

In der langfristigen Betrachtung folgen die Aktienkurse an der Börse in ihrer Entwicklung den Unternehmensgewinnen, wenngleich es zwischenzeitlich deutliche Abweichungen geben kann. Der nachfolgende Verlauf des US-amerikanischen S&P-500-Kursindex und der Unternehmensgewinne veranschaulicht den langfristigen Zusammenhang eindrucksvoll. Der Chart zeigt die für den Anleger erzielten Kurssteigerungen der Aktien, die von der langfristigen Steigerung der Unternehmensgewinne getrieben werden. In die erzielte Gesamtrendite des Anlegers fließen über die reinen Kurssteigerungen hinaus zusätzlich die von den Unternehmen ausgezahlten Dividenden ein. Ein Aktieninvestor ist somit in erster Linie an der Gewinnentwicklung seines Unternehmens interessiert, die in Form der Dividendenzahlungen und der langfristigen Entwicklung des Börsenwertes die Rendite seiner Investition bestimmt.

Der Gewinn eines Unternehmens wird von den erzielten Erträgen abzüglich der entstandenen Kosten bestimmt. Der Zins stellt für Unternehmen einen Kostenfaktor im Rahmen einer möglichen Fremdfinanzierung dar. Banken und andere Finanzwerte, bei denen auch die Ertragsseite von der Zinsentwicklung wesentlich beeinflusst wird, seien an dieser Stelle ausgeklammert. Das gesunkene allgemeine Zinsniveau führt auf Unternehmensebene zu einer Verringerung der Finanzierungskosten. Die gesunkenen Kosten wiederum ermöglichen dem Unternehmen eine Steigerung der Gewinne. Aktionäre profitieren auf diese Weise indirekt von einem gesunkenen Zinsniveau.

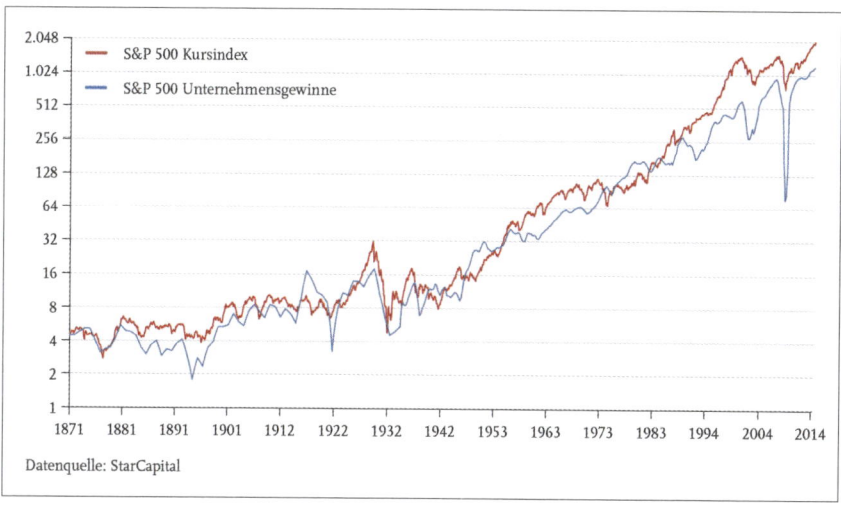

S&P-500-Kursindex und Unternehmensgewinne von 1871 bis November 2014

Höhere Unternehmensgewinne bieten Potenzial für höhere Ausschüttungen an die Aktionäre, ermöglichen gleichzeitig aber auch eine potenziell höhere Unternehmensbewertung, da der Unternehmenswert langfristig die Gewinnentwicklung widerspiegelt. Der Zusammenhang wird bei der Betrachtung von zwei verbreiteten Möglichkeiten zur Unternehmensbewertung deutlich:

Ein einfacher und bekannter Bewertungsmaßstab für Aktien ist das Kurs-Gewinn-Verhältnis (KGV). Dieses setzt den aktuellen Kurs der Aktie ins Verhältnis zum Gewinn des Unternehmens pro Aktie. Bei einem steigenden Unternehmensgewinn ist somit ein Anstieg des Unternehmenswertes und damit des Aktienkurses möglich, ohne dass sich das Bewertungsniveau des Unternehmens gemessen am KGV ändert.

Eine weitere bekannte Bewertungsmethode stellt die Discounted-Cashflow-Analyse (DCF-Analyse) dar. Bei dieser Methode werden die zukünftigen Zahlungsströme eines Unternehmens diskontiert und so der heutige Wert des Unternehmens als Barwert (vergleiche Kapitel 1.1 unter »Barwertmethode – Der Wert von Zahlungen«) bestimmt. Die Bewertungsmethode weist damit Ähnlichkeiten zur Bestimmung des fairen Preises einer Anleihe auf. Steigende Erträge eines Unternehmens in der Zukunft führen auch bei der DCF-Analyse unter Annahme sonst unveränderter Rahmenbedingungen zu einem Anstieg des Unternehmenswertes und ermöglichen einen Anstieg des Aktienkurses ohne eine Änderung des Bewertungsniveaus.

Das Niedrigzinsumfeld und die hohe Nachfrage von Investoren nach Anlagemöglichkeiten hat es Unternehmen in den letzten Jahren zudem ermöglicht, neue Unternehmensanleihen mit niedrigeren Kupons am Markt zu platzieren (siehe Kapitel 3). Diese Entwicklung hat Unternehmen nicht nur eine Reduzierung der Finanzierungskosten eröffnet, sondern auch Möglichkeiten gegeben, die Fremdfinanzierung zu erhöhen. Solange die auf das Eigenkapital erzielte Rendite über den Zinsen auf das Fremdkapital liegt, ermöglicht eine Erhöhung der Fremdfinanzierungsquote eine Steigerung des Gewinns auf das Eigenkapital. Diese kann sich, wie zuvor dargestellt, positiv auf den Wert des Unternehmens und damit auf den Aktienkurs auswirken.

Ein in den letzten Jahren populäres Vorgehen der Unternehmen ist es, Teile der Unternehmensgewinne für den Rückkauf eigener Aktien zu verwenden. Aufgrund der durch den Rückkauf reduzierten Anzahl ausstehender Aktien erhöht sich unter der Annahme eines gleichbleibenden Gesamtgewinns der Gewinn je Aktie. Im Niedrigzinsumfeld der vergangenen Jahre haben einige Unternehmen, insbesondere in den USA, die niedrigen Zinsen auf Fremdkapital genutzt, um Anleihen auszugeben und mit dem eingenommenen Fremdkapital eigene Aktien zurückzukaufen. Die hierdurch erreichte Verringerung des Eigenkapitals bei gleichzeitiger Erhöhung des Fremdkapitals zielt auf eine Steigerung des Gewinns je Aktie und damit eine Erhöhung des Unternehmenswertes ab.

Die gesunkenen Kapitalmarktzinsen haben somit auf Unternehmensebene eine positive Wirkung auf die Gewinne. Gestiegene Unternehmensgewinne ermöglichen wiederum eine Erhöhung des Unternehmenswertes und in der langfristigen Konsequenz des Aktienkurses, ohne das grundsätzliche Bewertungsniveau beispielsweise gemessen am KGV anzuheben. Das Niedrigzinsumfeld beeinflusst den Aktienmarkt jedoch nicht nur auf der Ebene der Unternehmen selbst, ein indirekter Einfluss ist auch über das Verhalten der Anleger möglich.

Anleger im Umfeld niedriger Zinsen – Aktien als Anleihenersatz

Die historischen Tiefststände der Renditen bei Staatsanleihen und Unternehmensanleihen rücken Aktien mehr und mehr in den Fokus der Investoren. Auf der Suche nach Anlagemöglichkeiten mit höherer Rendite fließt ein Teil der am Markt vorhandenen Liquidität in Aktien, nicht zuletzt beeinflusst durch die positive Entwicklung des Aktienmarktes in der jüngeren Vergangenheit. Insbesondere Investoren, die in erster Linie an laufenden Erträgen interessiert sind, werden dabei auch durch die im Vergleich zum Kapitalmarktzinsniveau attraktive Dividendenrendite angezogen. So konstatiert auch Klaus Kaldemorgen im Interview (siehe Interview mit Klaus Kaldemorgen in diesem Buch): »Der Umstand, dass die Dividendenrendite mittlerweile höher ist als die Zinsen auf Anleihen der Unternehmen, sorgt für eine zunehmende Umschichtung am Kapitalmarkt zugunsten der Aktie.« Der nachfolgende Chart stellt die Dividendenrendite des deutschen Aktienindex DAX gegenüber der Entwicklung der Umlaufrendite in Deutschland vom 31. Dezember 1999 bis zum 30. November 2014 dar.

Der Chart zeigt, dass die Umlaufrendite bis in das Jahr 2008 zum Teil deutlich über der Dividendenrendite der Unternehmen im DAX lag. Erst in den letzten Jahren und insbesondere aufgrund des deutlichen Rückgangs der Umlaufrendite seit dem Jahr 2011 liegt die Dividendenrendite der im DAX enthaltenen deutschen Standardwerte deutlich über dem Renditeniveau deutscher Staatsanleihen. Damit erhalten Investoren durch eine Investition in die Aktien der Unternehmen des DAX eine höhere laufende Ausschüttung auf ihr eingesetztes Kapital als mit einer Investition in deutsche Staatsanleihen gemessen an der Umlaufrendite. Dabei sollten jedoch die

Kursrisiken des Aktienmarktes berücksichtigt werden, die gleichzeitig eingegangen werden.

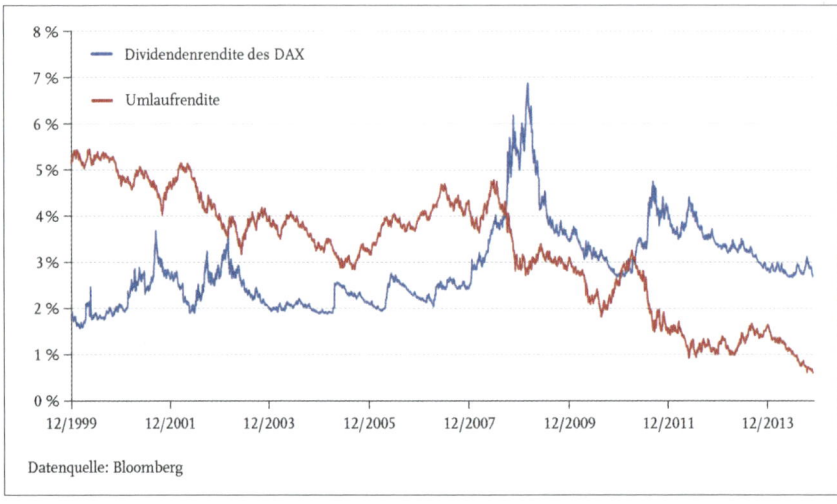

Dividendenrendite des DAX im Vergleich zur Umlaufrendite in Deutschland von Dezember 1999 bis November 2014

Im aktuellen Niedrigzinsumfeld rücken Aktien von Unternehmen mit attraktiven Dividendenzahlungen (Dividendentitel) verstärkt in den Fokus von Investoren. Insbesondere Gelder von Anlegern mit dem Bedarf nach laufenden Erträgen auf das eingesetzte Kapital fließen dabei vermehrt in Dividendentitel, die allgemein als eher defensive Aktieninvestition gelten. Die Ausrichtung der Unternehmen auf die Erzielung eines zur nachhaltigen Zahlung einer Dividende im Zeitablauf verfügbaren Unternehmensgewinns sowie die damit einhergehende Disziplinierung der Unternehmensführung werden beispielsweise häufig als Argumente für eine im Vergleich zum Gesamtmarkt geringere Schwankungsintensität angeführt. Dies muss jedoch nicht immer der Fall sein. So hatten Dividendenfonds während der globalen Finanzkrise teils deutliche und überdurchschnittliche Wertrückgänge hinzunehmen[95]. Zu dieser Entwicklung trugen insbesondere die Investitionen in Finanzwerte bei, die im Vorfeld der globalen Finanzkrise hohe Dividendenrenditen aufweisen konnten. In der Krise mussten Unternehmen der Finanzbranche jedoch Dividendenkürzungen sowie deutliche Wertrückgänge hinnehmen. Im Jahr 2011 traf es Dividendenstrategien aufgrund der Kursrückgänge eines spezifischen Sektors erneut, weil die in vielen Fonds enthaltenen »ausschüttungsfreudigen Versorger nach dem beschlossenen Atomausstieg an der Börse abstürzten.«[96] Eine auf Dividendenwerte ausgerichtete Anlagestrategie kann insofern auch spezifische eigene Risiken mit sich bringen, die zusätzlich zu den allgemeinen Aktienmarktrisiken beachtet werden müssen. Fondsmanager ohne speziellen Fokus auf eine Dividendenstrategie können im Rahmen ihres im Vergleich breiteren Anlageuniversums ebenfalls in Aktien von Unternehmen mit Dividendenzahlungen investieren. Viele Fondsmanager entscheiden sich in ihren Portfolios jedoch bewusst gegen umfangreiche Investitionen in Dividendentitel. Sie sehen beispielsweise größeres Wertsteigerungspotenzial bei Unternehmen, die anstelle von Dividendenzahlungen in das eigene Wachstum investieren.

Der Fokus der Anleger, die auf Dividenden als alternative Quelle für bisher im Anleihenmarkt erzielte laufende Erträge setzen, liegt insbesondere auf vermeintlich »sicheren« Unternehmen. Dazu zählen für die Anleger in der Regel Unternehmen mit einer hohen Bilanzqualität, möglichst sicheren und stetigen freien Zahlungsströmen (Free Cashflow) aus einem erfolgreichen Geschäftsmodell sowie einer nachhaltig hohen Dividendenzahlung in der Vergangenheit. Die grundsätzlichen Überlegungen, die hinter einer solchen Investition stehen, verdeutlichen zwei Beispiele von Unternehmen aus der Praxis.

Das Schweizer Unternehmen Nestlé gilt als größter Nahrungsmittelhersteller weltweit und ist über zahlreiche Markenprodukte, wie beispielsweise Alete, Maggi, Mövenpick, Nescafé, S. Pellegrino, Vittel oder Nespresso, als vergleichsweise junge Marke des Unternehmens bekannt. Nestlé ist weltweit tätig und gilt auch aufgrund seiner Vielzahl an bekannten und etablierten Marken als Unternehmen mit hervorragender Wettbewerbsposition und daraus resultierend hoher Stabilität. Die aus der Geschäftstätigkeit generierten Gewinne setzt das Unternehmen neben der Investition in das eigene Geschäft auch zur Ausschüttung von Dividenden an die Eigentümer ein. Die nachfolgende Grafik veranschaulicht die jährlichen Dividenden von Nestlé seit dem Jahr 1987. Darüber hinaus wird die Dividendenrendite dargestellt, also die pro Jahr gezahlte Dividende im Verhältnis zum Aktienkurs des Unternehmens.

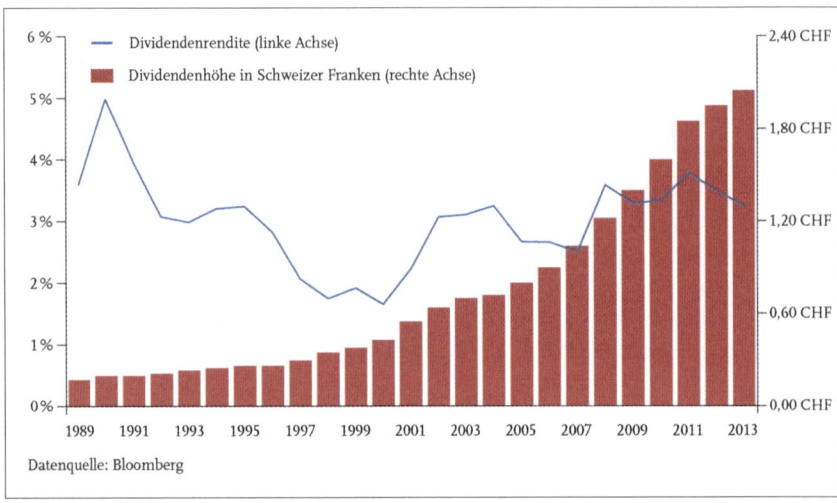

Dividendenentwicklung von Nestlé von 1989 bis 2013

Ein anderes Beispiel eines Unternehmens mit einer stabilen und nachhaltig ansteigenden Dividendenzahlung ist das amerikanische Unternehmen Johnson & Johnson. Der weltweit tätige Pharma- und Konsumgüterhersteller wird im Markt ebenfalls als qualitativ hochwertiges und stabiles Unternehmen wahrgenommen. Dazu haben nicht zuletzt auch die Dividendenzahlungen des Unternehmens beigetragen. Seit mittlerweile 70 Jahren zahlt Johnson & Johnson ununterbrochen eine Dividende und sie wurde 52 Jahre in Folge erhöht. Den Aktionären von Johnson & Johnson fließt die Dividende als quartalsweise Zahlung zu, was der Präferenz zahlreicher Investoren für laufende Erträge gerade im aktuellen Marktumfeld entgegenkommt[97]. In der folgenden Grafik ist der sich hieraus ergebende jährliche Dividendenertrag je Aktie sowie die Dividendenrendite von Johnson & Johnson dargestellt.

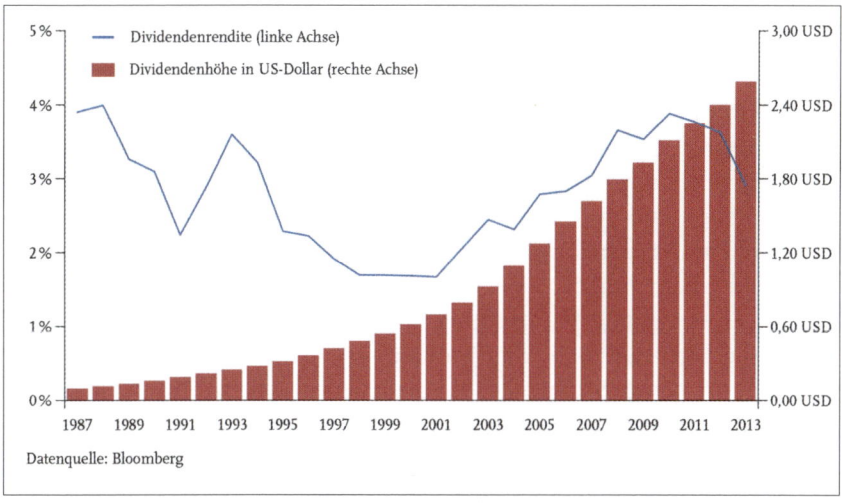

Dividendenentwicklung von Johnson & Johnson von 1987 bis 2013

Beide Beispiele zeigen auf, warum stabile Dividendenzahlungen von qualitativ hochwertigen und nachhaltig agierenden Unternehmen als Alternative zu Niedrigzinsen in den Fokus vieler Marktteilnehmer rücken. Bei langfristigem Anlagehorizont und der entsprechenden Risikotoleranz des Anlegers im Hinblick auf mögliche zwischenzeitliche Kursschwankungen der Aktien können die Dividendenpapiere durchaus eine Alternative für risikobewusste Anleger bieten. Dabei kommt der überlegten Auswahl der Unternehmen eine entscheidende Bedeutung zu. Die derzeitige Bewertung des Unternehmens ist bei der Analyse und Auswahl selbstverständlich ein entscheidender Faktor, den es zu berücksichtigen gilt.

Ein Anleger erwirbt durch die Investition in eine Aktie einen zukünftigen Zahlungsstrom in Form von Dividenden. Werden etwaige Kursschwankungen der Aktie zunächst unberücksichtigt gelassen, stellt der Aktienkurs zum Kaufzeitpunkt den Preis für den zukünftigen Zahlungsstrom dar. Insofern kann eine Aktie stark vereinfacht ähnlich einer Anleihe mit prinzipiell unbegrenzter Laufzeit betrachtet werden. Für den Kaufpreis erwirbt der Anleger den Zahlungsstrom aus den zukünftigen Dividenden und erhält bei Verkauf der Aktie seinen Kapitaleinsatz zurück – in diesem vereinfachten Modell ohne Berücksichtigung etwaiger Kursanstiege oder Kursrückgänge.

Warren Buffett hat in diesem Zusammenhang von Aktien als Eigenkapitalanleihe mit steigendem Kupon und unendlicher Laufzeit gesprochen[98]. Neben Dividendenzahlungen bezieht er dabei auch die vom Unternehmen einbehaltenen und in das Geschäft reinvestierten Gewinne in die Betrachtung ein. Diese Darstellung einer Aktie als Eigenkapitalanleihe basiert auf folgenden Überlegungen: Der Anleger stellt dem Unternehmen als (Teil-)Inhaber Eigenkapital zur Verfügung, anders als bei Fremdkapital ohne eine Laufzeitbegrenzung (abgesehen von äußerst seltenen Fällen wie z. B. spezifischen britischen Staatsanleihen, die eine unbegrenzte Laufzeit aufweisen). Als Gegenleistung erhält der Eigenkapitalgeber die ausgeschütteten Dividendenzahlungen als Ertrag (»Kupon«). Darüber hinaus profitiert er von einer Reinvestition der einbehaltenen Gewinne in das Unternehmen, die bei sinnvoller Anlage im Unternehmen eine Steigerung der Gewinne in der Zukunft bedeutet. Diese zukünftigen Gewinne auf das reinvestierte Kapital lassen sich mit der Erzielung eines Zinseszinseffekts vergleichen. Die Gewinnsteigerungen ermöglichen dem Unternehmen wiederum eine Erhöhung der Dividendenzahlungen, die für Anleger einer Erhöhung der Erträge und damit im Sinne Warren Buffetts einem »steigenden Kupon« entsprechen. Für Anleger bietet sich bei Berücksichtigung möglicher Kursveränderungen der Aktie langfristig zusätzliches Potenzial durch steigende Aktienkurse infolge steigender Unternehmensgewinne. Aufgrund der Volatilität der Aktienmärkte muss der Anleger jedoch auch bereit sein, stärkere zwischenzeitliche Schwankungen und damit einhergehend Kursverluste der Aktie zu übernehmen.

Die Betrachtung der Aktie als Eigenkapitalanleihe kann im aktuellen Niedrigzinsumfeld auch eine weitere Erklärung für den Einfluss der gesunkenen Kapitalmarktzinsen auf Aktien liefern. Ein erwarteter Zahlungsstrom aus stetigen Dividendenzahlungen eines Unternehmens (oder auch einbehaltenen Gewinnen sowie gegebenenfalls Aktienrückkäufen) wird im Vergleich zu dem mit dem Kapitalmarktzinsniveau sinkenden Zahlungsströmen aus Anleihen attraktiver. In Folge des gestiegenen Barwerts der Zahlungen (vergleiche Kapitel 1.1 unter »Barwertmethode – Der Wert von Zahlungen«) sind Investoren bereit, höhere Preise für Aktien zu bezahlen. Vereinfacht lässt sich also feststellen, dass sinkende Zinsen auch zu einer Kurssteigerung von Aktien als spezieller Form der Anleihe (Eigenkapitalanleihe) beitragen können.

Eine Barwert-Ermittlung des Unternehmens auf Basis einer DCF-Analyse kommt zum gleichen Ergebnis. Das gesunkene Kapitalmarktzinsniveau führt zu einem niedrigeren Diskontierungszinssatz, der wiederum zu einem höheren Gegenwartswert der zukünftigen Gewinne führt. In der Folge steigt der Unternehmenswert als Summe dieser zukünftigen Gewinne. Wenngleich viele Fondsmanager in ihren DCF-Analysen den starken Rückgang des allgemeinen Zinsniveaus nicht vollständig einbeziehen, sehen sie dennoch die Notwendigkeit, das Marktumfeld gesunkener Zinsen zu berücksichtigen. Im Ergebnis ermöglicht dies, höhere Bewertungen der Unternehmen rechtfertigen zu können.

Ein Anstieg der Aktienbewertung aufgrund gesunkener Zinsen lässt sich auch am bekannten Bewertungsmaßstab des KGV aufzeigen. Das KGV setzt wie oben dargestellt den Jahresgewinn des Unternehmens ins Verhältnis zum aktuellen Kursniveau. Damit gibt es vereinfacht gesprochen an, in wie vielen Jahren ein Anleger den aktuellen Kurswert der Aktie auf Basis des derzeitigen Unternehmensgewinns verdient hat. Umgekehrt kann der Kehrwert des KGV vereinfacht als Rendite des Aktienmarktes interpretiert werden. So ergibt sich beispielsweise bei einem KGV von 15 eine Rendite von etwa 6,7 Prozent. Diese Betrachtung der Rendite des Aktienmarktes veranschaulicht den möglichen Einfluss gesunkener Zinsen auf die Bewertung von Aktien. Ein allgemeines Absinken der Kapitalmarktrenditen führt dazu, dass Anleger bereit sind, auch niedrigere Renditen am Aktienmarkt hinzunehmen und Bewertungssteigerungen zu akzeptieren. Ein Absinken der modellhaft gerechneten Aktienmarktrendite von 6,7 Prozent auf lediglich 5 Prozent hätte eine Steigerung der Bewertung des Aktienmarktes auf ein KGV von 20 zur Folge, ein weiteres Absinken auf 4 Prozent ein KGV von 25. Diese Ausweitung der Bewertung bzw. des KGV wird auch als Multiple Expansion bezeichnet.

Im Laufe der Zeit ist das KGV zum Teil deutlichen Schwankungen unterworfen, die sich sowohl aus Veränderungen der Unternehmensgewinne als auch aus Schwankungen der Aktienkurse ergeben können. Der nachfolgende Chart stellt die Entwicklung des KGV gemessen am S&P-500-Index

seit Januar 1954 dar. Aufgrund dieser langfristigen Datenhistorie wird auf die Entwicklung der Bewertung des US-amerikanischen Aktienmarkts als Beispiel zurückgegriffen.

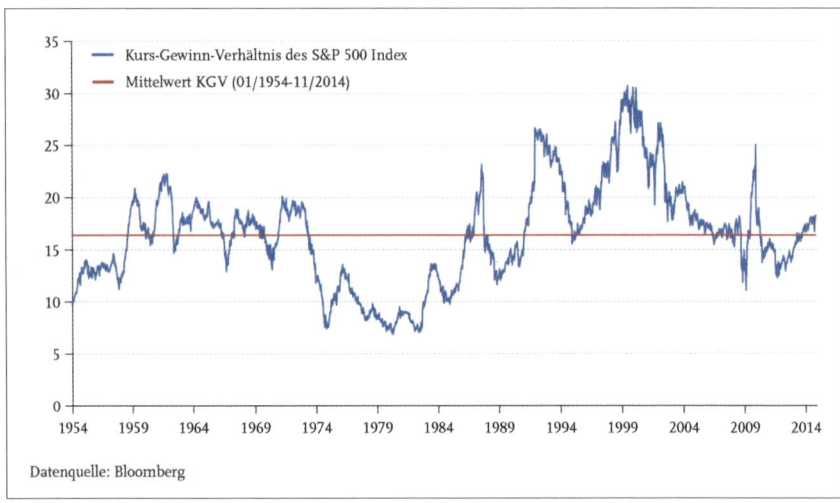

Entwicklung des Kurs-Gewinn-Verhältnisses in den USA von Januar 1954 bis November 2014

Das Bewertungsniveau des US-amerikanischen Aktienmarktes liegt gemessen am KGV von derzeit 18,3 leicht über dem langfristigen Durchschnitt von 16,4. In den letzten Jahren ist ein Anstieg des KGV erkennbar. Die höhere Bewertung kann auch darauf zurückgeführt werden, dass Anleger bereit sind, höhere Preise für die von Unternehmen erzielten Gewinne zu zahlen. Dieser Argumentation folgend lässt sich der Anstieg der Bewertungen durchaus als ein Resultat des Niedrigzinsumfelds interpretieren. Für Anleger stellt sich jedoch die Frage, welche Bewertungen sich in Anbetracht von Rekordtiefs bei den Zinsen und möglicher Zukunftsszenarien rechtfertigen lassen.

Die Wertsteigerungen des US-amerikanischen Aktienmarktes in der jüngeren Vergangenheit lassen sich zu einem großen Teil ebenfalls über die oben beschriebene Ausweitung des Bewertungsniveaus erklären. Die folgende Grafik veranschaulicht die Wertentwicklung des S&P-500-Perfor-

manceindex von Anfang 2012 bis zum 30. November 2014. In diesem Zeitraum konnte der US-amerikanische Aktienmarkt um 75,0 Prozent an Wert zulegen. Etwa 10,6 Prozent des Wertzuwachses resultieren aus Dividendenzahlungen der Unternehmen, gleichzeitig konnten die im Index enthaltenen Unternehmen ihre Gewinne je Aktie um etwa 15,8 Prozent steigern. Der Großteil des Wertzuwachses resultiert jedoch aus einer Ausweitung des Bewertungsniveaus (Multiple Expansion), das KGV stieg in diesem Zeitraum von 12,9 auf 18,3 und damit um 41,9 Prozent. Der gemeinsame Effekt aus Gewinnsteigerung und KGV-Ausweitung führte zu einem Wertanstieg von etwa 64,4 Prozent, was der Entwicklung des S&P-500-Kursindex entspricht.

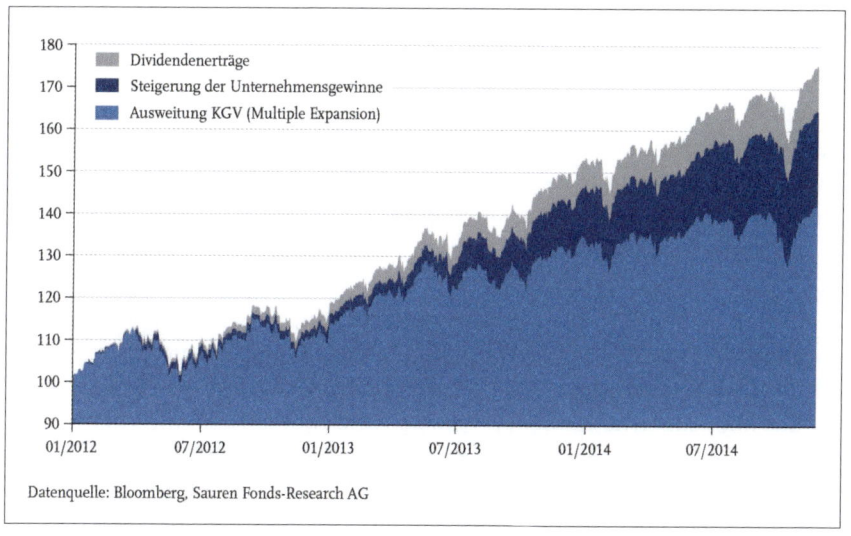

Wertentwicklung des S&P-500-Performanceindex nach Einflussfaktoren von Januar 2012 bis November 2014

Aktien als Sachwert

Eine Investition in Aktien wird im aktuellen Niedrigzinsumfeld und der damit einhergehenden Geldmengenausweitung häufig auch aus einem anderen Grund als Alternative zum Anleihenbereich angeführt: Aus Sorge vor einem zukünftigen Anstieg der Inflation. Bereits heute sehen sich Sparer und Anleger angesichts einer Inflationsrate oberhalb der erzielten Zinserträge einer schleichenden Enteignung gegenüber (siehe Kapitel 2 und 4).

Sparer und Anleiheninvestoren sehen sich als Gläubiger mit Anspruch auf Kuponzahlungen/Zinszahlungen sowie auf die Rückzahlung zum Nominalwert einem Wertverfall aufgrund der Inflation ausgesetzt. Wenngleich sie nominal noch eine Wertsteigerung ihres Kapitaleinsatzes erzielen, verlieren sie in einem solchen Szenario real an Kaufkraft (Nominalwertillusion). Aktien werden aufgrund ihres Charakters als Beteiligung an einem Unternehmen und damit an den Vermögenswerten des Unternehmens als Sachwertinvestition aufgefasst. Eine solche Sachwertinvestition schützt die Anleger vor der Inflation, weil der Wert der Sachwerte, wie beispielsweise der Produktionsstätten eines Industrieunternehmens, steigt. Gleichzeitig wird Unternehmen bei einem Anstieg des allgemeinen Preisniveaus die Möglichkeit zugeschrieben, die Preissteigerungen an die Kunden weitergeben zu können. Dies wiederum führt zu einer Steigerung der Unternehmensgewinne und damit zu einem Schutz der Anteilseigner vor Inflation.

Diese Argumente für den Inflationsschutz von Aktien mögen im ersten Moment nachvollziehbar erscheinen. Unterschiedliche Studien zeigen jedoch ein differenziertes Bild[99]. Unternehmen sind beispielsweise nicht immer oder nur mit zeitlicher Verzögerung in der Lage, die Inflation in Form von Preissteigerungen an Kunden weiterzugeben. Zugleich tragen sie mit Preissteigerungen gegebenenfalls zu einer weiter anziehenden Inflation bei. Darüber hinaus werden auch die Unternehmen selbst durch gestiegene Einkaufspreise oder Mehrkosten infolge von Lohnsteigerungen belastet. Ein unterschiedliches Ergebnis hinsichtlich des Inflationsschutzes von Aktien kann zudem auf der Berücksichtigung verschiedener Inflationsszenarien beruhen. In einem Umfeld einer stetigen, leicht erhöhten Inflation mögen Unternehmen besser in der Lage sein, die Inflation in Form von Preissteigerungen an die Kunden weiterzugeben. Bei schwankenden und in Einzeljahren stark ansteigenden Inflationsraten ist dies deutlich schwieriger. Eine dauerhaft stark ansteigende Inflation ist ebenfalls als negatives Umfeld anzusehen. In der Summe lässt sich feststellen, dass Aktien einen besseren Inflationsschutz versprechen als Anleihen. Die Wertentwicklung des Aktienmarktes weist jedoch eine negative Korrelation zur Inflation auf. Mit steigender Inflation sinkt in der Regel auch die durchschnittlich am Aktienmarkt erzielte Wertentwicklung und kann gegebenenfalls negativ werden.

Der folgende Chart zeigt die Entwicklung der Inflation sowie die US-Aktienmarktrenditen als Kehrwert des KGV. Es lässt sich erkennen, dass eine positive Korrelation zwischen der Inflation und den Aktienmarktrenditen besteht. Eine steigende Inflation führt in der Regel zu einem Anstieg der Aktienmarktrendite. Ein Ansteigen der Aktienmarktrendite als Kehrwert des KGV ist gleichbedeutend mit einem Rückgang des KGV. Umgekehrt bedeutet ein Absinken der Aktienmarktrenditen im Chartverlauf einen Anstieg des KGV.

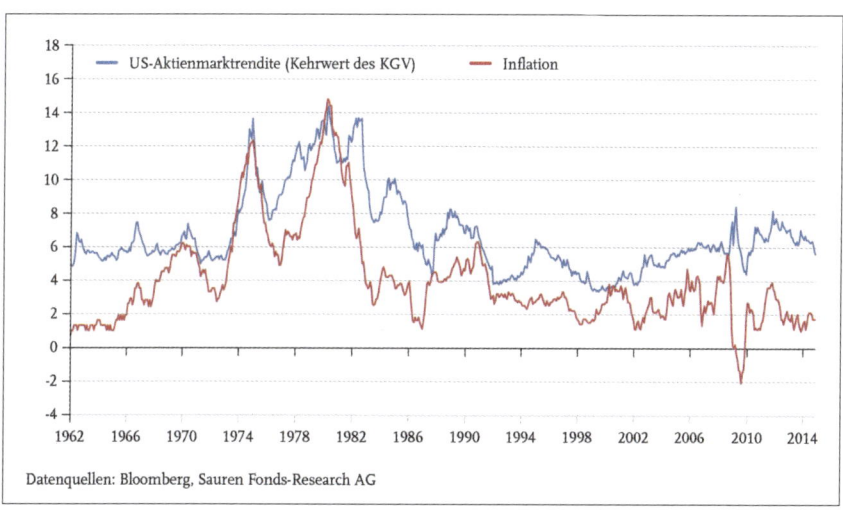

Inflation und US-Aktienmarktrenditen (Kehrwert des KGV) von Januar 1962 bis November 2014

Warren Buffett hat in einem Beitrag im Fortune-Magazin im Mai 1977 mit dem Titel »How inflation swindles the equity investor« seine Einschätzung zum Verhältnis von Aktien und Inflation basierend auf seiner Theorie der

Eigenkapitalanleihe dargelegt. Der Artikel verdient insbesondere vor dem historischen Hintergrund der Zins-, Inflations- und Aktienmarktentwicklung der 1970er-Jahre Beachtung. Während das Zinsniveau in den USA in den 1960er-Jahren eher leicht unter dem langfristigen Mittel lag, zogen insbesondere die Inflationsraten in den 1970er-Jahren an und führten in der Folge zu einer deutlichen Anhebung der kurzfristigen Zinsen durch Paul Volcker als damaligen FED-Chef (vergleiche Kapitel 1.2 unter »Historische Entwicklung von Zinssätzen«). Gleichzeitig musste der Aktienmarkt in den USA zwischenzeitlich deutliche Verluste hinnehmen und konnte sich insgesamt über einen Zeitraum von ca. 16 Jahren von Dezember 1965 bis Juli 1982 nur seitwärts entwickeln.

Die Erklärung Warren Buffetts in seinem Artikel baut auf seiner Betrachtung der Aktie als Eigenkapitalanleihe auf. Unternehmen weisen laut den Beobachtungen von Warren Buffett ein im Zeitablauf relativ konstantes Niveau der Rendite auf das eingesetzte Kapital auf. Im Durchschnitt der von ihm betrachteten Jahre lag das Niveau der Gewinnrendite der Unternehmen bei ca. 12 Prozent. Vereinfacht kommt Warren Buffet zu dem Ergebnis, dass eine Aktie als Eigenkapital-Anleihe mit einer Rendite von 12 Prozent bei stark steigender Inflation an Attraktivität verliert und die Erträge bei hoher Inflation ebenfalls getroffen werden. In einem Umfeld ansteigender Inflation steigen in der Regel auch die Zinsen. Die Zinsdifferenz zwischen Aktien mit fixem »Kupon« von 12 Prozent und den in der Rendite ansteigenden Anleihen schrumpft, die relative Attraktivität von Aktien im Vergleich zu Anleihen verringert sich. Insofern werden Marktteilnehmer nicht länger bereit sein, die auf Basis der zuvor niedrigen Zinsen erreichten Bewertungen der Aktien zu bezahlen; die Kurse der Aktien sinken. Das Beispiel zeigt, dass auch im Aktienbereich Risiken durch einen etwaigen Anstieg der derzeit niedrigen Kapitalmarktzinsen berücksichtigt werden müssen. Diese Risiken werden im Folgenden beleuchtet.

6.3 Risiken der Aktienanlage im Umfeld niedriger Zinsen

Der Aktienmarkt hält für den Anleger neben den langfristigen Anlagechancen auch vielfältige Risiken bereit. Der Fokus wird nachfolgend insbesondere auf mögliche Risiken durch einen Anstieg der Kapitalmarktzinsen gelegt. Ein Aktieninvestor sollte sich jedoch der grundsätzlich mit einer Anlage in Aktien einhergehenden Risiken bewusst sein (Risikotoleranz), die Schwankungen des Aktienmarktes auf sich nehmen können (Risikotragfähigkeit) und einen langfristigen Anlagehorizont mitbringen.

Auf Unternehmensebene führt ein Anstieg der Zinsen zu einer erhöhten Kostenbasis in der Zukunft. So können sich beispielsweise Kreditzinsen erhöhen oder es kann die Zahlung höherer Kupons bei Ausgabe neuer Anleihen des Unternehmens notwendig sein. Die erhöhten Kosten für Fremdkapital schmälern den Gewinn des Unternehmens und damit den Wert des Unternehmens. Bei einem starken Anstieg der Kapitalmarktzinsen ist es vorstellbar, dass Unternehmen mit schlechter Bonität beispielsweise keine neue Anleihe zur Refinanzierung einer auslaufenden Anleihe am Markt platzieren können. In einem solchen Fall kann es bei stark fremdfinanzierten Unternehmen zu einer Überschuldung und damit zu einem Ausfall des Unternehmens kommen. Der Aktionär als Eigenkapitalgeber eines Unternehmens haftet mit seinem Eigenkapital dann für die Schulden des Unternehmens. Innerhalb der Kapitalstruktur des Unternehmens nimmt das Eigenkapital den niedrigsten Rang ein und trägt die höchsten Ausfallrisiken (vgl. Kapitel 3: Unternehmensanleihen).

Ein etwaiger Anstieg des Kapitalmarktzinsniveaus kann zudem eine Neubewertung von Aktien durch die Anleger bewirken. Aktien werden von den Marktteilnehmern gegenüber Anleihen als risikoreicher angesehen. Mit sinkender »Zinsdifferenz« sinkt auch der Wille der Anleger, das höhere Risiko der Aktien in Kauf zu nehmen. Die Aktie verliert als Alternative zu Anleihen an Attraktivität, die Anleger sind nicht mehr bereit, höhere Preise für geringfügig höhere Unternehmensgewinne zu zahlen. Anleihen werden dagegen wieder attraktiver.

Die Betrachtung der Aktienbewertung anhand einer DCF-Analyse oder auf Basis des KGV zeigt die Wirkung eines steigenden Zinsniveaus. Der Barwert eines zukünftigen Zahlungsstroms sinkt, wenn ein höherer Zinssatz als Diskontierungsfaktor angesetzt wird. Insofern wird eine DCF-Analyse bei Zinssteigerungen einen niedrigeren Unternehmenswert in der Gegenwart ergeben, selbst wenn gleichbleibende Gewinne des Unternehmens erwartet werden. Eine vergleichbare Auswirkung eines ansteigenden Zinsniveaus auf den heutigen Unternehmenswert zeigt sich bei der KGV-Betrachtung. Ein KGV des Aktienmarktes von 25 impliziert eine Aktienrendite von 4 Prozent. Erhalten Anleger jedoch bereits durch Investition in die als risikoärmer wahrgenommenen Anleihen eine Rendite von 4 Prozent, werden sie eine Investition im Anleihenmarkt bevorzugen, sofern sie keine zukünftigen Gewinnsteigerungen der Unternehmen erwarten. Die Rendite am Aktienmarkt müsste folglich ansteigen, was unter der Annahme unveränderter Unternehmensgewinne nur durch einen Rückgang des KGV und damit auch der Aktienkurse ausgelöst werden kann.

Die nachfolgende Grafik zeigt die monatlichen Renditen 10-jähriger US-Staatsanleihen im Verhältnis zum jeweiligen KGV des US-Aktienmarktes gemessen am S&P-500-Kursindex vom 31. Januar 1962 bis zum 30. November 2014.

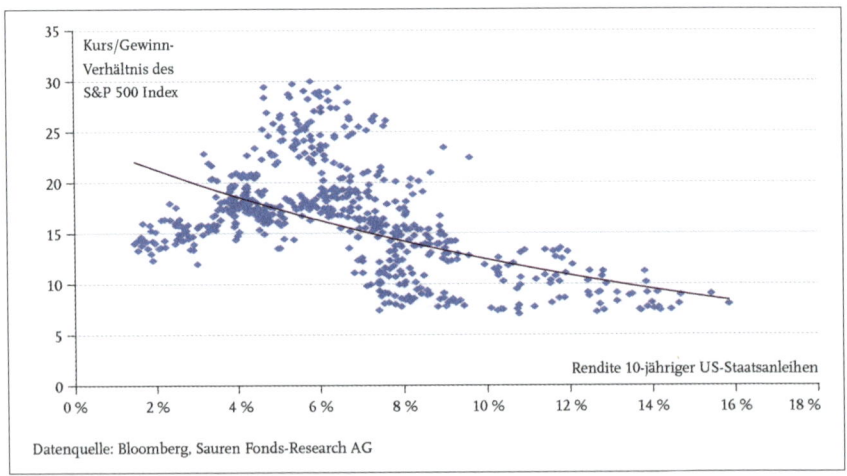

Verhältnis von Kapitalmarktzinsniveau zu Aktienmarktbewertung am jeweiligen Monatsultimo im Zeitraum vom 31. Januar 1962 bis 30. November 2014

Es lässt sich erkennen, dass ein grundsätzlicher Zusammenhang zwischen dem Kapitalmarktzinsniveau und dem Bewertungsniveau des Aktienmarktes besteht. Mit steigenden Kapitalmarktzinsen sinkt in der Regel das Bewertungsniveau des Aktienmarktes. Bei einer Rendite der 10-jährigen US-Staatsanleihen von etwa 4 Prozent lag das KGV des US-Aktienmarktes durchschnittlich in einem Bereich zwischen 17 und 18. Dagegen wurden bei einer zweistelligen Rendite eher deutlich niedrigere KGV-Werte im Bereich von 10 und weniger gemessen.

Der Aktienmarkt unterliegt ähnlich dem Anleihenmarkt einem Risiko durch ansteigende Zinsen. Die Betrachtung von Aktien als Eigenkapitalanleihen verdeutlicht dieses Bild. Ein unmittelbarer mathematischer Zusammenhang zwischen Aktienmarkt und Kapitalmarktzinsniveau ist jedoch nicht gegeben, ein Anstieg des Zinsniveaus muss somit keine sofortigen Folgen für den Aktienmarkt mit sich bringen, sondern kann sich beispielsweise erst zeitlich später wirken. Zudem können leichte Anstiege des Zinsniveaus gegebenenfalls vollständig ohne Auswirkung bleiben. Ob es kritische Schwellenwerte für negative Auswirkungen auf die Aktienseite gibt, wo diese liegen und in welchem zeitlichen Rahmen sich diese auswirken, lässt sich nicht prognostizieren. Negative Auswirkungen eines etwaigen Zinsanstiegs dürften trotzdem unstrittig sein. Ein Anleger im Aktienbereich sollte sich somit auch mit den Auswirkungen des aktuellen Niedrigzinsumfelds bzw. möglicher Zinssteigerungen auf seine Aktienanlagen auseinandersetzen.

6.4 Fazit

Aktien sind als Eigenkapitalanteil an einem Unternehmen nicht unmittelbar von der Zinsfalle betroffen. Bei genauer Betrachtung lässt sich aber ein positiver Einfluss niedriger Zinsen auf Unternehmen und ihre Bewertung feststellen. Außerdem werden Aktien im Niedrigzinsumfeld indirekt als Anlagealternative zu Anleihen beeinflusst. Das gestiegene Bewertungsniveau des Aktienmarktes insbesondere in den USA kann insofern auch durch eine Ausweitung der Bewertungsfaktoren, beispielsweise des KGV, erklärt werden, die durch niedrige Kapitalmarktzinsen verursacht wird.

Aktien rücken im derzeitigen Marktumfeld niedriger Zinsen verstärkt in den Fokus der Investoren. Ein zukünftiger Anstieg des allgemeinen Zinsniveaus kann jedoch auch negative Auswirkungen auf die Unternehmensgewinne und in der Konsequenz auf die Börsenbewertung der Unternehmen haben. Anleger sollten sich bei einer Investition am Aktienmarkt des Rendite-Risiko-Profils bewusst sein und die Gewichtung innerhalb ihres Gesamtportfolios unter Berücksichtigung ihrer Risikotoleranz sowie ihrer Risikotragfähigkeit bestimmen. Im Rahmen einer sinnvollen Gesamtstrategie sollten Aktien jedoch eine wichtige Rolle in einem langfristig ausgerichteten Portfolio spielen.

7. Lebensversicherungen in der Zinsfalle

Die privaten Lebens- und Rentenversicherungen stellen für viele Bundesbürger einen wichtigen Teil ihrer Altersvorsorge dar. Die Statistik der Deutschen Bundesbank beziffert die »Ansprüche privater Haushalte aus Rückstellungen bei Lebensversicherungen« auf 867 Milliarden Euro.[100] Das entspricht rund 17 Prozent des privaten Geldvermögens in Deutschland.

Nach der Statistik des Gesamtverbandes der Deutschen Versicherungswirtschaft (GDV) schlossen die Bundesbürger im Jahr 2013 insgesamt fast 2,3 Millionen Kapitallebens- und Rentenversicherungen ab (ohne Kollektivverträge)[101]. Davon sind ungefähr 760.000 Policen – also rund ein Drittel – fondsgebunden. Bei ihnen fließt der Sparanteil der Versicherungsbeiträge direkt in Fondsanteile. Die Höhe der späteren Leistungen für die Versicherten ist an die Wertentwicklung der Fonds gekoppelt. Das Zinstief hat auf diese Policen daher eine ähnliche Auswirkung wie auf die Fonds an sich. Je nachdem, ob diese in Staats- oder Unternehmensanleihen, Aktien oder Immobilien investieren, sind sie unterschiedlich stark von der Zinsfalle betroffen. Die Schlüsse der vorangegangenen Kapitel zu den unterschiedlichen Anlageklassen sind im Wesentlichen übertragbar. Allerdings können die Fondspolicen erhebliche Kosten verursachen, die zu einer entsprechend niedrigeren Wertentwicklung führen.

Bei den anderen, den »klassischen« Policen übernimmt das Versicherungsunternehmen die Anlage des Sparanteils, der nach Abzug der Kosten von den Beiträgen übrig bleibt. Diese Lebens- und Rentenversicherungen zeichnen sich durch einige Besonderheiten aus, die erhebliche Auswirkungen auf ihr Verhalten in einer Niedrigzinsphase und die Risiken einer Zinsfalle haben.

Die Versicherer legen die Sparanteile aus den Beiträgen ihrer Kunden gesammelt im Sicherungsvermögen an. Einen direkten Anspruch auf die Wertentwicklung der angelegten Gelder haben die Kunden anders als bei einer fondsgebundenen Police nicht. Die Unternehmen müssen jedoch den allergrößten Teil der erzielten Erträge wieder an ihre Kunden ausschütten. Dies erfolgt auf mehreren Wegen:

> Erstens über den Rechnungszins: Bereits bei Abschluss des Vertrages legt der Versicherer fest, wie er die Sparanteile der Kundeneinzahlungen mindestens verzinsen wird. Dieser Zinssatz gilt für die gesamte Laufzeit des Vertrages – also zum Beispiel auch für die Einzahlungen, die der Kunde erst in 25 Jahren leisten wird. Deshalb wird der Rechnungszins auch Garantiezins genannt. Er lag lange Zeit bei 3,5 Prozent oder sogar 4 Prozent p.a., ist durch die starke Talfahrt der Zinsen aber mittlerweile stark gesunken[102]. Seit Anfang 2015 dürfen die Versicherer bei neu abgeschlossenen Verträgen nur noch einen Rechnungszins von maximal 1,25 Prozent im Jahr ansetzen (Höchstrechnungszins)[103]. Die Sätze für vorher abgeschlossene Policen bleiben davon unberührt. Der Rechnungszins sollte nicht mit der garantierten Beitragsrendite einer Versicherung verwechselt werden, in die auch die Kosten der Police einfließen. Die garantierte Beitragsrendite ist daher stets niedriger als der Rechnungszins. Dies zeigen auch Erfahrungswerte von Partner in Life, einem Unternehmen, das bestehende Policen von Versicherten aufkauft. Bei Verträgen mit einer Versicherungssumme von mindestens 20.000 Euro liegt die garantierte Beitragsrendite je nach Zeitpunkt des Vertragsabschluss im Durchschnitt um 0,57 bis 0,94 Prozentpunkte niedriger als der jeweils ausgewiesene Rechnungszins. Noch größer ist der Unterschied bei kleinen Verträgen mit einer Versicherungssumme von weniger als 20.000 Euro: Je nach Zeitpunkt des Vertragsabschluss unterschreitet ihre garantierte Beitragsrendite den Rechnungszins im Durchschnitt um 0,84 bis 1,23 Prozentpunkte. Für Verträge, die ab Januar 2015 abgeschlossen werden, erwartet Partner in Life sogar eine garantierte Beitragsrendite von im Schnitt nur noch -0,20 Prozent bis 0,10 Prozent.[104] Die Zahlen sind allerdings nur Schätzwerte, weil die garantierte Beitragsrendite je nach Lebensversicherer, Tarif und Vertragstyp sehr unterschiedlich ausfallen kann.

Vertragsabschluss	Ausgewiesener Rechnungszins
Vor Juli 1986	3,00 Prozent
Juli 1986 bis Juni 1994	3,50 Prozent
Juli 1994 bis Juni 2000	4,00 Prozent
Juli 2000 bis Dezember 2003	3,25 Prozent
Januar 2004 bis Dezember 2006	2,75 Prozent
Januar 2007 bis Dezember 2011	2,25 Prozent
Januar 2012 bis Dezember 2014	1,75 Prozent
Ab Januar 2015	1,25 Prozent

Datenquelle: Gesamtverband der Deutschen Versicherungswirtschaft e.V. - »5 Fakten zum Höchstrechnungszins«
Entwicklung des Höchstrechnungszinses

> Zweitens über die laufende Überschussbeteiligung: In der Vergangenheit haben die Versicherer bei ihrer Kapitalanlage meistens deutlich höhere Renditen erwirtschaftet als den Rechnungszins. Sie beteiligen ihre Kunden bereits während der Laufzeit des Vertrages an diesen Überschüssen. Die erklärten Überschussbeteiligungen für die Vergangenheit und das laufende Jahr sind den einzelnen Verträgen endgültig zugeordnet. Sie erhöhen damit die garantierte Leistung. Die Versicherer können jedoch die Überschussbeteiligungen für die künftigen Jahre ändern und gegebenenfalls auch ganz streichen.

> Drittens über die Schlussüberschüsse: Einen Teil der Überschüsse schreiben die Versicherer den Kunden nicht sofort gut, sondern versprechen ihn erst für den Zeitraum unmittelbar vor dem Beginn der Auszahlungsphase. Diese Schlussüberschüsse sind zunächst nicht garantiert. Das Unternehmen kann sie unter bestimmten Umständen wieder streichen, sofern der Vertrag das für die endgültige Zuteilung dieser Schlussüberschüsse vorgesehene Alter noch nicht erreicht hat.

> Viertens über die Beteiligung an den Bewertungsreserven: Seit 2008 müssen die Lebensversicherer ihre Kunden bei Beendigung des Vertrages zur

Hälfte an den Bewertungsreserven beteiligen, die zu diesem Zeitpunkt im Sicherungsvermögen bestehen und rechnerisch auf den Vertrag entfallen. Mittlerweile hat die Politik die Beteiligung der Kunden an den Bewertungsreserven wieder eingeschränkt. Dies ist eine Folge der Niedrigzinsphase. Durch den starken Zinsverfall in den vergangenen Jahren stiegen börsennotierte Anleihen erheblich im Kurs – und damit auch die Bewertungsreserven. Die Versicherer sehen diese Anleihen jedoch in den meisten Fällen als dauerhaftes Investment an. Verbleiben die Zinstitel im Sicherungsvermögen, lösen sich ihre Bewertungsreserven bis zur Rückzahlung der Papiere automatisch wieder auf. Die Beteiligung der ausscheidenden Kunden an diesen scheinbaren Reserven zwang viele Versicherer in den vergangenen Jahren zu einem Verkauf lukrativer Zinspapiere, wodurch ihre finanzielle Stabilität für die verbleibenden Kunden geschwächt wurde. Das 2014 verabschiedete Lebensversicherungsreformgesetz (LVRG) sieht deshalb unter bestimmten Bedingungen Ausnahmen an der Beteiligung ausscheidender Kunden an den Bewertungsreserven festverzinslicher Anlagen vor[105].

Die Niedrigzinsphase betrifft die klassischen Lebens- und Rentenversicherungen auch in anderer Hinsicht. Jedes Jahr müssen die Versicherer diesen Policen den Rechnungszins gutschreiben. Sie brauchen daher Jahr für Jahr Kapitalerträge mindestens in Höhe des durchschnittlichen Garantiezinses ihrer Verträge. Andernfalls müssen sie auf die Reserven zurückgreifen, die sie in der Vergangenheit für Notzeiten aufgebaut haben. Deshalb dominieren in der Regel festverzinsliche Anlagen das Sicherungsvermögen. Ihre regelmäßigen Erträge helfen den Versicherern, die Verpflichtungen mit einer hohen Sicherheit zu erfüllen. Doch diese Anlagepolitik macht die klassischen Lebens- und Rentenversicherungen sehr anfällig für die Folgen einer Niedrigzinsphase.

7.1 Klassische Policen leiden unter dem Zinstief

Seit rund 15 Jahren sind die Auswirkungen des sinkenden Zinsniveaus auf die klassischen Lebens- und Rentenversicherungen nicht mehr zu übersehen. Im Jahr 2001 sank die Nettoverzinsung ihrer Kapitalanlagen im Branchenschnitt auf 6,1 Prozent p.a.[106] In der Dekade davor erreichten die Lebensversicherer Jahr für Jahr eine 7 vor dem Komma bei dieser Kennzahl. Sie berücksichtigt neben den laufenden Erträgen und Aufwendungen auch Gewinne und Verluste aus dem Verkauf von Kapitalanlagen sowie vorgenommene Abschreibungen auf Wertpapiere, deren Kurs unter den Einstiegspreis gefallen ist. Im Jahr 2002 rutschte die Nettoverzinsung sogar auf 4,7 Prozent. Seitdem schwankte sie zwischen 3,5 Prozent und 5,2 Prozent. Meistens stand eine 4 vor dem Komma.

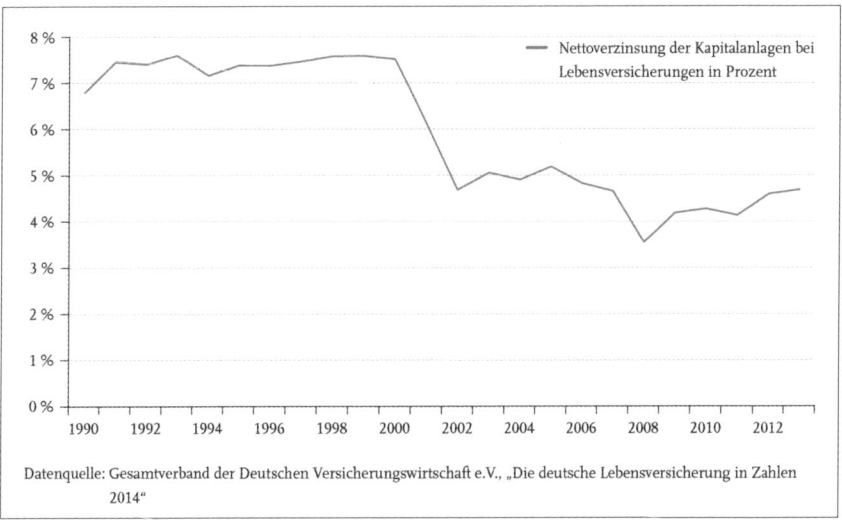

Nettoverzinsung der Kapitalanlagen bei Lebensversicherungen

Die Überschussbeteiligung sinkt seit Jahren

Die geringere Ertragskraft der Lebensversicherer wirkt sich auf die Höhe der laufenden Überschussbeteiligung aus. Diese folgte mit kurzer Zeitverzögerung der Nettoverzinsung: Lag sie 2001 – inklusive des Rechnungszinses – im Schnitt noch bei 7,1 Prozent, sank sie 2002 auf 6,2 Prozent, 2003 auf 4,9 Prozent und 2004 auf 4,5 Prozent. Nach einigen Jahren mit einer Seitwärtsbewegung rutschte sie 2012 mit 3,9 Prozent erstmals unter die 4-Prozent-Marke. 2014 betrug sie nur noch 3,5 Prozent.[107] Seit einigen Jahren erhalten deshalb Policen, die zwischen dem 1. Juli 1994 und dem

30. Juni 2000 abgeschlossen wurden und dadurch einen Garantiezins von 4,0 Prozent aufweisen, häufig eine höhere laufende Verzinsung als andere klassische Lebens- und Rentenversicherungen.[108]

Die niedrigere Überschussbeteiligung wirkt sich drastisch auf die prognostizierten Leistungen der Verträge aus. Sowohl die Kapitalauszahlungen der Lebensversicherungen als auch die Leistungen der Rentenpolicen werden aus heutiger Sicht deutlich niedriger ausfallen als die Versicherer dies bei Abschluss des Vertrages vor einigen Jahren oder Jahrzehnten in Aussicht gestellt haben. Die Höhe der Einbußen hängt von den individuellen Vertragsdaten ab. Eine Prognose der Leistungen auf Basis der aktuellen Überschussbeteiligung können Versicherte der letzten Standmitteilung ihres Vertrages entnehmen oder beim Versicherungsunternehmen anfordern. Allerdings ist auch diese Berechnung unverbindlich.

Vieles spricht dafür, dass die Überschussbeteiligung in einer anhaltenden Niedrigzinsphase weiter sinken wird, auch wenn sich die Nettoverzinsung in den vergangenen Jahren scheinbar verbessert hat: Sie stieg von 4,1 Prozent (2011) auf 4,6 Prozent (2012) und 4,7 Prozent (2013). Diese Entwicklung wurde aber durch einen Sondereffekt verursacht, wie der GDV in seiner Veröffentlichung »Die deutsche Lebensversicherung in Zahlen 2014« erläutert: Die Versicherer mussten verstärkt Anleihen mit einem hohen Kurs verkaufen, um ausscheidenden Kunden deren Beteiligung an den Bewertungsreserven auszahlen zu können. Dadurch wurden Kursgewinne realisiert, die sich bis zur Rückzahlung der Zinspapiere von selbst wieder aufgelöst hätten. Insofern täuscht der Anstieg der Nettoverzinsung eine Besserung nur vor. Die Analyse der Anlagepolitik deutscher Lebensversicherer im folgenden Abschnitt deutet vielmehr darauf hin, dass die klassischen Policen noch lange unter der Niedrigzinsphase leiden werden.

Die Lebensversicherer setzen auf Zinsanlagen

Mit ihrer Kapitalanlage müssen die deutschen Lebensversicherer jedes Jahr ein positives Ergebnis erzielen. Nur so können sie den jährlichen Rechnungszins der klassischen Verträge finanzieren. Stark schwankende Investments wie Aktien zählen deshalb nicht zu ihren Favoriten. Auf sie entfallen nur gut 3 Prozent der Kapitalanlagen. In dieser Zahl sind neben den direkten Investments auch die Aktienbestände aus den Fonds der Lebensversicherer enthalten. Nicht börsennotierte Unternehmensbeteiligungen kommen auf einen Anteil von gut 2 Prozent, Immobilien auf knapp 4 Prozent. Das Gros der Kapitalanlagen von insgesamt fast 800 Milliarden Euro steckt in festverzinslichen Papieren. Hypotheken, Namensschuldverschreibungen, Schuldscheinforderungen und andere Darlehen erreichen zusammen einen Anteil von fast 50 Prozent. Handelbare Zinstitel, wie Staats- und Unternehmensanleihen, sowie die entsprechenden Bestände aus Investmentfonds stehen für rund 40 Prozent der Kapitalanlagen (Stand jeweils: 31. Dezember 2013).[109]

Die Lebensversicherer profitieren seit vielen Jahren von der hohen Restlaufzeit ihrer festverzinslichen Anlagen. Diese liegt im Branchenschnitt bei rund 10 Jahren. Die Versicherungsunternehmen konnten so die vergleichsweise hohen Zinsen der 1990er-Jahre zu einem erheblichen Teil in die 2000er-Jahre hinüberretten. In den vergangenen 10 Jahren gab es ebenfalls Phasen mit – aus heutiger Sicht – attraktiven Renditen bei den Zinsanlagen. Einer Berechnung des GDV zufolge kam ein typischer Neuanlagekorb festverzinslicher Wertpapiere im Jahresdurchschnitt 2007 auf eine Rendite von gut 4 Prozent. 2008 waren es im Mittel sogar rund 4,5 Prozent.[110]

Die hohen Zinskupons der Vergangenheit und die langen Laufzeiten der gekauften Rentenpapiere sorgen immer noch für eine ansehnliche Durchschnittsverzinsung in den Portfolios der Lebensversicherer. Diese betrug im Jahr 2013 nach GDV-Angaben 4,0 Prozent.[111] Anders als bei der Nettoverzinsung fließen in die Durchschnittsverzinsung nur die laufenden Erträge und Aufwendungen ein. Außerordentliche Effekte, wie realisierte Kursgewinne und -verluste oder Abschreibungen auf Wertpapiere, bleiben unberücksichtigt. Einzige Ausnahme sind die Ausschüttungen von Spezialfonds der Lebensversicherer, in denen auch Kursgewinne enthalten sein können. Ansonsten ist die laufende Durchschnittsverzinsung eine Kennzahl, mit der sich die Ertragskraft eines festverzinslichen Portfolios gut abschätzen lässt, sofern es keine Zahlungsausfälle bei den Schuldnern gibt.

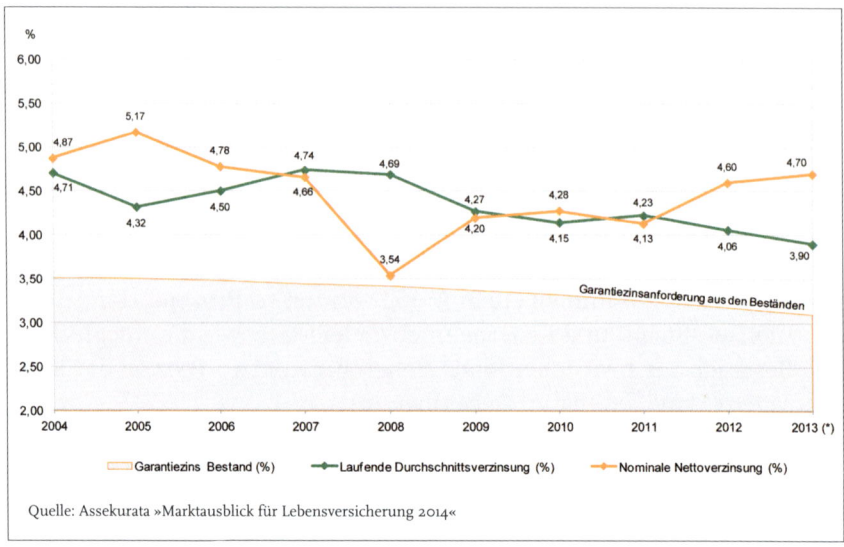

Quelle: Assekurata »Marktausblick für Lebensversicherung 2014«

Kapitalanlagerenditen und Zinsanforderung im Lebensversicherungsmarkt

Nach einer Auswertung des auf Versicherungsgesellschaften spezialisierten Analysehauses Assekurata[112] ist die laufende Durchschnittsverzinsung bei den untersuchten Lebensversicherern in den vergangenen Jahren bereits deutlich zurückgegangen: Sie fiel von 4,71 Prozent im Jahr 2004 auf 4,06 Prozent im Jahr 2013 (die ursprüngliche Schätzung von 3,90 Prozent wurde später auf 4,06 Prozent korrigiert)[113]. Deutlich ist im Verlauf der Kurve zu erkennen, wie die guten Zinsjahre 2007 und 2008 – und eingeschränkt auch 2006 – die Durchschnittsverzinsung wieder ansteigen ließen, nachdem diese zuvor gefallen war. Ein solcher Effekt wird in den nächsten Jahren durch die Niedrigzinsphase fehlen.

Zu erwarten ist ein weiteres Absinken der laufenden Durchschnittsverzinsung. Die gut verzinsten Papiere aus den 1990er- und 2000er-Jahren laufen allmählich aus und eine Wiederanlage ist nur zu deutlich niedrigeren Sätzen möglich. Bereits 2013 war es für die Versicherungsunternehmen schwierig, bei neu erworbenen Zinspapieren noch eine 3 vor dem Komma zu erreichen. Im Mai 2014 schätzte Assekurata die durchschnittliche Einstandsrendite der Lebensversicherer im Rentenbereich auf 2,5 bis

3,0 Prozent[114]. Diese Bandbreite war zum damaligen Zeitpunkt durchaus realistisch: Die Münchener Rückversicherung, zu der auch der Lebensversicherer Ergo gehört, legte im Zeitraum von April bis Juni 2014 beispielsweise zu durchschnittlich 2,7 Prozent neu in festverzinsliche Wertpapieren an. Dieser Wert war allerdings schnell überholt. Durch den starken Zinsrutsch kam die Münchener Rück im 3. Quartal 2014 nur noch auf eine Neuanlagerendite von 2,2 Prozent.[115]

Den Versicherten droht eine Zinsfalle

Die Versicherten mussten durch die Niedrigzinsphase bereits erhebliche Leistungseinbußen bei ihren Lebens- und Rentenpolicen hinnehmen. Dabei hat sich die Zinsfalle bei ihnen noch nicht einmal voll ausgewirkt. Die langen Laufzeiten der festverzinslichen Anlagen in den Portfolios der Lebensversicherer dämpften die Effekte des aktuellen Renditetiefs bisher stark ab. Das ändert sich jetzt: Mehr und mehr niedrig verzinste Anlagen ersetzen die alten Papiere mit einem hohen Kupon. Im Branchenschnitt haben die neuen Titel ebenfalls lange Laufzeiten. Sie werden dadurch die laufende Durchschnittsverzinsung mindestens ein Jahrzehnt lang nach unten ziehen. Das bringt zwei negative Effekte mit sich: Erstens geht die Ertragskraft der Lebensversicherer weiter zurück – und dadurch auch die Überschussbeteiligung der Kunden. Zweitens wird das Zinstief in den Portfolios der Lebensversicherungen viel länger anhalten als am Kapitalmarkt. Selbst wenn Anleihen und Bankeinlagen bereits wieder deutlich höhere Renditen aufweisen, wird bei den Policen von dieser Zinswende noch kaum etwas zu sehen sein.

Die Versicherten sollten sich deshalb auf ein zeitlich verschobenes Renditetief bei ihren Policen einstellen. Sie müssen sich aber auch mit einem anderen Aspekt der Zinsfalle auseinandersetzen: Kann ihr Versicherer in einer langen Niedrigzinsphase überhaupt all seine Verpflichtungen erfüllen? Der durchschnittliche Garantiezins aller klassischen Lebens- und Rentenversicherungen in Deutschland betrug 2013 immerhin 3,1 Prozent.[116] Weil ältere Policen mit einem hohen Rechnungszins auslaufen und neu abgeschlossene Verträge mit einem niedrigeren Rechnungszins hinzukommen, sinkt dieser Wert von Jahr zu Jahr leicht. 2014 dürfte er bei rund 3,0 Prozent gelegen haben. Die laufende Durchschnittsverzinsung in den Portfolios der Lebensversicherer – 2013 rund 4 Prozent – reicht im Branchenschnitt also noch gut aus, um die Verpflichtungen zu erfüllen. Der durchschnittliche Neuanlagezins liegt allerdings derzeit bei weniger als 3 Prozent. Dadurch wird es in den nächsten Jahren enger werden.

Welche Versicherer besonders hohe Garantiezinsen erwirtschaften müssen

Wie stark ein Versicherungsunternehmen von den früheren Tarifgenerationen mit einem hohen Rechnungszins betroffen ist, zeigt der Anteil dieser Tarifgenerationen an der gesamten konventionellen Deckungsrückstellung des Versicherers. Die Tabelle ist nach der Höhe des aufsummierten Anteils der Tarifgenerationen mit mehr als 3,00 % Rechnungszins sortiert (absteigend).

Versicherungsunternehmen	Anteil an der Deckungsrückstellung für den Rechungszins von								
	4,00 %	3,50 %	3,25 %	2,75 %	2,25 %	1,75 %	0,00 %	anderer Satz	Summe für > 3,00 %
Heidelberger Leben	51,50 %	0,70 %	26,90 %	18,10 %	2,60 %	0,20 %	0,00 %	0,00 %	79,10 %
Stuttgarter Leben	14,32 %	54,41 %	10,15 %	6,06 %	9,44 %	5,39 %	0,00 %	0,23 %	78,88 %
HDI Leben	37,90 %	23,20 %	16,80 %	9,90 %	6,90 %	0,80 %	0,20 %	4,30 %	77,90 %
Barmenia Leben	24,40 %	38,80 %	12,90 %	10,80 %	11,40 %	1,70 %	0,00 %	0,00 %	76,10 %
Familienfürsorge Leben	31,37 %	33,29 %	10,63 %	7,89 %	6,11 %	0,89 %	0,00 %	9,81 %	75,29 %
AXA Leben	37,06 %	22,91 %	14,96 %	5,98 %	5,79 %	3,17 %	0,00 %	10,13 %	74,93 %
Debeka Leben	20,37 %	41,02 %	13,41 %	13,54 %	9,55 %	1,89 %	0,00 %	0,22 %	74,80 %
Concordia Leben	24,40 %	35,55 %	13,86 %	12,38 %	9,18 %	1,46 %	0,00 %	3,17 %	73,81 %
Hannoversche Leben	40,00 %	25,00 %	8,00 %	5,00 %	9,00 %	3,00 %	0,00 %	10,00 %	73,00 %
Mecklenburgische Leben	23,40 %	37,30 %	11,20 %	12,30 %	12,50 %	3,30 %	0,00 %	0,00 %	71,90 %
Deutsche Ärzteversicherung	26,29 %	18,20 %	25,79 %	10,93 %	8,65 %	1,94 %	0,00 %	8,20 %	70,28 %
Iduna Leben	29,39 %	30,99 %	9,16 %	6,72 %	8,03 %	2,27 %	0,00 %	13,44 %	69,54 %
LVM Leben	32,86 %	21,29 %	14,31 %	11,09 %	12,99 %	2,62 %	0,00 %	4,84 %	68,46 %
HUK-Coburg Leben	35,57 %	21,51 %	10,85 %	14,55 %	6,59 %	1,20 %	0,00 %	9,73 %	67,93 %
Inter Leben	33,28 %	20,11 %	14,33 %	9,66 %	8,47 %	1,07 %	0,02 %	13,06 %	67,72 %
Basler Leben	16,23 %	39,66 %	11,68 %	7,89 %	7,12 %	0,43 %	0,00 %	16,99 %	67,57 %
Württembergische Leben	21,01 %	33,66 %	11,70 %	10,33 %	9,51 %	4,01 %	0,00 %	0,00 %	66,37 %
Swiss Life	38,89 %	12,01 %	14,69 %	14,50 %	10,59 %	2,39 %	0,22 %	6,70 %	65,59 %
Alte Leipziger Leben	20,19 %	16,79 %	28,16 %	11,97 %	10,95 %	2,70 %	0,30 %	8,94 %	65,14 %
InterRisk Leben	12,00 %	45,00 %	8,00 %	15,00 %	11,00 %	8,00 %	0,00 %	1,00 %	65,00 %
Süddeutsche Leben	22,42 %	23,39 %	18,14 %	16,52 %	16,41 %	3,12 %	0,00 %	0,00 %	63,95 %
Itzehoer Leben	27,85 %	17,37 %	18,39 %	19,92 %	15,00 %	1,41 %	0,00 %	0,06 %	63,61 %

Klassische Policen leiden unter dem Zinstief

	4,00 %	3,50 %	3,25 %	2,75 %	2,25 %	1,75 %	0,00 %	anderer Satz	Summe für > 3,00 %
Gothaer Leben	28,30 %	17,30 %	17,60 %	13,00 %	12,70 %	3,60 %	0,00 %	7,50 %	63,20 %
Aachen Münchener Leben	22,33 %	23,43 %	16,77 %	10,68 %	11,72 %	5,46 %	0,00 %	9,61 %	62,53 %
HanseMerkur Leben	6,58 %	45,83 %	8,94 %	8,79 %	18,12 %	11,74 %	0,00 %	0,00 %	61,35 %
Asstel Leben	12,80 %	16,20 %	32,20 %	24,40 %	5,30 %	0,90 %	0,00 %	8,20 %	61,20 %
WGV Leben	30,52 %	18,11 %	12,46 %	29,45 %	7,90 %	1,56 %	0,00 %	0,00 %	61,09 %
Credit Leben (ehem. Ontos)	32,80 %	25,88 %	2,28 %	11,51 %	13,44 %	0,85 %	0,00 %	13,24 %	60,96 %
Continentale Leben	28,09 %	24,20 %	8,24 %	11,85 %	8,00 %	1,97 %	0,08 %	17,57 %	60,53 %
Lebensversicherung v. 1871	26,80 %	10,90 %	20,10 %	20,00 %	10,10 %	4,10 %	2,90 %	5,10 %	57,80 %
DEVK Allgemeine Leben	17,75 %	26,87 %	12,97 %	13,98 %	17,40 %	5,70 %	0,00 %	5,33 %	57,59 %
DEVK Eisenbahn Leben	18,89 %	24,94 %	13,17 %	12,27 %	12,12 %	2,96 %	0,00 %	15,65 %	57,00 %
SV Lebensversicherung	26,08 %	14,41 %	15,83 %	13,01 %	14,74 %	5,11 %	0,00 %	10,82 %	56,32 %
Ergo Leben	14,90 %	25,41 %	15,66 %	10,37 %	13,82 %	2,46 %	0,00 %	17,38 %	55,97 %
Ergo Direkt Leben	24,89 %	15,68 %	14,40 %	13,85 %	10,41 %	1,69 %	19,08 %	0,00 %	54,97 %
Allianz Leben	19,69 %	19,25 %	15,29 %	12,66 %	15,96 %	4,62 %	3,64 %	8,89 %	54,23 %
Bayern-Versicherung Leben	15,95 %	22,05 %	15,42 %	11,88 %	16,71 %	10,38 %	0,00 %	7,61 %	53,42 %
Europa Leben	21,56 %	15,46 %	15,96 %	28,41 %	10,72 %	2,30 %	0,00 %	5,59 %	52,98 %
Provinzial Rheinland Leben	20,23 %	14,44 %	17,00 %	16,17 %	17,25 %	5,11 %	0,00 %	9,80 %	51,67 %
Neue Leben	28,21 %	6,47 %	16,71 %	19,08 %	18,72 %	9,07 %	0,00 %	1,74 %	51,39 %
Öffentliche Leben Braunschweig	23,64 %	14,56 %	13,03 %	10,91 %	18,99 %	12,92 %	0,00 %	5,96 %	51,23 %
Volkswohl-Bund Leben	27,84 %	9,26 %	13,44 %	21,74 %	22,84 %	3,36 %	0,00 %	1,52 %	50,54 %
Karlsruher Leben	3,02 %	14,93 %	32,53 %	27,82 %	12,70 %	5,67 %	0,00 %	3,33 %	50,48 %
Nürnberger Leben	18,10 %	22,64 %	9,18 %	12,14 %	10,75 %	3,64 %	0,00 %	23,55 %	49,92 %
PB Leben	21,18 %	3,24 %	21,96 %	19,87 %	23,72 %	10,03 %	0,00 %	0,00 %	46,38 %
Ideal Leben	5,29 %	34,22 %	6,18 %	18,50 %	18,61 %	3,99 %	0,00 %	13,21 %	45,69 %
ÖSA Leben	18,70 %	3,80 %	20,30 %	16,30 %	30,10 %	10,00 %	0,00 %	0,80 %	42,80 %
Öffentl. Leben Berlin-Brandenburg	14,11 %	10,45 %	16,13 %	14,24 %	26,20 %	6,06 %	0,00 %	12,81 %	40,69 %
Sparkassen Vers. Leben Sachsen	18,00 %	2,60 %	18,60 %	20,80 %	30,40 %	9,60 %	0,00 %	0,00 %	39,20 %
Oeco Capital Leben	9,92 %	8,51 %	20,33 %	29,25 %	26,57 %	4,04 %	0,00 %	1,38 %	38,76 %
Cosmos Leben	18,43 %	7,91 %	11,93 %	20,13 %	11,91 %	17,86 %	0,00 %	11,82 %	38,27 %
Delta Direkt Leben	0,40 %	26,00 %	6,20 %	48,30 %	18,90 %	0,20 %	0,00 %	0,00 %	32,60 %
myLife Leben	19,10 %	4,90 %	4,20 %	6,80 %	41,10 %	23,90 %	0,00 %	0,00 %	28,20 %
Neue Bayerische Beamten Leben	1,93 %	21,17 %	1,82 %	22,23 %	31,85 %	12,37 %	0,00 %	8,63 %	24,92 %
Targo Leben	5,83 %	3,42 %	11,61 %	17,95 %	30,29 %	30,45 %	0,00 %	0,45 %	20,86 %
Nürnberger Beamten Leben	3,02 %	5,60 %	1,87 %	15,79 %	64,23 %	9,37 %	0,00 %	0,12 %	10,49 %
VHV Leben	0,00 %	0,00 %	0,00 %	36,00 %	58,00 %	6,00 %	0,00 %	0,00 %	0,00 %

Quelle: Assekurata-Studie zur Überschussbeteiligung 2014

Garantieversprechen im Bestand der Lebensversicherungen

Manche Gesellschaften haben außerdem viele Verträge mit einem höheren Rechnungszins in ihrem Bestand. Die Tabelle zeigt den Anteil der Verträge mit einem bestimmten Rechnungszins (»Tarifgeneration«) an den Deckungsrückstellungen verschiedener Lebensversicherer. Sie basiert auf einer Auswertung von Assekurata.[117] Mit 57 Unternehmen enthält die Tabelle die Mehrzahl der Lebensversicherungsgesellschaften in Deutschland. Sie ist nach dem aufsummierten Anteil der Tarifgenerationen mit mehr als 3 Prozent Garantiezins sortiert. Bei diesen Verträgen wirkt sich die Zinsfalle bereits eklatant aus.

Ein Beispiel dafür: Ein 35-jähriger Mann hat am 1. Januar 2000 eine Kapitallebensversicherung abgeschlossen. Diese läuft bis zu seinem 65. Geburtstag. Der Versicherer kalkulierte die Police mit dem damals gültigen Höchstrechnungszins von 4 Prozent auf den Sparanteil des Versicherungsbeitrags. Langlaufende Anleihen mit einer erstklassigen Bonität bringen jedoch inzwischen zu wenig Ertrag, um diesen Rechnungszins zu erwirtschaften.

Für den Versicherten ist diese Police im aktuellen Kapitalmarktumfeld dagegen vergleichsweise attraktiv. Er wird sie daher weiter besparen, sofern er das Geld dafür hat. Sollte er beim Abschluss eine Beitragsdynamik vereinbart haben, wird er diese vermutlich wahrnehmen, um die gute Verzinsung des Vertrages zu nutzen. Bei einer jährlichen Dynamik von 5 Prozent hat sich der Beitrag allein bis heute ungefähr verdoppelt, zum Beispiel von 100 Euro auf rund 200 Euro im Monat. Bis zum letzten Jahr der Laufzeit kann sich sogar eine Vervierfachung auf rund 400 Euro im Monat ergeben. Dieser lawinenartige Effekt zeigt die Brisanz einer solchen Beitragsdynamik für Lebensversicherer in einem Niedrigzinsumfeld.

Dennoch lässt sich allein aus dem Anteil der Verträge mit einem hohen Rechnungszins im Bestand eines Lebensversicherers nicht ohne weiteres ableiten, ob dieses Unternehmen besonders gefährdet ist. Es kommt zum Beispiel auch auf die laufende Durchschnittsverzinsung und Restlaufzeit der festverzinslichen Papiere an, die vorhandenen Reserven, die Anlagepolitik und die Dynamik des Neugeschäftes. Auch die verbleibende Laufzeit des Vertrages bis zum Leistungsbeginn und die Frage, ob es sich um eine Lebens- oder Rentenpolice handelt, spielen eine Rolle. Bei der Lebensversicherung endet der Vertrag mit der Auszahlung der Kapitalleistung. Bei der Rentenversicherung müssen die Unternehmen den Rechnungszins auch noch in der Leistungsphase erwirtschaften – im Schnitt also gut zwei Jahrzehnte länger.

> **Abwicklungsplattform für alte Policen**
> Die Versicherungsgesellschaft mit dem größten Anteil hoch verzinster Verträge in der Tabelle, Heidelberger Leben, hat zum 1. Juli 2014 das Neugeschäft eingestellt.[118] Das 1991 als MLP Lebensversicherung gegründete Unternehmen wird nur noch die vorhandenen Verträge abwickeln. Diesen Service will sie auch für andere Versicherungsgesellschaften übernehmen, die keine Zukunft mehr für ihr Geschäft sehen. Einen ersten Kunden hat sie bereits: die auf fondsgebundene Policen spezialisierte Skandia Lebensversicherung Deutschland.[119]

7.2 Die Ausfallsrisiken klassischer Policen

Bisher gab es in der Bundesrepublik nur wenige Schieflagen von Lebensversicherern. In den Jahren 2002 und 2003 – am Ende der langen Aktien-Baisse – war die Bundesanstalt für Finanzdienstleistungsaufsicht (BaFin) bei 14 Unternehmen mit der finanziellen Situation unzufrieden.[120] Die meisten von ihnen konnten die Probleme intern lösen – zum Beispiel durch Kapitalspritzen der Eigentümer. Bei drei Gesellschaften war jedoch Hilfe von außen erforderlich: Die VHV Vereinigte Haftpflichtversicherung übernahm die Hannoversche Leben, die HUK-Coburg die Familienfürsorge. Bei der Mannheimer Leben kam zum ersten Mal Protektor zum Einsatz. Die Auffanggesellschaft der Branche führte alle Verträge ohne eine Kürzung der garantierten Leistungen fort. Allerdings fielen zunächst keine Überschüsse aus Kapitalerträgen an. Die später gewährte Überschussbeteiligung wurde inzwischen aufgrund der Niedrigzinsphase wieder eingestellt.[121]

Hohe Stabilität in den vergangenen Krisen

Die klassischen Policen haben eine beeindruckende Stabilität angesichts des schwierigen Umfeldes zur Jahrtausendwende gezeigt. In der 2. Hälfte der 1990er-Jahre hatten die Lebensversicherer ihre Aktienquoten massiv ausgebaut. Diese erreichten im Branchendurchschnitt 2-stellige Prozentzahlen.[122] Von März 2000 an fielen die Aktienkurse 3 Jahre lang: der Deutsche Aktienindex (DAX) zum Beispiel von rund 8.000 auf ungefähr 2.200 Punkte. Er verlor also rund 70 Prozent seines Wertes. Gemessen an diesem massiven Verlust sind drei Schieflagen von Lebensversicherern vergleichsweise wenig.

Die globale Finanzkrise in den Jahren 2008 und 2009 überstanden die Lebensversicherer ebenfalls gut. Externe Hilfe benötigte damals nur die Kirchliche Pensionskasse Verka[123], die in der betrieblichen Altersversorgung tätig ist. Dabei waren auch in dieser Krise die Aktienkurse massiv eingebrochen. Der DAX fiel beispielsweise um rund 55 Prozent von gut 8.000 auf ungefähr 3.600 Punkte. Die Lebensversicherer hatten ihre Aktienquoten damals jedoch schon deutlich abgebaut. 2007 kamen sie im Branchenschnitt nur noch auf 8,5 Prozent.[124]

Beim Stresstest der BaFin im Jahr 2014 schnitten die 88 Lebensversicherer ebenfalls gut ab: Kein Unternehmen fiel durch. Dagegen verfehlten 11 der 131 Pensionskassen und 7 der 180 Schaden- und Unfallversicherer das Klassenziel.[125]

Die klassischen Policen haben die Kapitalmarktkrisen der vergangenen Jahrzehnte und auch den aktuellen Stresstest der BaFin gut überstanden. Grund für eine Entwarnung gibt es dennoch nicht. Die Erfahrungen aus Japan zeigen, dass eine ausgedehnte Niedrigzinsphase den Lebensversicherern mehr zusetzen kann als das Platzen einer Aktien- und Immobilienblase.

Neue Herausforderungen in der Niedrigzinsphase

Anfang der 1990er-Jahre platzte in Japan eine große Aktien- und Immobilienblase. Die japanische Notenbank senkte in der Folge die Zinsen und

Die Ausfallsrisiken klassischer Policen

läutete damit eine ausgedehnte Niedrigzinsphase ein, die bis heute anhält. Während die Lebensversicherer den Einbruch bei den Immobilienpreisen und Aktienkursen überstanden, setzten ihnen die niedrigen Zinsen erheblich zu. 1997 brach das erste Versicherungsunternehmen zusammen, 1999 das zweite, 2000 folgten dann fünf weitere.[126]

Für die deutschen Lebensversicherer könnte eine lange Niedrigzinsphase ebenfalls gefährlicher werden als die beiden starken Einbrüche an den Aktienmärkten in den vergangenen 15 Jahren. Einen Hinweis darauf gibt die Solvabilitätsquote. Diese Kennzahl misst die Fähigkeit eines Versicherers, seine Verpflichtungen zu erfüllen. Die Solvabilitätsquote muss mindestens 100 Prozent betragen. Zugleich zeigt die Kennzahl an, wie viel Anlagerisiko ein Versicherer eingehen kann: Je höher ihr Wert ist, desto chancenreicher kann er investieren. Im Branchenschnitt ist die Solvabilitätsquote in den vergangenen Jahren deutlich gefallen: von etwas mehr als 200 Prozent in den Jahren 2006 und 2007 über 188 Prozent Ende 2009 auf knapp über 150 Prozent im Jahr 2013.[127] Die Niedrigzinsphase hat bei ihr also schon deutliche Spuren hinterlassen.

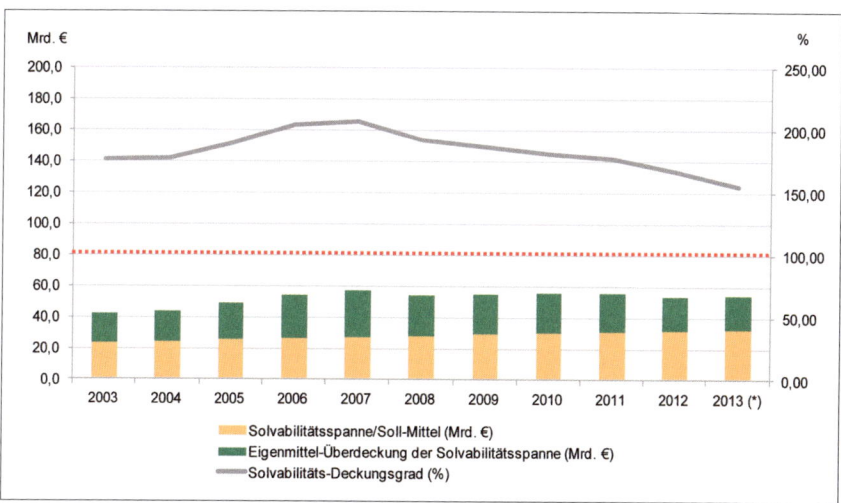

Solvabilitätsausstattung im deutschen Lebensversicherungsmarkt
Quelle: Assekurata »Marktausblick Lebensversicherungen 2014«

Das allgemeine Renditeniveau ist außerdem schon so weit gesunken, dass die Lebensversicherer Zinszusatzreserven aufbauen müssen, um auch künftig ihre Verpflichtungen aus den alten Verträgen mit einem höheren Garantiezins erfüllen zu können[128]. Die jährlichen Zuführungen zu dieser Reserve sind erheblich: Sie stiegen von 1,5 Milliarden Euro (2011) über 5 Milliarden Euro (2012) auf 7 Milliarden Euro (2013). Für das Jahr 2014 rechnet Assekurata mit einem Aufwand von 8 bis 10 Milliarden Euro. Damit wird die Zinszusatzreserve insgesamt ein Volumen von 22 bis 23 Milliarden Euro erreicht haben. Zum Vergleich: Das Eigenkapital der Lebensversicherer beträgt insgesamt ungefähr 13 Milliarden Euro.[129]

Der Aufbau der Zinszusatzreserve stellt für viele Unternehmen einen großen Kraftakt dar. Das Geld fließt in die Deckungsrückstellung und fehlt den Gesellschaften daher für die Stärkung der Eigenmittel. Diese ist jedoch häufig dringend erforderlich, weil die neuen Regulierungsvorschriften für die Versicherungsbranche ab dem Jahr 2016 – Solvency II genannt – eine stärkere Unterlegung vieler Anlagen mit Eigenkapital vorsehen. Nur Staatsanleihen etablierter Länder sind davon ausgenommen. Ist ein Lebensversicherer durch die hohen Zinszusatzreserven nicht in der Lage, die eigenen Mittel ausreichend zu stärken, verwehrt ihm das in einigen Jahren möglicherweise eine chancenorientierte Anlagepolitik.

Die neue Regulierung wird unabhängig davon in den nächsten Jahren zu einer Herausforderung für die Lebensversicherer werden. Nach einer Erhebung der BaFin aus dem Jahr 2014 [130]erfüllt jedes 4. Unternehmen noch nicht die künftigen Anforderungen an die Eigenmittel unter Solvency II. Die Finanzaufsicht schätzt, dass den Lebensversicherern ungefähr 15 Milliarden Euro Eigenmittel fehlten. Da die neuen Kapitalvorschriften schrittweise über einen Zeitraum von 16 Jahren eingeführt werden, hat diese Lücke für die meisten deutschen Lebensversicherer noch keine Konsequenzen. Für einige Unternehmen reichen aber selbst die Übergangsvorschriften nicht aus. Die BaFin kündigte an, mit diesen Gesellschaften umgehend die nötigen Schritte zu erörtern. Entwarnung gibt es aber auch für die anderen Unternehmen nicht. »Dauert die Niedrigzinsphase weiter an, müssen die Lebensversicherer in der 16-jährigen Übergangsphase erhebliche Anstrengungen unternehmen, um ihre Kapitalbasis zu stärken«, mahnt Felix Hufeld, Exekutivdirektor der Versicherungsaufsicht.

Die Bundesbank sieht große Risiken für die Lebensversicherer

»Im Lebensversicherungssektor haben sich infolge des lang anhaltenden Niedrigzinsumfelds hohe Risiken aufgebaut«, stellt die Deutsche Bundesbank in ihrem Monatsbericht Juli 2014[131] fest. »Den Unternehmen fällt es zunehmend schwer, eine hinreichende Rendite auf ihre Kapitalanlagen zu erzielen, um die in der Vergangenheit garantierten Leistungen erfüllen zu können.« Eine ausgedehnte Niedrigzinsphase könnte sogar dazu führen, dass zahlreiche Lebensversicherer in eine Schieflage geraten, so das Ergebnis einer Analyse der Bundesbank über die Auswirkungen von drei verschiedenen Niedrigzins-Szenarien auf die finanzielle Stabilität der deutschen Lebensversicherer. Sie nahm diese Analyse erstmalig Mitte 2013 vor.[132]

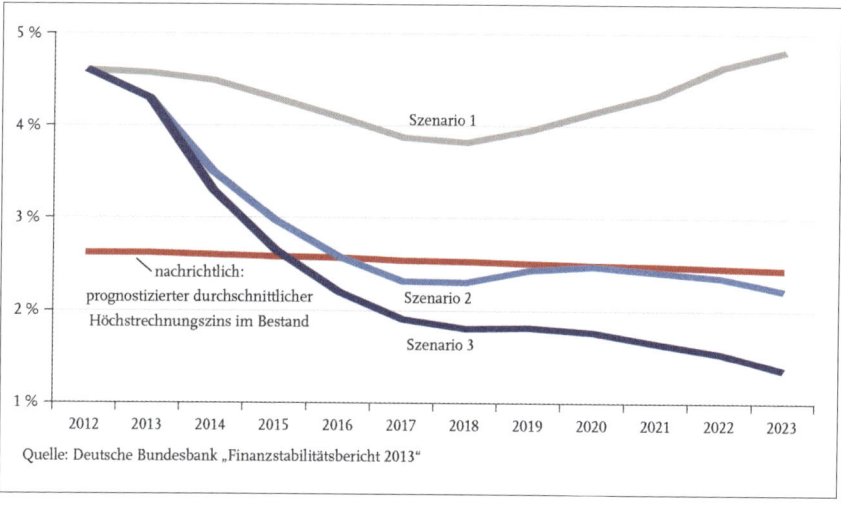

Prognostizierte Nettoverzinsung der Kapitalanlagen

Grundlage für die Entwicklung der Szenarien ist die Rendite deutscher Bundesanleihen mit einer Restlaufzeit von 6 Jahren. Diese weise den höchsten Erklärungsgehalt für den Verlauf der Nettoverzinsung auf, so die Bundesbank. Zusätzlich berücksichtigt sie bei der Simulation der künftigen Nettoverzinsung einen Renditezuschlag, den die Lebensversicherer zum Beispiel durch die Anlage in höher verzinsten Papieren erzielen.

> Im **Szenario 1** (»**Basisszenario**«) errechnet die Bundesbank die künftige Nettoverzinsung aus den Terminzinssätzen für die 6-jährige Bundesanleihe und dem Renditezuschlag. Die unternehmensindividuelle Überrendite schmilzt dabei langsam auf ihren historischen Mittelwert ab und wird mit diesem bis zum Jahr 2023 fortgeschrieben.

> Im **Szenario 2** (»**mildes Stressszenario**«) verwendet die Bundesbank ab Mitte 2013 eine Rendite von 0,75 Prozent. Diese steigt nicht wie die Terminzinssätze aus Szenario 1 in den Folgejahren an, sondern bleibt wie in der japanischen Niedrigzinsphase auf demselben Niveau. Hinzu kommt wieder der Renditezuschlag. Die unternehmensindividuelle Überrendite schmilzt dabei langsam auf ihren historischen Mittelwert ab und wird mit diesem bis zum Jahr 2023 fortgeschrieben.

> Im **Szenario 3** (»**verschärftes Stressszenario**«) schmilzt die Überrendite schneller ab als im Szenario 2. Sie wird zudem nicht mehr mit ihrem historischen Mittelwert, sondern nur noch mit ihrem historischen Minimum fortgeschrieben. Dies soll eine Verschärfung der Niedrigzinsphase im gesamten Kapitalmarkt simulieren, bei der etwa auch die Renditen von Unternehmensanleihen stark sinken.

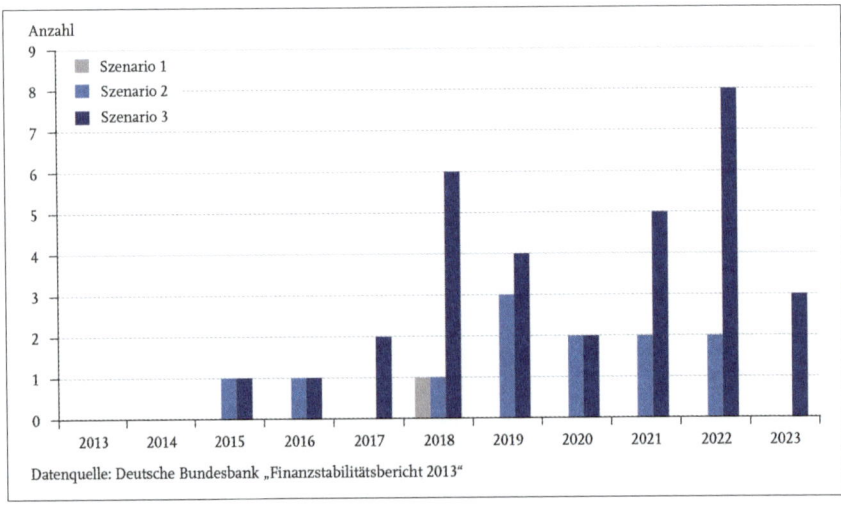

Lebensversicherer mit einer Bedeckungsquote unter 100 Prozent

Die Auswirkung dieser Niedrigzins-Szenarien auf die Lebensversicherer misst die Bundesbank anhand der schon erwähnten Solvabilitätsquote, die sie »Bedeckungsquote« nennt. Diese muss mindestens 100 Prozent betragen. Im Szenario 1, das bei der künftigen Zinsentwicklung den Markterwartungen von Mitte 2013 folgt, sinkt sie nur bei einem Unternehmen unter 100 Prozent. Im Szenario 2 mit einer ausgedehnten Niedrigzinsphase wie in Japan ist dies bis zum Jahr 2023 bereits bei 12 Unternehmen der Fall. Wenn die Zinsfalle voll zum Tragen kommen sollte, wie in Szenario 3 unterstellt, werden sogar 32 der untersuchten 85 Lebensversicherer mit einem gemeinsamen Marktanteil von rund 43 Prozent die aktuellen gesetzlichen Anforderungen nicht mehr erfüllen.

Ab dem Jahr 2016 gelten neue Vorschriften für die Solvabilität, Solvency II genannt. Diese fallen strenger aus und zeigen Probleme früher auf. »Unter Solvency II wären somit tendenziell schlechtere Ergebnisse zu erwarten«, schreibt die Bundesbank.[133]

Noch dramatischer fallen die Zahlen aus, wenn zwei Annahmen der Simulationsrechnung variiert werden.[134] Die Bundesbank ging bei ihrer Berechnung davon aus, dass die Lebensversicherer alle Überschüsse den Reserven für Beitragsrückerstattung (RfB) zuführen. Von dort aus werden sie an die Versicherten verteilt. Zweitens unterstellte sie, dass keine Ausschüttungen an die Anteilseigner stattfinden. Beide Annahmen sind unrealistisch. Geht man umgekehrt davon aus, dass die Unternehmen den RfB nur das gesetzlich vorgeschriebene Minimum der Überschüsse zuführen und zugleich maximale Ausschüttungen an ihre Anteilseigner vornehmen, verschlechtern sich die Ergebnisse deutlich. In diesem Fall unterschreiten im Basisszenario 3 Lebensversicherer bis zum Jahr 2023 die Solvabilitätsquote von 100 Prozent. Im milden Stressszenario steigt die Zahl dramatisch von 12 auf 36 Unternehmen an. Im verschärften Stressszenario trifft es sogar 56 statt 32 Lebensversicherer und damit fast 80 Prozent des Marktes der privaten Lebens- und Rentenversicherungen.

Diese Ergebnisse haben dazu beigetragen, dass 2014 das Lebensversicherungsreformgesetz (LVRG) verabschiedet wurde. Es schränkt unter bestimmten Bedingungen die Beteiligung ausscheidender Kunden an den Bewertungsreserven ein. Wenn diese Regelung greift, verhindert das LVRG ebenfalls Ausschüttungen an die Anteilseigner. Beides erhöht die Stabilität der Lebensversicherer, wie eine aktualisierte Berechnung der Bundesbank zeigt[135]: Im Szenario 3, der verschärften Niedrigzinsphase, rutschen nun 13 statt 32 Unternehmen bis zum Jahr 2023 unter eine Solvabilitätsquote von 100 Prozent. Der davon betroffene Marktanteil sinkt von 43 auf 17 Prozent. Im Szenario 2 scheitern 3 statt 12 Lebensversicherer an der gesetzlichen Vorgabe zur Solvabilität. Für das Basisszenario bleibt es beim Ausfall einer Gesellschaft.

Trotz dieser deutlichen Verbesserung bleibt damit die Gefahr bestehen, dass einige Lebensversicherer durch die Niedrigzinsphase in eine Schieflage geraten und ihre Verpflichtungen gegenüber den Kunden nicht mehr erfüllen können. Die Bundesbank schlägt in ihrem Finanzstabilitätsbericht 2014 deshalb eine weitere Maßnahme zur Stärkung der Lebensversicherer vor: »Eine Senkung der Überschussbeteiligung auf null könnte die Eigenmittel der Lebensversicherer bis Ende 2017 um zusätzliche 28,4 Milliarden Euro erhöhen.«[136] Eine weitere Verringerung der Überschussbeteiligung würde die Risikotragfähigkeit in einem Niedrigzinsumfeld deshalb »signifikant erhöhen«. Zugleich reduziert dies aber auch die Attraktivität der Policen mit einem niedrigen Garantiezins. Deshalb senkt die Branche die Überschussbeteiligung bislang nur in kleinen Schritten weiter ab.

Die Folgen einer Schieflage für die Versicherten

Die Bundesanstalt für Finanzdienstleistungsaufsicht (BaFin) wird weiterhin versuchen, Pleiten von Lebensversicherern in Deutschland zu vermeiden. Sie führt deshalb regelmäßig Tests zur finanziellen Leistungsfähigkeit der Unternehmen durch. Sollte sich dabei herausstellen, dass ein Lebensversicherer in eine Schieflage zu geraten droht, wird die BaFin einschreiten und versuchen, möglichst frühzeitig gegenzusteuern. Sie kann zum Beispiel auf eine Änderung der Anlagepolitik drängen oder auf Kapitalspritzen der Eigentümer. Reichen die internen Anstrengungen nicht aus, um die Schieflage abzuwenden, wird die BaFin vermutlich wie in der Vergangenheit prüfen, ob es andere Gesellschaften gibt, die diesen Lebensversicherer übernehmen wollen. Angesichts des schwierigen Marktumfeldes sind die Chancen dafür heute allerdings geringer als früher. Die BaFin kann aber auch direkt eine Sanierung des Unternehmens vornehmen. Der § 89 des Versicherungsaufsichtsgesetzes (VAG)[137] räumt ihr dafür umfangreiche Eingriffsrechte ein. Hier die wichtigsten Auszüge der Bestimmungen:

> »Ergibt sich bei der Prüfung der Geschäftsführung und der Vermögenslage eines Unternehmens, dass dieses für die Dauer nicht mehr imstande ist, seine Verpflichtungen zu erfüllen, die Vermeidung des Insolvenzverfahrens aber zum Besten der Versicherten geboten erscheint, so kann die Aufsichtsbehörde das hierzu Erforderliche anordnen«.

> »Alle Arten Zahlungen, besonders Versicherungsleistungen, Gewinnverteilungen und bei Lebensversicherungen der Rückkauf oder die Beleihung des Versicherungsscheins sowie Vorauszahlungen darauf, können zeitweilig verboten werden.«

> »(...) kann die Aufsichtsbehörde, wenn nötig, die Verpflichtungen eines Lebensversicherungsunternehmens aus seinen Versicherungen dem Vermögensstand entsprechend herabsetzen.«

> »Dabei kann die Aufsichtsbehörde ungleichmäßig verfahren, wenn es besondere Umstände rechtfertigen, namentlich wenn bei mehreren Gruppen von Versicherungen die Notlage des Unternehmens mehr in einer als in einer anderen begründet ist.«

> »Die Pflicht der Versicherungsnehmer, die Versicherungsentgelte in der bisherigen Höhe weiterzuzahlen, wird durch die Herabsetzung nicht berührt.«

Versicherte müssen also im schlimmsten Fall damit rechnen, dass

> ihre Police illiquide wird, sie also zeitweilig nicht mehr an das Geld kommen,
> die garantierten Leistungen herabgesetzt werden,
> sie aber dennoch die Versicherungsbeiträge in gleicher Höhe weiterzahlen müssen.

Die Aufsichtsbehörde könnte dabei die garantierten Leistungen aus den Verträgen mit einem hohen Rechnungszins besonders stark herabsetzen.

Bevor es zu einem solchen Eingreifen nach § 89 VAG kommt, wird die BaFin vermutlich die Übertragung der Verträge auf den Sicherungsfonds für die Lebensversicherer bei der Protektor Lebensversicherungs-AG prüfen. Diese Möglichkeit besteht, wenn die betroffene Gesellschaft Mitglied des Sicherungsfonds ist. Ihm gehören alle Unternehmen an, die in der Bundesrepublik Deutschland das Lebensversicherungsgeschäft betreiben. Ausnahmen bestehen nur für Niederlassungen von Unternehmen, die ihren Sitz in einem anderen Land der Europäischen Union (EU) oder des Europäischen Wirtschaftsraumes (EWR) haben. Deutsche Pensionskassen können dem Sicherungsfonds freiwillig beitreten.

Der Sicherungsfonds verfügt aktuell über ein Vermögen von rund 800 Millionen Euro. Erfordert die Sanierung einen höheren Betrag, kann der Fonds von seinen Mitgliedern Sonderbeiträge erheben, die sich ebenfalls auf rund 800 Millionen Euro summieren können. »Reichen auch diese Mittel nicht zur Sanierung aus, setzt die BaFin die Verpflichtungen aus den Verträgen um bis zu 5 Prozent der vertraglich garantierten Leistungen herab«, erläutert der Sicherungsfonds auf seiner Internetseite.[138] Genügt dies immer noch nicht, haben sich die Mitglieder des Sicherungsfonds auf freiwilliger Basis verpflichtet, ihre Finanzmittel auf bis zu 8,1 Milliarden Euro zu erhöhen (inklusive der bereits aufgebrachten Beträge). Dies erfolgt aber schrittweise, um die jährlichen Belastungen der Mitglieder zu begrenzen. Die genannten Grenzen sind jeweils an die versicherungstechnischen Netto-Rückstellungen gekoppelt, die genauen Werte können sich also im Laufe der Jahre erhöhen oder verringern.

Damit dürften die Mittel des Sicherungsfonds ausreichen, um ein kleineres oder mittleres Unternehmen aufzufangen, das beispielsweise eine verfehlte Anlagepolitik verfolgt hat. Geraten durch eine ausgedehnte Niedrigzinsphase jedoch viele Lebensversicherer in eine Notlage, dürfte das den Sicherungsfonds überfordern.

7.3 Die Gegenmaßnahmen der Lebensversicherer

Wenn die Zinsfalle bei den klassischen Lebens- und Rentenpolicen erst einmal voll zugeschlagen hat, wird es zu spät sein, um einen Ausweg zu suchen. Das ist auch den Lebensversicherern bewusst. Sie versuchen deshalb, auf verschiedene Art und Weise gegenzusteuern. Dadurch ergeben sich zum Teil neue Probleme.

Neue Tarife

Einige Lebensversicherer bieten inzwischen auch Tarife ohne einen jährlichen Rechnungszins an. Diese beinhalten stattdessen oft eine Garantie auf den Erhalt der Beiträge zum anvisierten Zieltermin, also dem Datum der Kapitalleistung oder dem Beginn der Rentenzahlung. Die Unternehmen erhalten so mehr Flexibilität bei der Kapitalanlage. Sie müssen nicht mehr jedes Jahr darauf achten, ob die erzielten Erträge für den Rechnungszins ausreichen. Dadurch können sie Anlagen mit langfristig hohen Renditeaussichten wie Aktien stärker berücksichtigen. Deren kurzfristige Wertschwankungen fallen bei den neuen Tarifen weniger ins Gewicht. Den Kunden stellen die Lebensversicherer bei diesen Policen eine höhere Überschussbeteiligung in Aussicht.[139]

Durch die Absenkung des Höchstrechnungszinses auf 1,25 Prozent ab Januar 2015 werden kürzer laufende klassische Lebensversicherungen ohnehin oft nicht mehr als den Erhalt der gezahlten Beiträge garantieren können. Der Rechnungszins gilt nur für den Sparanteil, der sich aus dem Abzug der oft erheblichen Kosten vom Versicherungsbeitrag ergibt. Er muss also zunächst die Kosten der Police ausgleichen. Bei einer kürzeren Laufzeit wird das teilweise erst zum anvisierten Zieltermin gelingen.

Bei einer längeren Ansparphase kann sich das Fehlen des Rechnungszinses jedoch deutlich auswirken. Ebenso bei Rentenpolicen: Bei ihnen erhöht er häufig die garantierten Leistungen im Ruhestand. Dazu kommt: Eine Beitragsgarantie über mehrere Jahrzehnte wird durch die Inflation real stark entwertet. Sie ist deshalb kein starker Anreiz für den Abschluss einer Lebens- oder Rentenversicherung. Ob sich die neuen Policen durchsetzen werden, ist daher offen.

Änderung der Anlagepolitik

Die meisten Lebensversicherer haben auf die Niedrigzinsphase durch eine Änderung ihrer Anlagepolitik reagiert.[140] Sie

- verlängern die Laufzeit der festverzinslichen Papiere,
- bauen die Immobilienfinanzierung aus,
- diversifizieren die Schuldner (bisher vor allem Staaten und Banken),
- berücksichtigen mehr Anleihen von Unternehmen, die außerhalb des Finanzsektors tätig sind,
- investieren zum Teil auch in (Hartwährungs-)Anleihen von Schwellenländern und
- wenden sich neuen Anlageklassen zu, zum Beispiel erstrangig besicherten Unternehmensdarlehen (Senior Secured Loans), Investitionen in Infrastruktur, Erneuerbare Energien, Flugzeuge, Landwirtschaft oder Waldflächen.

Ihnen kommt dabei zugute, dass die Banken sich aufgrund ihrer neuen Regulierung (Basel III) zunehmend aus langfristigen Finanzierungen zurückziehen müssen. Dies eröffnet den Versicherern neue Anlagefelder und Chancen. Ein Beispiel dafür ist die Finanzierung eines Immobilienkaufes der Stadt Wiesbaden durch die R+V Versicherung im Jahr 2011 mit einer Laufzeit von 20 Jahren und einen Zinssatz von 4,25 Prozent.[141]

Viele der Änderungen in der Anlagepolitik sind sinnvoll. Sie reichen aber möglicherweise nicht aus. Zum Beispiel ist der Anteil der Unternehmensanleihen an den Kapitalanlagen bis Mitte 2014 auf rund 7 Prozent gestiegen. Hochwertige Unternehmensanleihen aus dem Euroraum bieten mittlerweile aber oft nicht mehr genügend Rendite, um den durchschnittlichen Garantiezins der Lebensversicherer zu erwirtschaften. Papiere mit einer schlechteren Bonität, deren Anteil in den vergangenen Jahren ebenfalls zugenommen hat, können eine Alternative sein, erfordern aber eine gute Kreditanalyse und damit ein ausgeprägtes Know-how bei der Auswahl der Emittenten. Gleiches gilt für die erstrangig besicherten Unternehmensdarlehen (Senior Secured Loans).[142] Zudem ist die Quote für Hochzinsanleihen auf maximal 5 Prozent der Kapitalanlagen begrenzt.

Unter den neuen Anlageklassen werden Investitionen in die Infrastruktur häufig als eine vielversprechende Möglichkeit für die Lebensversicherer genannt: Sie weisen oft eine lange Laufzeit auf und bieten in der Regel eine höhere Rendite als die meisten Staatsanleihen. Im Gegenzug bringen sie aber auch neuartige Risiken für die Versicherer mit sich. Der Allianz etwa drohen hohe Verluste bei einer Gaspipeline in Norwegen, an der sie eine Beteiligung für 1,3 Milliarden Euro erworben hat. Eine vom norwegischen Energieministerium geplante Absenkung der Durchleitungsgebühren könnte eine Wertminderung von 500 Millionen Euro verursachen.[143] Infrastrukturanlagen sind zudem in den meisten Fällen kaum liquide. Auf Liquidität zumindest in einem Teil ihrer Anlagen sind Lebensversicherer aber angewiesen, weil ihre Kunden die meisten privaten Lebens- und Rentenversicherungen jederzeit kündigen und die Auszahlung des Rückkaufswertes verlangen können. Sollte es nach der Niedrigzinsphase zu einem raschen Zinsanstieg kommen, könnte eine größere Stornowelle zur neuen Herausforderung für die Unternehmen werden.

Das Risiko einer Kündigungswelle

Durch die langen Laufzeiten der festverzinslichen Anlagen werden die klassischen Lebens- und Rentenversicherungen erst mit einer langen Verzögerung von einem Anstieg der Zinsen profitieren. Ziehen die Renditen nach der Niedrigzinsphase jedoch schnell und stark an, könnten die Policen gegenüber anderen Anlageformen massiv an Attraktivität verlieren. Sollten etwa Bankeinlagen und Anleihen wieder Zinsen um die 4 Prozent bieten, dürften viele Versicherte über eine Kündigung ihrer Policen nachdenken, die nach einer langen Niedrigzinsphase vermutlich nur eine laufende Verzinsung von 2 oder 3 Prozent auf den Sparanteil bringen. Bezogen auf den gesamten Versicherungsbeitrag wäre die Rendite sogar noch niedriger. Für Versicherte, die ihre Police in erster Linie als Kapitalanlage sehen, wäre eine Kündigung dann sinnvoll.

Entscheiden sich viele Versicherte für einen solchen Schritt, müssen die Unternehmen einen bedeutenden Teil ihrer Kapitalanlagen veräußern. Das ist jedoch nur eingeschränkt möglich, weil im Branchenschnitt aktuell fast die Hälfte des Geldes in Darlehen investiert ist, die nicht kurzfristig zurückgefordert werden können. Nicht börsennotierte Unternehmensbeteiligungen und Immobilienanlagen sind ebenfalls schwer in liquide Mittel zu verwandeln.

Für die Rückzahlung an die Kunden bleiben kurzfristig also nur die Bestände an Fondsanteilen, Anleihen und Aktien. Sie machen im Branchenschnitt derzeit ungefähr 45 Prozent der Kapitalanlagen aus. Allerdings werden sich auch diese Anlagen mit einem Volumen von rund 350 Milliarden Euro unter Zeitdruck nicht veräußern lassen, ohne die Kurse zu beeinflussen. Die börsennotierten Anleihen würden außerdem durch den Zinsanstieg schon vorher an Wert verlieren. Die Deutsche Bundesbank hat in ihrem Finanzstabilitätsbericht 2014 ausgerechnet, wie stark die Zinsen maximal anziehen dürfen, bevor die Lebensversicherungsbranche als Ganzes ihre Verpflichtungen möglicherweise nicht mehr erfüllen könnte. Bei einer Bewertung zu Marktpreisen verfügten die Unternehmen Ende 2013 in ihrer Kapitalanlage über Reserven von rund 15 Prozent. »Bei einem abrupten Anstieg des Zinsniveaus um 2,1 Prozentpunkte wäre dieser Puffer (...) aufgebraucht«, schreibt die Bundesbank. Die Rede ist dabei aber vom Durchschnittswert für die gesamte Branche. Die einzelnen Lebensversicherer verfügen über unterschiedlich hohe Reserven. Bei manchen Gesellschaften kann eine Kündigungswelle daher schon bei einem geringeren Zinsanstieg die Stabilität des Unternehmens gefährden.

Neben einem Zinsanstieg können auch Ausfälle bei den Anlagen die Reserven verringern. »Im Falle einer Korrektur an den Finanzmärkten könnten sich für Versicherer aus ihrer gestiegenen Risikobereitschaft Belastungen ergeben«, betont die Bundesbank. »Dies trifft insbesondere für das Segment der Unternehmensanleihen zu.«[144] Gerade im Anlagesegment der Hochzinsanleihen ist ein Zahlungsausfall kein ungewöhnliches Ereignis, weil diese von finanziell schwächer aufgestellten Unternehmen ausgegeben werden (siehe Kapitel 3).

Altersversorgung in der Niedrigzinsphase
Die Ansprüche der privaten Haushalte aus Rückstellungen bei Alterssicherungssystemen summieren sich auf 722 Milliarden Euro.[145] Sie erreichen damit fast den Wert der privaten Lebens- und Rentenversicherungen von 867 Milliarden Euro (siehe Kapitelanfang). Insgesamt entfallen rund 15 Prozent des Geldvermögens der Bundesbürger auf diese Ansprüche gegenüber berufsständischen Versorgungswerken, Zusatzversorgungskassen, Pensionskassen, Pensionsfonds oder Unternehmen, die Zusagen über Betriebsrenten erteilt haben.
Die Altersversorgungseinrichtungen leiden ebenfalls unter der Niedrigzinsphase, unterscheiden sich aber in zwei wichtigen Punkten von den privaten Policen. Zum einen ist bei ihnen das Ausfallrisiko niedriger: teils, weil sie die Leistungen flexibler anpassen können – teils, weil sich die Leistungen ohnehin nach den eingezahlten Beiträgen und den erzielten Kapitalerträgen richten. Zum anderen besteht bei ihnen kein Stornorisiko: Auszahlungen gibt es erst im Ruhestand oder beim Eintreten des Versicherungsfalls. Das gibt mehr Spielraum bei der Kapitalanlage und ermöglicht stärkere Investitionen in illiquide oder schwankungsintensive Anlagen mit einer höheren Renditeerwartung – wie Infrastrukturprojekte, Aktien oder Schwellenländeranleihen. Die Zinsfalle wirkt sich bei diesen Formen der Altersvorsorge daher nicht so stark aus wie bei den privaten Lebens- und Rentenversicherungen. In den meisten Fällen wird es aber auch bei ihnen eine Anpassung der Leistungen im Vergleich zu früheren Prognosen geben. Diese kann schmerzhaft sein, denn zum Teil kalkulierten die Versorgungseinrichtungen mit weitaus höheren Kapitalerträgen als in einer Niedrigzinsphase möglich sind.

7.4 Fazit

Die klassischen Kapitallebens- und Rentenversicherungen sind durch die Niedrigzinsphase stark betroffen: Die Lebensversicherer investieren zu rund 90 Prozent in verzinsliche Anlagen. Die Kapitalerträge gingen daher in den vergangenen 15 Jahren deutlich zurück – ebenso die Überschussbeteiligungen für die Versicherten.

Dabei ist die Zinsfalle bei den Policen noch nicht einmal voll zum Tragen gekommen. Die lange Laufzeit der festverzinslichen Anlagen – im Branchenschnitt rund 10 Jahre – dämpfte bisher die Auswirkungen des Renditetiefs. Das wird sich ändern: Mehr und mehr hochprozentige Anlagen laufen aus, die Versicherer können das Geld nur zu deutlich niedrigeren Zinssätzen reinvestieren. Durch die lange Laufzeit werden diese Anlagen die Verzinsung der Policen mindestens ein Jahrzehnt lang nach unten ziehen. Die Folgen: Erstens wird das Renditetief künftig stärker auf die Verzinsung der Policen durchschlagen. Zweitens wird die Niedrigzinsphase bei den Policen viel länger andauern als etwa bei Anleihen und Bankeinlagen.

Die Niedrigzinsphase erhöht zudem die Ausfallrisiken der klassischen Lebens- und Rentenversicherungen. Bei ihnen müssen die Versicherer Jahr für Jahr einen garantierten Rechnungszins erwirtschaften. Sie legen ihn bei Abschluss des Vertrages für die gesamte Laufzeit fest – bei einer Rentenpolice im Extremfall also für 50, 60 oder sogar 70 Jahre. Dieser Rechnungszins liegt zwischen 1,25 und 4 Prozent, je nach dem Zeitpunkt des Vertragsabschlusses. Im Branchenschnitt müssen die Lebensversicherer Kapitalerträge von mindestens 3 Prozent im Jahr erwirtschaften, um ihren Garantiezusagen gerecht zu werden.

Bei der Neuanlage kamen die Unternehmen 2014 jedoch nach Expertenschätzungen nur auf eine Einstandsrendite zwischen 2 und 3 Prozent bei den festverzinslichen Anlagen. Die Gesellschaften leben derzeit von den höher verzinsten Altbeständen und den Reserven, die sie in besseren Zeiten aufgebaut haben. Dies ist jedoch keine dauerhafte Lösung. Irgendwann werden die Reserven erschöpft sein.

Die Analyse bis in das Jahr 2023 der Deutschen Bundesbank im Finanzstabilitätsbericht 2013 zeigt, dass eine langanhaltende Niedrigzinsphase wie in Japan auch deutsche Lebensversicherer überfordern könnte. Die Schieflage einzelner kleiner bis mittlerer Gesellschaften kann der Sicherungsfonds der Branche, Protektor, auffangen. Sollten jedoch zahlreiche Lebensversicherer in eine Zinsfalle geraten, könnte § 89 des Versicherungsaufsichtsgesetzes (VAG) zum Einsatz kommen. Dieser ermöglicht unter anderem die Verhängung eines Verbotes von Auszahlungen an die Versicherten und die Herabsetzung der garantierten Leistungen.

Die Lebensversicherer versuchen, eine solche Situation zu vermeiden. Einige von ihnen bringen neue Tarife ohne jährliche Garantieverzinsung auf den Markt. Die meisten Gesellschaften passen ihre Anlagepolitik an das Niedrigzinsumfeld an, indem sie zum Beispiel in Unternehmensdarlehen, Schwellenländeranleihen oder Infrastruktur investieren. Das beinhaltet aber auch neue Risiken.

Nach dem Ende der Niedrigzinsphase stellt sich den Lebensversicherern eine neue Herausforderung: Sollten die Zinsen für Bankeinlagen und Anleihen dann rasch und stark anziehen, könnte es zu einer Kündigungswelle bei den privaten Policen kommt. Dann müssen die Unternehmen einen Teil ihrer Kapitalanlagen verkaufen. Derzeit ist im Branchenschnitt jedoch fast die Hälfte der Kapitalanlagen in verschiedenen Formen von Darlehen investiert. Dazu kommen andere Anlagen, die ebenfalls nicht leicht und schnell zu liquidieren sind. Für schwächere Lebensversicherer könnte eine solche Kündigungswelle deshalb zu einem Problem werden.

Klassische Kapitallebens- und Rentenversicherungen haben ihre Vorteile. Dazu zählen die Berechenbarkeit der garantierten Leistungen, die Stabilität in den beiden großen Aktienmarktkrisen der vergangenen 15 Jahre und die Möglichkeit, über eine Rentenpolice ein langes Leben finanziell abzusichern. Durch ihren hohen Anteil festverzinslicher Anlagen sind die Policen aber besonders anfällig für die negativen Auswirkungen einer langen Niedrigzinsphase. Werden sie als reine Kapitalanlage gesehen, spricht im derzeitigen Umfeld deshalb wenig für einen Neuabschluss. Bei bestehenden Policen hängt es von den individuellen Umständen ab, welche Strategie sich empfiehlt. Das abschließende Kapitel gibt dazu einige Hinweise.

8. Abschlussbetrachtung

Obwohl das Niedrigzins-Niveau derzeit in aller Munde ist, sehen die meisten Deutschen anscheinend keine Veranlassung, ihre Geldanlagen zu überprüfen. Dies ist vor allem dadurch zu erklären, dass sich nur wenige Anleger gerne mit Anlagethemen beschäftigen und nur eine Minderheit glaubt, über gute Finanzkenntnisse zu verfügen. Deshalb hält aktuell die Mehrheit der Anleger traditionell an – aus ihrer Sicht – sicherheitsorientierten Anlagen fest, die jedoch nur geringe Erträge erzielen bzw. sogar real zu einem Vermögensverlust führen (nach Abzug der Inflation).

In dieser Abschlussbetrachtung gehen wir darauf ein, wie der typische deutsche Anleger investiert ist und welche Sparformen er aktuell bevorzugt. Da der reale Verlust von Vermögen keine sinnvolle Zielsetzung sein kann, unterziehen wir die verschiedenen Anlageformen, die wir in den vorherigen Kapiteln des Buches analysiert haben, noch einmal einer ausführlichen Bewertung. Wir zeigen, dass die meisten Anlegerportfolios in der Zinsfalle stecken und ein für die Zukunft sinnvoll ausgerichtetes Portfolio deutlich von den bestehenden Investments abweicht. Daher ermutigen wir jeden Anleger, sich mit seinem Portfolio zu beschäftigen und sich die Frage zu stellen, ob er denn tatsächlich heute so investiert ist, wie er es eigentlich sein möchte. Um hier eine Hilfestellung zu bieten, haben wir eine Übersicht erstellt, anhand der Sie in einer Selbstanalyse feststellen können, wie weit Sie persönlich von der Zinsfallen-Thematik betroffen sind. Wer diesen Prozess mit etwas Selbstdisziplin durchläuft, wird aller Voraussicht nach feststellen, dass auch sein Portfolio in der Zinsfalle steckt. Daher herrscht Handlungsbedarf und eine Optimierung des Portfolios ist dringend geboten.

Abschlussbetrachtung

8.1 Wie ist der typische Anleger investiert?

Der deutsche Anleger ist traditionell sicherheitsorientiert und überwiegend recht einseitig investiert. Seit der Finanzmarktkrise 2008 hat das Sicherheitsbedürfnis vieler Anleger noch einmal deutlich zugenommen. Die durchschnittliche Vermögensaufteilung deutscher Anleger zeigt eine aktuelle Studie der Steinbeis-Hochschule in Berlin[146].

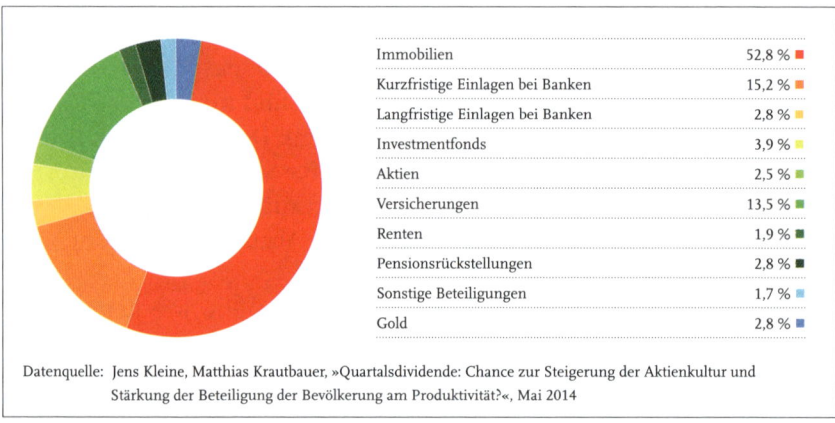

Datenquelle: Jens Kleine, Matthias Krautbauer, »Quartalsdividende: Chance zur Steigerung der Aktienkultur und Stärkung der Beteiligung der Bevölkerung am Produktivität?«, Mai 2014

Vermögensaufteilung deutscher Anleger

Wie Sie der Grafik entnehmen können, ist ein Großteil des Vermögens in Immobilien, im Geldmarktbereich und in Versicherungen investiert. Auf das Gesamtvermögen betrachtet sind Investmentfonds, Aktien, Anleihen und Gold nur kleine Beimischungen.

Auch eine Umfrage der Bank of Scotland[147] über das aktuelle Sparverhalten der Bundesbürger zeigt, dass sicherheitsorientierte Anlageformen sich nach wie vor größter Beliebtheit erfreuen. Trotz der niedrigen Zinsen stehen das Sparbuch, Tagesgeld- und Terminmarktkonto in der Beliebtheitsskala an oberster Stelle. Lebens- und Rentenversicherungen bleiben trotz sinkender Renditen beim Anleger beliebt und nehmen den 2. Platz ein. Aus der Angst heraus, mit riskanteren Anlageformen einen möglichen Verlust hinnehmen zu müssen, ziehen viele Anleger die vermeintlich sicherheitsorientierten Anlageformen vor. Allerdings ist vielen Anlegern nicht bewusst, dass diese defensiven Anlagestrategien wie dargestellt in der Regel mit großen Renditeneinbußen verbunden sind. Dadurch werden die Anleger ihre eigenen Ziele, wie z. B. eine ausreichende Vorsorge für den Ruhestand, eventuell nicht erreichen können. Die meisten Anleger sind zufrieden, solange sie einen nominalen Zuwachs des Vermögens erzielen. Sie betrachten dabei jedoch selten, dass sie nach Abzug der Inflation real möglicherweise einen Kaufkraftverlust erleiden. Es wird also deutlich, dass sich viele Anleger entweder zu Unrecht mit ihrer aktuellen Geldanlage wohlfühlen oder schlicht und ergreifend keine Lust haben, sich damit zu beschäftigen. Wie wichtig eine Optimierung des bestehenden Kapitals ist, wird in der nachfolgenden Übersicht deutlich, die zeigt, wie lange eine Verdoppelung des Startkapitals bei unterschiedlichen Zinssätzen dauert.

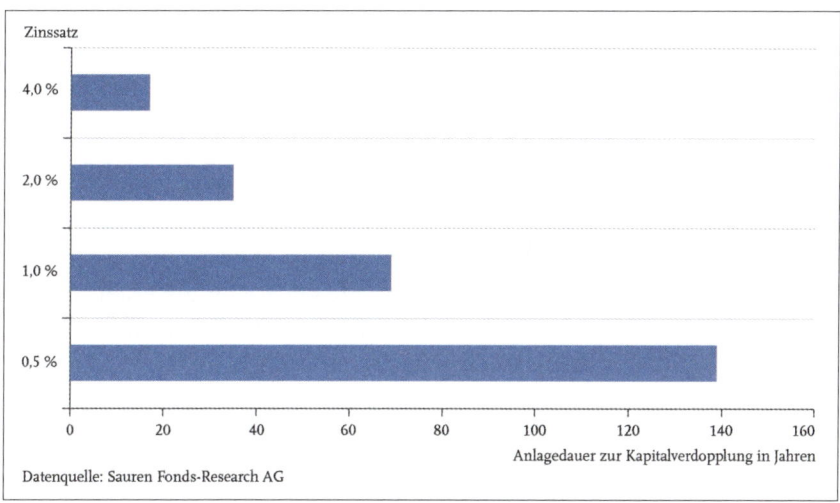

Verdopplung des Startkapitals bei unterschiedlichen Zinssätzen

Bei einem durchschnittlichen Zinssatz von 0,5 Prozent sind 139 Jahre nötig, um das Kapital zu verdoppeln. Gelingt es beispielsweise durch effizientere Kapitalanlagen, den Durchschnittszinssatz auf nur 2 Prozent zu steigern, so benötigt der Anleger nur noch 35 Jahre zur Kapitalverdopplung. Für fast alle Anleger ist es daher effizienter, sich einige Stunden mit ihrer

Kapitalanlage zu beschäftigen als lange dafür zu arbeiten. Gelingt es beispielsweise bei einem Startkapital von 50.000 Euro, die Rendite um 1,5 Prozent zu steigern, ergibt sich daraus ein Vorteil von 750 Euro pro Jahr vor Steuern. Wenn das über 15 Jahre gelingt, bedeutet das einen Mehrertrag vor Steuern von 11.250 Euro. Unter Berücksichtigung der Zinseszinsen beträgt der höhere Kapitalzuwachs sogar 12.500 Euro. Selbst bei einem Stundenlohn von 40 Euro müsste ein Kapitalanleger ca. 2 Monate arbeiten, um einen vergleichbaren Ertrag zu erzielen.

8.2 Bewertung der Anlageklassen

Bevor wir zur Bewertung der einzelnen Anlageklassen kommen, sei noch einmal betont, dass die Vorhersage und das kurzfristige Timing der Entwicklung einzelner Anlageklassen nahezu unmöglich sind. Daher sollten Anleger ihre Portfolios nicht auf Basis ihrer aktuellen Meinung zu einzelnen Anlageklassen aufbauen, sondern sich langfristig orientierte, strategische Gedanken über ihre eigene Risikobereitschaft und Risikotragfähigkeit machen und dann in ein breit diversifiziertes Portfolio mit der entsprechenden Ausrichtung investieren. Selbst ohne eine Prognose über die künftige Zinsentwicklung aufzustellen, lassen sich insbesondere für den Rentenbereich Berechnungen anstellen, die auf einer risikoneutralen Ertrags-Risiko-Bewertung relativ klare Aussagen zulassen. In diesem Buch haben wir beispielsweise berechnet, wie sich bei ausgewählten Staats- und Unternehmensanleihen die zukünftigen Erträge entwickeln würden, wenn das Zinsumfeld unverändert niedrig bleibt. Dies ist unserer Meinung nach eine sinnvolle Methodik, um sich Ertrags-Risiko-Konstellationen vor Augen zu führen. Eine weitere Möglichkeit ist die Betrachtung der Derivate-Märkte, da sich hier die Zukunftserwartungen der Marktteilnehmer ablesen lassen. Die Markterwartung für deutsche Bundesanleihen geht aktuell davon aus, dass in den nächsten 5 Jahren das Zinsniveau für deutsche Staatsanleihen um ca. 0,6 Prozent anziehen wird. Sollte diese Erwartung Realität werden, dürfte in vielen konservativen Anlageklassen in den nächsten 5 Jahren kaum Geld zu verdienen sein, und die Probleme bei vielen Altersvorsorgeeinrichtungen und Lebensversicherungen dürften deutlich zunehmen. Schauen wir uns jedoch nachfolgend die im Buch beschriebenen einzelnen Anlageklassen noch einmal an.

Bankeinlagen

Bankeinlagen eignen sich trotz der niedrigen Zinsen nach wie vor für kurzfristige Geldanlagen und zur Liquiditätshaltung. Dennoch verlieren Anleger bei kurz- und mittelfristigen Laufzeiten mittlerweile real (nach Abzug der Inflation) Geld. Die Risiken der Bankeinlagen werden in der Regel deutlich unterschätzt. Jedem Anleger sollte klar sein, dass er, wenn er über ein Sparbuch, Tages- oder Festgeld bei einer Bank Geld anlegt, dieser Bank sein Geld leiht. Deshalb ist es zwingend erforderlich, sich mit dem Risiko eines möglichen Zahlungsausfalls dieser Bank auseinanderzusetzen. Kapitel 4.3 können Sie entnehmen, dass die Einlagensicherung von 100.000 Euro bei vielen Instituten einen gewissen Schutz bietet, jedoch potenziellen Krisenszenarien nicht standhalten kann.

Nichtsdestotrotz sollten sowohl Gelder, die der eigenen Liquiditätsreserve dienen, als auch Gelder, die auf absehbare Zeit für Anschaffungen benötigt werden, am Geldmarkt angelegt werden. Bei größeren Vermögen sollten die Risiken anhand der Credit-Default-Swaps (siehe Kapitel 4.1 unter »Die Probleme der europäischen Banken«) eines Institutes betrachtet werden und im Zweifel über mehrere Banken verschiedener Institutsgruppen diversifiziert werden. Auch wenn die aktuelle Lage bei den deutschen Banken einigermaßen stabil aussieht, könnten in einer erneuten Krise einige Institute ins Straucheln geraten. Entscheidend ist daher, dass Sie schon heute diese Risiken erkennen und sich bewusst sind, dass Sie im Falle einer Verschärfung der Situation schnell handeln sollten.

Bei den meisten Anlegern liegt nach wie vor ein viel zu großer Vermögensanteil niedrig verzinst auf Geldmarktkonten. Hier lohnt sich die Überlegung, ob das angelegte Kapital tatsächlich in den nächsten Jahren benötigt wird. Wenn nicht, sollte in langfristig attraktivere Alternativanlagen investiert werden.

Staatsanleihen

Deutsche Staatsanleihen erzielen aktuell bei kurzen Laufzeiten eine negative Verzinsung, selbst bei langlaufenden deutschen Staatsanleihen liegt die annualisierte Verzinsung überwiegend bei unter 1 Prozent. So rentierte beispielweise eine 10-jährige deutsche Staatsanleihe zum 30. November 2014 gerade einmal bei 0,7 Prozent p. a. Dies macht deutsche Staatsanleihen für neue Investments unattraktiv.

Wer noch deutsche Staatsanleihen im Portfolio hat, kann sich über beachtliche Kursgewinne freuen und sollte diese realisieren. Der vermeintlich höhere Kupon sollte diese Entscheidung nicht beeinflussen – wie in Kapitel 2.3 unter »Eingeschränktes zukünftiges Renditepotenzial« angeführt, ist die aktuelle Rendite auf das eingesetzte Kapital der entscheidendere Faktor. Es lohnt sich daher, attraktivere Alternativen zu suchen. Die Anlage in andere europäische Staatsanleihen erscheint vom Chancen-Risiko-Verhältnis auf aktueller Basis ebenfalls überwiegend unattraktiv. Da die Kreditanalyse einzelner Staaten sehr aufwendig ist, sollten Privatanleger in diesen Märkten mit größter Vorsicht vorgehen. Eine Investition in amerikanische Staatsanleihen bringt eine zwar etwas höhere Rendite, ist jedoch mit Währungsrisiken verbunden und sollte selbst mit einer Währungsabsicherung nicht mehr als eine Beimischung des Portfolios sein. Schwellenländeranleihen haben langfristig eine attraktive Verzinsung zu bieten, aber auch hier erfordern die Risiken eine äußerst detaillierte Analyse. Schwellenländerinvestmentfonds mit gutem Management sind deshalb einem Direktinvestment vorzuziehen. Aufgrund ihrer höheren Risiken sollten Schwellenländeranleihen dem Portfolio ebenfalls nur beigemischt werden.

Unternehmensanleihen

Unternehmensanleihen bieten im Verhältnis zu Staatsanleihen in der Regel etwas höhere Renditen, die durch entsprechend höhere Risiken erkauft werden. Ein Großteil der Unternehmensanleihen weist derzeit kein attraktives Ertrags-Risiko-Verhältnis mehr auf, weshalb bei bestehenden Unternehmensanleihen geprüft werden sollte, ob es nicht attraktivere Alternativen gibt. Klassische Unternehmensanleihen-Fonds sind aufgrund der historischen Niedrigzinsen aktuell ebenfalls kein attraktives Investment und werden es sehr schwer haben, die Fondskosten durch die Selektion der richtigen Unternehmensanleihen zu erwirtschaften. Deshalb sollten Anteile an diesen Unternehmensanleihen-Fonds verkauft und sinnvolle Alternativen

Bewertung der Anlageklassen

gesucht werden (siehe Kasten »Flexible Rentenstrategien«). Bei Hochzinsunternehmensanleihen (High Yield) gibt es selektiv Opportunitäten, die jedoch aufgrund der aufwendigen Kreditrecherche nicht für Direktanlagen geeignet sind. Auch dieser Bereich sollte über Fondsmanager abgedeckt werden, die hier ihre Expertise bereits unter Beweis gestellt haben.

Zwischenfazit und Alternative für den Anleihenbereich

Zusammenfassend lässt sich sagen, dass durch die stark rückläufigen Zinsen aktuell weder das Segment der Staatsanleihen noch der Bereich der Unternehmensanleihen ein attraktives Investmentumfeld bieten. Auch durch Selektion ausgewählter Staats- bzw. Unternehmensanleihen ist es immer schwieriger geworden, attraktive Mehrwerte zu generieren. Aus diesem Grund stellen auch Investmentfondsstrategien, die sich auf Staats- oder Unternehmensanleihen konzentrieren, aktuell keine attraktive Lösung dar. Am sinnvollsten ist es, flexible Rentenstrategien auszuwählen, bei denen die Fondsmanager große Freiheiten genießen und die vielschichtigen Anlagemöglichkeiten der unterschiedlichen Rentenmärkte nutzen können.

Flexible Rentenstrategien (Fonds)
Flexible Rentenstrategien nutzen in der Regel die komplette Bandbreite möglicher Renteninvestitionen. Das Anlageuniversum umfasst dabei sowohl Staats- als auch Unternehmensanleihen. Innerhalb des Segments der Unternehmensanleihen investieren sie sowohl in Anleihen von Schuldnern mit hoher Bonität (Investmentgrade) als auch in Anleihen mit höheren Ausfallrisiken, welche im Gegenzug eine höhere Verzinsung bieten (High Yield). Darüber hinaus können auch Sondersituationen berücksichtigt werden.

Je nach Attraktivität und aktueller Einschätzung des Ertrags-Risiko-Verhältnisses durch den jeweiligen Fondsmanager werden die unterschiedlichen Segmente im Portfolio aktiv gewichtet. Sollten sich zwischenzeitlich weniger Anlagemöglichkeiten ergeben, kann eine aktive

Kassehaltung erfolgen. Darüber hinaus nutzen flexible Rentenstrategien die Möglichkeit eines aktiven Laufzeitenmanagements. So versucht der Fondsmanager, bei einer eher positiven Markterwartung und möglichen sinkenden Zinsen von den potenziellen Kursgewinnen zu profitieren, indem er die durchschnittliche Laufzeit der Anleihen des Portfolios erhöht. Bei potenziellen Marktrisiken wird die Laufzeitenstruktur des Portfolios entsprechend verkürzt. Diese aktive Durationssteuerung und das aktive Risikomanagement sind wesentliche Bestandteile von flexiblen Rentenstrategien. Ein besonderes weiteres Merkmal dieser Strategien ist die Möglichkeit, auch auf steigende Zinsen setzen zu können, indem sie über moderne Finanzinstrumente Positionen aufbauen, die im Fall eines Zinsanstiegs Gewinne generieren (Short-Position). Auf diese Weise können potenzielle Zinsänderungsrisiken durch aktive Anlageentscheidungen minimiert werden. Zur Veranschaulichung dient nachfolgend die Allokationsverteilung eines beispielhaften flexiblen Rentenfonds.

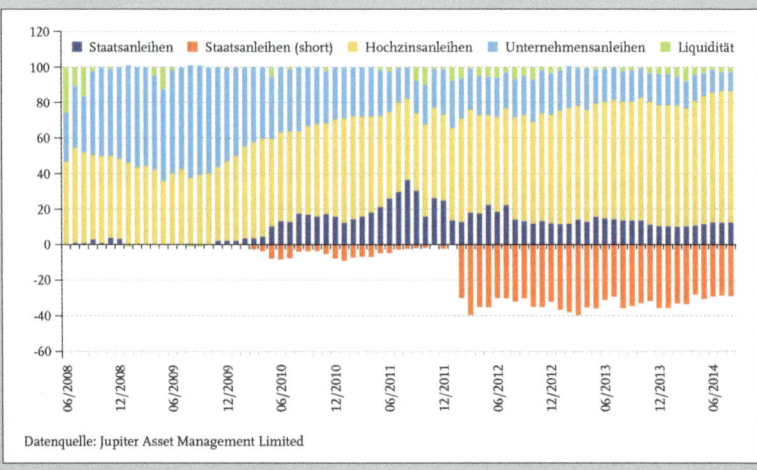

Allokationsverteilung eines beispielhaften flexiblen Rentenfonds

Der Grafik ist zu entnehmen, dass der Fondsmanager anfangs fast ausschließlich in Unternehmensanleihen und Hochzinsanleihen investiert war und Kasse gehalten hat. Erst im Jahr 2010 wurden vermehrt einzelne Staatsanleihen in das Portfolio gekauft. In den folgenden Monaten hat der Fondsmanager auch gezielt andere Staatsanleihen verkauft und somit Short-Position aufgebaut, um sich gegen mögliche Zinsänderungsrisiken dieser Länder abzusichern. Im Laufe der Zeit wurde die Investitionsquote in High-Yield-Anleihen erhöht und ein Anteil von bis zu 40 Prozent in Short-Positionen auf Staatsanleihen aufgebaut. Hierdurch konnte der Fonds von der attraktiven Verzinsung der High-Yield Anleihen profitieren und sich gleichzeitig gegen das Risiko von steigenden Zinsen absichern. Auf diese Weise lässt sich das Gesamtrisiko des Portfolios steuern und die Abhängigkeit vom Zinsmarkt reduzieren. Darüber hinaus können Engagements in Fremdwährungen Teil einer flexiblen Rentenstrategie sein und zur breiteren Diversifizierung des Portfolios beitragen. Die Anlagemöglichkeiten können mit Blick auf potenziell steigende wie auf fallende Währungskurse genutzt werden.

Da die Auswahl des Fondsmanagers bei einer solch aktiven Strategie entscheidend für den Erfolg ist, sollten Anleger die Auswahl gemeinsam mit einem auf Fondsselektion spezialisierten Berater durchführen.

Immobilien

Immobilien sind die beliebteste Geldanlage der Deutschen und gelten als relativ sicher und substanzhaltig. Bei näherer Betrachtung wird jedoch deutlich, dass Immobilieninvestments recht großen Risiken unterliegen, das gilt insbesondere, wenn sie nur über ein einzelnes Objekt erfolgen. Die Einordnung von Immobilien als sichere Geldanlage sollte daher in Frage gestellt werden.

Die gefühlt niedrige Schwankungsbreite basiert ganz wesentlich auch darauf, dass keine regelmäßigen Bewertungen stattfinden und sich die Anleger dadurch nicht mit den Wertschwankungen auseinandersetzen. Besondere Vorsicht ist beim Einsatz eines Kredithebels geboten. Den meisten Anlegern ist intuitiv verständlich, dass es riskant sein kann, auf Kredit an den Wertpapiermärkten aktiv zu werden, da diese als risikobehaftet und schwankungsintensiv gelten. Dieser sinnvolle Grundgedanke wird bei Immobilieninvestments häufig über Bord geworfen, da der Anleger glaubt, in eine vermeintlich sichere Anlage zu investieren. Bei Immobilieninvestments sollten daher, wie bei jeder anderen Anlage auch, die langfristigen Ertrags-Risiko-Verhältnisse geprüft und der höhere Verwaltungsaufwand berücksichtigt werden. Immobilieninvestments können durchaus ein sinnvoller Bestandteil des Vermögens sein. Allerdings sollten sie das Portfolio nicht dominieren, da eine breite Streuung über viele Anlageklassen in der Regel sinnvoller ist als ein auf Immobilien konzentriertes Portfolio. Eine Investition in die selbstgenutzte Immobilie ist häufig eine Mischung aus Anlage- und Konsumentscheidung. Bei einer Konsumentscheidung von derart hoher Bedeutung ist es verständlich, wenn nicht die Optimierung der Rendite, sondern vor allem die Optimierung des täglichen Wohlbefindens im Vordergrund steht. Dennoch sollten vor dem Kauf einer selbst genutzten Immobilie die Ertrags-Risiko-Aspekte berücksichtigt werden. Nur so wird dem Investor klar, wie teuer und vor allen Dingen wie riskant seine in der Regel kreditfinanzierte Konsumentscheidung ist. Eine Kreditfinanzierung ist riskant, Wertverluste oder Zinsveränderungen bei der Anschlussfinanzierung können den Traum von den eigenen vier Wänden jäh in der privaten Insolvenz enden lassen. Ein weiterer großer Nachteil von Immobilien ist, dass sie sehr illiquide sind und bei einer Veränderung der Ansprüche recht schwer oder nur mit entsprechenden Werteinbußen zu veräußern sind.

Eine professionell gemanagte Möglichkeit für Privatanleger, sich an Immobilien zu beteiligen, bieten Offene Immobilienfonds. Auf den ersten Blick weisen diese die beiden großen Vorteile auf, dass die Anlage breit diversifiziert ist und über eine bessere Liquidität verfügt. Offene Immobilienfonds sind jedoch recht intransparent, Bewertungs- und Kursrisiken sind für den Anleger kaum nachvollziehbar. Ein Blick auf die Offenen Immobilienfonds, die sich aktuell in Abwicklung befinden, zeigt, dass auch diese Anlageform erhebliche Kursrisiken aufweist, wenn die Immobilien tatsächlich am Markt verkauft werden müssen. Insofern basiert die niedrige Schwankungsbreite auf der Bewertungssystematik der Offenen Immobilienfonds, die nicht die eigentlichen Marktrisiken widerspiegeln. Das tatsächliche Ertrags-Risiko-Verhältnis ist in der Praxis wenig attraktiv und es erscheint sinnvoll, sich nach alternativen konservativen Anlagen umzuschauen, die transparenter sind und dadurch eine bessere Abschätzung der Risiken erlauben.

Aktien

Aktien sind Eigenkapital an Unternehmen und nehmen am langfristigen Geschäftserfolg der Unternehmen teil. In der Vergangenheit haben Aktien durchschnittliche Renditen von 6 bis 9 Prozent p. a. erzielt, weshalb Aktien-Investments in jedes langfristig orientierte Portfolio gehören. Kurzfristig weisen Aktien jedoch eine hohe Volatilität und Schwankungsintensität auf. Je nach Krise und Marktphase haben die globalen Aktienmärkte zwischenzeitlich auch schon einmal 50 Prozent ihres Wertes verloren. Daher sollte die Aktienquote mit der Risikobereitschaft und der Risikotragfähigkeit des Investors übereinstimmen (siehe Ermittlung der Aktienquote).

Die Aktienanlagen sollten weltweit diversifiziert sein und alle wichtigen Anlageregionen berücksichtigen. Schwellenländer können im kleineren Umfang gezielt im Portfolio beigemischt werden. Wir raten dazu, den Aktienmarkt über Fondsmanager abzudecken, die eine besondere Kompetenz in der Aktienselektion verfügen und mit guten Vergangenheitserfolgen bereits ihr Können unter Beweis gestellt haben. Dies kann sowohl über gute Globalfondsmanager erfolgen als auch über die Zusammenstellung eines Portfolios von guten Regionalfonds. Gute Regionalfonds bieten den Vorteil, dass der Fondsmanager auf seine Region spezialisiert ist. Aufgrund seines in der Regel tiefgreifenderen Verständnisses kann er über die erfolgreiche Aktienselektion einen höheren Mehrwert generieren als beispielsweise ein Globalfondsmanager.

Für die Zusammenstellung eines Portfolios sorgfältig ausgewählter Aktienfonds ist jedoch spezifisches Know-how in der Selektion erfolgreicher Fondsmanager notwendig, weshalb wir Anlegern raten, einen darauf spezialisierten Berater aufzusuchen.

Lebensversicherung

Die klassischen Kapitallebens- und Rentenversicherungen stecken in der Zinsfalle. Da sie zu über 90 Prozent in festverzinslichen Anlagen investiert sind, werden die Auswirkungen der Niedrigzinsphase für viele Versicherungsnehmer schmerzlich. Dabei ist die Zinsfalle in diesem Bereich noch nicht einmal voll zum Tragen gekommen. Aktuell können die Lebensversicherungen noch von den langen Laufzeiten und den höheren Renditen der Vergangenheit zehren. Je länger jedoch die Niedrigzinsphase andauert, desto verheerender werden die Auswirkungen sein. Wie Kapitel 7 »Lebensversicherungen in der Zinsfalle« zu entnehmen ist, werden nach Untersuchungen der Bundesbank etliche Versicherungsunternehmen einem verschärften Kapitalmarktumfeld nicht standhalten können. Daher sind bei vielen Versicherungen selbst die Garantiezinsen in Gefahr, die sich zudem ja immer nur auf den Sparanteil beziehen, die tatsächliche Verzinsung auf das Gesamtkapital liegt häufig 0,5 bis 1 Prozent niedriger. Das deutsche Lebensversicherungssystem hat zwar bisher vielen Krisen standgehalten, eine sehr lang anhaltende Niedrigzinsphase musste jedoch noch nicht überwunden werden. Eine besondere Rolle kann der langfristige Anlagehorizont der Kapitalversicherungen spielen, der bei festverzinslichen Anlagen gewählt wird und in der Regel 10 Jahre beträgt. Bei einer Konstellation von beispielsweise 10 Jahren niedrigen Zinsen würden die Kapitallebensversicherungen 10 Jahre niedrig verzinst Anlagen tätigen. Sollte es anschließend zu einem Zinsanstieg kommen, werden die Lebensversicherungen noch sehr lange Zeit unter den in diesen 10 Jahren zu Niedrigzinsen abgeschlossenen Anlagen leiden. Von einem Zinsanstieg kann dann nur in einem sehr geringen Umfang und mit erheblicher Zeitverzögerung partizipiert werden. Sollten dann beispielsweise Bankeinlagen oder Bundesanleihen eine Rendite deutlich oberhalb der Garantieverzinsungen der Lebensversicherung aufweisen, ist eine Kündigung für jeden Versicherungsnehmer, der die Lebensversicherung als Kapitalanlage betrachtet, sinnvoll. Dies zeigt auf, dass die Anlagepolitik der Lebensversicherungen systematische Schwachstellen aufweist. Eine mögliche Stornowelle würde ein Großteil der Lebensversicherungen dann vermutlich nicht überstehen können.

Für die nähere Zukunft ist die Wahrscheinlichkeit sehr hoch, dass es bei immer mehr Versicherungen zu deutlich rückläufigen Kapitalanlagerenditen kommt und es für eine zunehmende Anzahl von Versicherungen schwer wird, ihre Garantieversprechen einzuhalten. Aktuell machen Lebens- oder Rentenversicherungen zur Kapitalanlage daher keinen Sinn. Bei Bestandsverträgen ist zu prüfen, wann die Verträge abgeschlossen wurden und auf welchem Garantiezins sie basieren. Alle Verträge, die vor dem 1. Januar 2005 abgeschlossen wurden, genießen noch den steuerlichen Altbestandsschutz und damit die vollständige Steuerfreiheit der Erträge für den Versicherungsnehmer – bei einem Garantiezins von mindestens 2,75 Prozent. In solchen Fällen macht eine Kündigung der Versicherung wenig Sinn, da bei Einhaltung des Garantieversprechens eine Verzinsung gezahlt wird, die über dem aktuellen Zinsniveau liegt. Für alle Verträge, die nach 2012 zur Kapitalanlage abgeschlossen wurden, sollte geprüft werden, ob eine Beitragsstillegung oder Kündigung sinnvoll erscheint. Dies sollte natürlich im Einzelfall am besten mit einem unabhängigen Berater geprüft werden.

8.3 Welche Möglichkeiten bieten sich im aktuellen Umfeld?

Wie ein Anleger im aktuellen Umfeld ein sinnvolles Portfolio aufbaut, hängt von vielen individuellen Faktoren ab. Daher sollten die individuellen Bedürfnisse und Risikoneigungen eines Anlegers stets in einem individuellen Beratungsgespräch ermittelt werden. Die folgenden Äußerungen sind nur als grundsätzliche Denkanstöße zu verstehen.

Anleger, die über kein Vermögen zur langfristigen Anlage verfügen, sondern ihre liquiden Mittel voraussichtlich innerhalb der nächsten 5 Jahre benötigen, sollten trotz der niedrigen Zinsen keine Experimente und keine großen Risiken eingehen und ihr Kapital im Geldmarktbereich anlegen.

Für alle Anleger, die langfristig investieren können, lässt sich generell sagen, dass die Aktienquote des Portfolios umso höher sein kann, je höher die Risikobereitschaft und Risikotragfähigkeit ist und je langfristiger das Kapital angelegt werden kann.

8.4 Diversifikation

Alle langfristig orientierten Anleger sollten unabhängig von ihrer Risikobereitschaft grundsätzlich über alle wesentlichen Anlageklassen diversifizieren. Hierzu zählen im defensiven Bestandteil des Vermögens aktuell beispielsweise Bankeinlagen von ausgewählten Instituten oder flexible Rentenstrategien. Darüber hinaus sollten offensive Strategien, wie beispielsweise sorgfältig ausgewählte aktienorientierte Fonds, ein Bestandteil in jedem langfristig orientierten Portfolio sein. Zur Abrundung und breiteren Diversifikation eignen sich marktneutrale Absolute-Return-Strategien (siehe Kasten), die geeignet sind, die Stabilität des Portfolios weiter zu erhöhen.

> **Absolute-Return-Strategien**
>
> Diese Strategien streben an, möglichst unabhängig von der allgemeinen Entwicklung der Kapitalmärkte einen absoluten Wertzuwachs zu erwirtschaften. Damit grenzen sich Absolute-Return-Fonds von klassischen Fonds ab, deren Zielsetzung darin besteht, durch aktives Management einen Referenzindex zu übertreffen. Gute Fondsmanager dieses Segments sind in der Lage, bei überschaubaren Risiken attraktive Erträge zu erzielen. Dabei steht dem Manager eines Absolute-Return-Fonds ein sehr breites Spektrum von Anlagemöglichkeiten zur Verfügung. Insbesondere der Einsatz moderner, derivativer Anlageinstrumente ermöglicht es innovativen Absolute-Return-Fonds, auf Marktebene wie auf Einzeltitelbasis auch von fallenden Kursen zu profitieren.
>
> Absolute-Return-Strategien sind ein sinnvoller Ausweg aus der Zinsfalle und eine attraktive Portfoliobeimischung. Nichtsdestoweniger ist es auch in diesem Bereich wichtig, das Kapital auf eine Vielzahl sorgfältig ausgewählter Strategien und Manager zu verteilen. Gerade Investmentansätze mit absoluten Ertragszielen erfordern eine genaue Analyse und ein tiefgehendes Verständnis der jeweiligen Anlagephilosophie, um vielversprechende Anlageideen zu erkennen. Anders als bei klassischen Fonds, deren Entwicklung im wesentlichen Maße durch die allgemeine Marktentwicklung geprägt ist, hängt die Entwicklung bei Absolute-Return-Fonds vor allem von den Fähigkeiten und Erfahrungen des Fondsmanagers ab.
>
> Absolute-Return-Strategien können sowohl auf die Rentenmärkte als auch auf die Aktienmärkte ausgerichtet sein, Multi-Asset-Absolute-Return-Fonds versuchen, über die Investition in verschiedene Anlageklassen absolute Erträge zu erzielen.

> Rentenorientierte Absolute-Return-Strategien unterscheiden sich von flexiblen Rentenstrategien dadurch, dass diese klassischerweise in den einzelnen Segmenten des Anleihenmarktes investiert sind und über aktives Laufzeitenmanagement und gezielte Short-Investments versuchen, die Zinsrisiken zu minimieren. Absolute-Return-Strategien sind hingegen von der Grundausrichtung überwiegend zins- und marktneutral aufgestellt. Dadurch bleiben sie bei weiter sinkenden Zinsen üblicherweise von der Anlagerendite hinter flexiblen und natürlich auch hinter indexorientierten Rentenstrategien zurück. In einem Markumfeld potenziell steigender Zinsen sollten sie dagegen aufgrund ihrer Marktunabhängigkeit keine größeren Kurseinbußen hinnehmen müssen, können eventuell sogar von einem steigenden Zinsumfeld profitieren. Weitere Hinweise zu Absolute-Return-Strategien finden sich unter www.zinsfalle.com.

Auch risikobereite Anleger sollten grundsätzlich einen Bestandteil des Portfolios in defensive Anlagen und Absolute-Return-Strategien investieren. Ebenso sollte der konservative Anleger zumindest einen Teil seines langfristig zur Verfügung stehenden Anlagevermögens in Absolute-Return-Strategien und aktienorientierte Strategien investieren. Dabei muss sich der konservative Anleger zwar der zwischenzeitlichen Kursrisiken der Aktienanlage bewusst sein und diese auch verkraften können, das Ertrags-Risiko-Verhältnis eines breit aufgestellten Portfolios mit einer geringen Aktienquote ist aber selbst für konservative Anleger als sinnvoller einzustufen als bei einem vollständigen Verzicht auf den Aktienmarkt.

Entscheidend für den langfristigen Erfolg bei der Kapitalanlage ist einerseits, für den jeweiligen Anleger die richtige Aktienquote bezogen auf seine Risikobereitschaft und Risikotragfähigkeit zu ermitteln und diese Aktienquote andererseits dann langfristig durchzuhalten.

8.5 Ermittlung der Aktienquote

Grundsätzlich lässt sich sagen, dass durch die rückläufigen Kapitalmarktzinsen der Anleger nicht mehr eine so hohe Rendite bei vergleichbaren Risiken wie in den letzten Jahren erzielen kann. Der Anleger hat die Wahl, entweder seine Renditeerwartungen deutlich zurückzunehmen oder er muss die Bereitschaft mit sich bringen, höhere zwischenzeitliche Kursschwankungen hinzunehmen. Letztlich sollte jedoch die Aktienquote immer mit der Risikobereitschaft und Risikotragfähigkeit des Anlegers übereinstimmen. Da die globalen Aktienmärkte in Marktkrisen mitunter 50 Prozent an Wert verlieren können, kann der Investor diesen Wert als Anhaltspunkt für die Bestimmung seiner Risikotragfähigkeit nutzen. Eine Aktienquote von ca. 40 Prozent bedeutet demnach auch, dass zwischenzeitliche Kursverluste von ca. 20 Prozent verkraftet werden müssen.

Entscheidend für den langfristigen Erfolg ist neben der sorgfältigen Bestimmung der Aktienquote auch, dass diese langfristig durchgehalten wird. In der Praxis neigen leider viele Anleger dazu, nach Kursverlusten die Aktienquote zu reduzieren, weil sie die Kursrisiken nicht mehr tragen wollen oder können. Am folgenden Aktienmarktaufschwung partizipieren sie darum oft nur im verringerten Umfang, mit entsprechenden Einbußen bei der langfristigen Rendite. Umgekehrt ist es häufig so, dass sich die Anleger nach mehreren erfolgreichen Börsenjahren mit ihren Aktienanlagen wohler fühlen und die Aktienquoten aufstocken und bei einem potenziellen Rückschlag mit einer höheren Aktienquote betroffen sind. Klassischerweise erhöht sich damit die Gefahr, dass die Anleger in dieser Situation die Nerven verlieren und ihre Aktienquote im falschen Moment wieder reduzieren. Daher sollte der einzelne Anleger möglichst unter Hinzunahme eines Beraters sehr sorgfältig die langfristig sinnvolle Aktienquote ermitteln und diese dann möglichst konsequent durchhalten.

8.6 Rebalancing

Um die festgelegte Aktienquote langfristig zu halten, ist ein regelmäßiges Rebalancing zu empfehlen. Durch Kursveränderungen können Aktien in ihrem Anteil am Gesamtportfolio schwanken. Durch Rebalancing wird die gewünschte Aktienquote wiederhergestellt. Sollte eine sinnvolle Aktienquote von beispielsweise 40 Prozent für einen Anleger ermittelt worden sein und diese aufgrund von Kursrückgängen des Aktienmarktes auf 35 oder 30 Prozent gesunken sein, so ist ein Rebalancing sinnvoll. Hierdurch wird die Aktienquote wieder auf 40 Prozent aufgestockt. Eine gleiche Vorgehensweise ist bei Kurssteigerungen ratsam, sodass hier durch das Rebalancing Gewinne mitgenommen werden und man wieder zur langfristig strategischen Aktienquote zurückkehrt. Untersuchungen der Sauren Fonds-Research AG[148] haben ergeben, dass Rebalancing langfristig die Volatilitäten und Risiken der Aktienmärkte senkt und in der Regel zu einer höheren Rendite führt. Weitere Informationen finden Sie online unter www.zinsfalle.com.

8.7 Mischfonds und vermögensverwaltende Fonds

Klassische Mischfonds bzw. vermögensverwaltende Fonds investieren ihr Kapital überwiegend in die Aktien- und Rentenmärkte. Die Aktien-Anleihen-Quoten der Mischfonds sind in der Regel nicht starr, sondern bewegen sich in Bandbreiten. Die Steuerung der Aktien-Anleihen-Quote und der damit verbundenen Risiken wird dem Mischfondsmanager übertragen. Diese Flexibilität der vermögensverwaltenden Fonds ist bei vielen Anlegern und Beratern sehr beliebt, da sie diese Aufgabe und ein mögliches Rebalancing nicht selbst übernehmen müssen.

Ein solcher Grundgedanke ist zwar richtig, basiert aber auf der Hoffnung, dass der Mischfondsmanager ein erfolgreiches Timing der richtigen Aktien- und Anleihenquoten erreichen kann. In der Praxis ist genau dieses Markttiming jedoch äußerst schwierig bis nahezu unmöglich. Untersuchungen haben ergeben, dass der Durchschnitt der Mischfonds nicht in der Lage ist, durch aktive Timing-Entscheidungen Mehrwerte zu generieren (siehe »Das Sauren-Fonds-Konzept«, Kapitel 7). Auch die gezielte Auswahl einzelner Mischfondsmanager ist sehr schwierig, da häufig die Manager ausgewählt werden, die in jüngster Vergangenheit richtige Timing-Entscheidungen getroffen haben. Da diese Timing-Erfolge nur schwer wiederholbar sind (siehe Interview mit Bert Flossbach), gibt es in der Historie viele Mischfondsmanager, die sich zwischenzeitlich großer Beliebtheit erfreuten, langfristig dem Anleger aber keine Mehrwerte bescheren konnten. In vielen Fällen wurden die Anleger von der künftigen Wertentwicklung sogar stark enttäuscht und für die eingegangenen

Risiken nicht entsprechend belohnt (weitere Informationen finden Sie unter www.zinsfalle.com). Hier wird ein wesentlicher Nachteil deutlich, da über ein Mischfonds-Investment der Anleger einen Teil seiner Aktienquote, die seiner Risikobereitschaft und Risikotragfähigkeit entspricht, an den Mischfondsmanager überträgt. Bleibt dieser Mischfondsmanager mit seinen Ergebnissen hinter den Erwartungen zurück, wird entweder das Ertragspotenzial über die mögliche Aktienquote nicht ausgeschöpft oder die Risikotragfähigkeit durch unerwartete Kursverluste strapaziert.

Die meisten Mischfonds erfreuen sich aktuell äußerster Beliebtheit, weil sie in den letzten Jahren vom Rückenwind der Märkte profitiert haben. Dies wird deutlich, wenn man die Ergebnisse der beliebten Mischfonds beispielsweise mit einem Unternehmensanleihen-Index oder – noch besser – mit einem Mix aus Unternehmensanleihen und Aktien vergleicht, der in etwa der typischen Allokation des konservativen Mischfonds entspricht (siehe Kapitel 3.3 unter »Mischfonds und vermögensverwaltende Fonds: Profiteure der Marktentwicklung«). Ein solcher Vergleich zeigt, dass die meisten klassischen Mischfonds und vermögensverwaltenden Fonds mit einem Anlageuniversum aus Aktien und Anleihen zwar fantastische Vergangenheitsentwicklungen aufweisen, die hervorragenden Ergebnisse aber nicht durch herausragende Leistungen der Fondsmanager erzielt wurden, sondern der generellen Marktentwicklung zu verdanken sind. Für die Zukunft lassen sich die Entwicklungen der Vergangenheit nicht einfach unverändert fortschreiben, klassische Mischfonds stehen vor großen Herausforderungen. In einem Umfeld von gleichbleibend niedrigen Zinsen oder steigenden Zinsen, werden die Fondsmanager dieses Segments aller Voraussicht nach nicht an die Vergangenheitsergebnisse anknüpfen können.

Daher sollten die klassischen Mischfonds oder vermögensverwaltenden Fonds, die in erster Linie in Aktien und Anleihen investieren, mit Vorsicht betrachtet werden. Selbst für den Fall, dass ein Anleger oder Berater von einem Mischfondsmanager sehr überzeugt ist, sollten die Portfolioanteile nicht so hoch sein, da mit diesem Anteil auch die Abhängigkeit von wenigen Timing-Entscheidungen eines einzelnen Managers eingegangen wird.

Für die Zukunft besser aufgestellt erscheinen moderne Multi-Asset-Fonds, die Absolute-Return-Strategien berücksichtigen und insbesondere im Rentenbereich die nötige Flexibilität mitbringen, um auch in einem Umfeld steigender Zinsen besser geschützt zu sein. Auch hier sollte allerdings die Quote einzelner moderner Multi-Asset-Fonds am Gesamtvermögen begrenzt bleiben, damit eine breite Diversifikation über eine Vielzahl sorgfältig ausgewählter Fondsmanager möglich ist.

8.8 Portfolio-Umsetzung

Abschließend möchten wir alle Anleger und Berater zum Nachdenken darüber ermuntern, wie sie nach dem aktuellen Stand der Erkenntnisse hinsichtlich der Zinsfalle ihr Portfolio ausrichten würden, wenn sie es gemäß der eigenen Risikobereitschaft und Risikotragfähigkeit heute komplett neu anlegen könnten.

Anlageklasse	idealer Vermögensanteil	
	in Euro	in %
Immobilien		
Lebens-/Rentenversicherung		
Bankeinlagen/Festgeld		
Staatsanleihen		
Unternehmensanleihen		
flexible Rentenstrategien (Fonds)		
Mischfonds/Vermögensverwaltende Fonds		
Aktien		
Absolute-Return-Fonds		

Nach diesem Schritt sollte der Anleger nun sein aktuelles Vermögen auflisten. Berater können an dieser Stelle aufführen, wie ein Großteil der Kundenportfolios investiert ist und ermitteln, inwieweit die von ihnen betreuten Anleger in der Zinsfalle stecken.

Anlageklasse	aktueller Vermögensanteil	
	in Euro	in %
Immobilien		
Lebens-/Rentenversicherung		
Bankeinlagen/Festgeld		
Staatsanleihen		
Unternehmensanleihen		
flexible Rentenstrategien (Fonds)		
Mischfonds/Vermögensverwaltende Fonds		
Aktien		
Absolute-Return-Fonds		

Eigentlich sollte es keine große Differenz zwischen dem aktuell gewünschten Portfolio und den tatsächlichen Anlagen geben. Bei den meisten Anlegern ist dies jedoch der Fall. Sie sollten überlegen, wie sie zeitnah und möglichst kostenschonend von den bestehenden Investments auf das potenziell zukunftsträchtigere Wunschportfolio umstellen können. Da auf Anlegerebene viele individuelle und meist auch steuerliche Aspekte zu berücksichtigen sind, sollten die Berater jeden Kunden einzeln betrachten. Jeder Anleger sollte im Regelfall einen erfahrenen Berater hinzuziehen, der auch über spezifisches Know-how in der Selektion erfolgreicher Fonds bzw. Fondsmanager verfügt.

Wer sich intensiver mit dem Thema und den entscheidenden Faktoren bei der Fonds(manager)selektion auseinandersetzen möchte, dem sei unser erstes Buch »Das Sauren Fonds-Konzept« ans Herz gelegt. Hier erfahren Sie, warum der Fondsmanager den entscheidenden Einfluss auf die künftige Wertentwicklung hat und warum das Fondsvolumen so bedeutend ist. Darüber hinaus erhalten Sie wertvolle Ansatzpunkte, wie ein Portfolio langfristig strategisch sinnvoll ausgerichtet werden kann.

Weitere interessante Einblicke in das aktuelle Marktumfeld bieten Ihnen drei herausragende Fondsmanager, die über einen sehr langen Zeitraum ihr Können unter Beweis gestellt haben. Daher lohnt es sich, die nachfolgenden Interviews mit Peter E. Huber, Klaus Kaldemorgen und Bert Flossbach zu lesen.

Peter E. Huber
(StarCapital)

Peter E. Huber ist einer der erfolgreichsten unabhängigen Vermögensverwalter Deutschlands und kann sowohl im Aktienbereich als auch im Rentenbereich eine Erfahrung von mehr als 35 Jahren vorweisen. Im Rentenbereich versteht es Peter E. Huber wie kaum ein Zweiter, durchdachte global ausgerichtete Portfolios für europäische Investoren zu strukturieren und sich ergebende Opportunitäten bei gleichzeitiger defensiver Grundausrichtung über alle Marktsegmente hinweg wahrzunehmen. Im Aktienbereich verfolgt Peter E. Huber eine grundsätzlich antizyklische Vorgehensweise mit wertorientierter Ausrichtung.

Sie besitzen mit rund 35 Jahren so viel Erfahrung an den Rentenmärkten wie kaum ein anderer Marktteilnehmer. Wie charakterisieren Sie die aktuelle Lage?

> In vielen Ländern befinden sich die Renditen von Staatsanleihen auf historischen Tiefständen. In Frankreich etwa verzinsen sich zehnjährige Staatsanleihen per Ende November mit 0,97 Prozent, deutsche Bundesanleihen mit der gleichen Laufzeit bringen 0,70 Prozent p.a. Bei kürzeren Laufzeiten ist die Lage noch extremer. Bei Anleihen mit zweijähriger Laufzeit – etwa aus der Schweiz, Deutschland, Frankreich oder den Niederlanden ist die Verzinsung sogar negativ, d. h. der Anleger muss Zinsen bezahlen, wenn er in diesen Papieren anlegen will. Etwas Vergleichbares hat es seit Beginn der Aufzeichnungen vor mehreren hundert Jahren nicht gegeben. Weil daher jede Vergleichsmöglichkeit fehlt, ist die Situation auch relativ schwer zu beurteilen.

Peter E. Huber (StarCapital)

Was bedeutet die aktuelle Situation für Anleger in festverzinslichen Wertpapieren?

Es bedeutet, dass es erstmals keine Zinsen auf »risikolose« Anlagen wie Festgeld, Sparbücher oder Bundesanleihen mehr gibt. Auch andere vergleichsweise sichere Anlageformen, wie zum Beispiel Kapitallebensversicherungen, sind massiv davon betroffen. Da die Inflationsrate zwar rückläufig, aber immer noch positiv ist, schrumpft das reale Vermögen des konservativen Anlegers jedes Jahr etwas zusammen. Wenn er sein Vermögen erhalten oder gar vermehren will, ist er gezwungen, in riskantere Anlagen zu investieren, beispielsweise in festverzinsliche Wertpapiere mit schlechterer Bonität oder in Aktien. Viele Sparer tun sich damit wegen ihrer ausgeprägten Risikoaversion sehr schwer.

Inwieweit nehmen die Notenbanken Einfluss auf die Rentenmärkte?

Die großen Notenbanken »drucken« in einem schier unglaublichen Ausmaß Geld, um damit durch den Kauf von Staatsanleihen »Quantitative Easing« (QE) zu betreiben. Diese Käufe erfolgen entweder direkt – wie in den USA, Japan oder England – oder indirekt über die Banken, wie im Fall der Europäischen Zentralbank. Waren diese QE-Maßnahmen in der Finanzkrise des Jahres 2008 dafür gedacht, das internationale Bankensystem nach der Lehman-Pleite vor dem Kollaps zu retten, sind sie inzwischen zum Selbstläufer geworden.

Neben der notwendigen Rettung des Bankensystems war es auch Ziel der Notenbanken, den hochverschuldeten Staaten Zeit für dringend notwendige Reformen – z. B. am Arbeitsmarkt – und zur Konsolidierung der öffentlichen Haushalte zu verschaffen. Dieses Ziel wurde völlig verfehlt, denn die Staaten haben den nachlassenden Druck durch die sinkenden Zinsen kaum für Reformen genutzt. Vielmehr wurden munter neue Schulden gemacht. So liegt der Schuldenstand der öffentlichen Haushalte in Euroland heute fast 60 Prozent höher als 2007. Das Geld wurde dabei überwiegend konsumtiv verwendet, etwa für neue Subventionen oder höhere Sozialleistungen, während dringend notwendige öffentliche Investitionen in innere und äußere Sicherheit, Verkehrsinfrastruktur oder Bildung vernachlässigt wurden. Es wurde also viel unternommen, Wohlstand zu verteilen, aber praktisch nichts, um Wohlstand zu schaffen, wie ein Experte treffend bemerkte.

Peter E. Huber (StarCapital)

Was sehen Sie am Ende der Entwicklung stehen?

Wir haben es hier mit einem Experiment mit ungewissem Ausgang zu tun. Sicher scheint, dass der klassische Weg zur Konsolidierung der öffentlichen Haushalte – durch Sparen oder höheres Wirtschaftswachstum – inzwischen verbaut ist. Deshalb werden die Notenbanken auch immer offensichtlicher dazu missbraucht, durch die unbegrenzte Bereitstellung neuer Liquidität das durch politische Ignoranz blockierte Wirtschaftswachstum zu stimulieren. Außerdem soll Inflation erzeugt werden, während es früher die eigentliche Aufgabe der Zentralbanken war, für Preisstabilität zu sorgen. Tatsächlich kann man Staatsschulden zurückführen, wenn man die Zinssätze niedrig lässt und für eine steigende Inflation sorgt. Neudeutsch bezeichnet man das als »financial repression«. Dies ist aber nicht so einfach, denn hohe Schulden wirken normalerweise eher deflationär. Der Anleger sollte daher Staatsschuldenschnitte und Vermögensabgaben einkalkulieren.

Welche Lösung können Sie sich vorstellen?

Die aktuelle Nullzinspolitik ist ein krasser Fehler, weil sie das Sparvermögen entwertet und zu Fehlallokationen verleitet. In den USA nehmen Unternehmen massiv Kredite auf – nicht um zu investieren –, sondern um eigene Aktien zurückzukaufen. Man müsste stattdessen die Aufnahme von Eigenkapital billig machen und nicht die Aufnahme von Fremdkapital. Statt tausende von Milliarden in zins- und substanzlose Staatsschulden zu investieren, sollten die Notenbanken das Geld lieber zum Kauf von Aktien verwenden. So würde in Substanz investiert werden und man beteiligt sich an der Wertschöpfung der Wirtschaft, statt die ausufernde Staatsverschuldung zu fördern. Das allgemeine Kursniveau würde deutlich steigen und die Aufnahme von Eigenkapital begünstigen. Die entstehenden Kursgewinne könnten abgeschöpft und dafür verwendet werden, Puffer für künftige Finanzkrisen zu schaffen und Staaten den Abbau ihrer Verschuldung zu erleichtern.

Ergänzend dazu muss zwingend eine wirksame Schuldenbremse eingeführt werden. Jede weitere Erhöhung der Staatsverschuldung muss durch die Hinterlegung entsprechender Sicherheiten abgedeckt werden. Dies kann eine hundertprozentige Golddeckung sein oder die Überstellung von Staatsbeteiligungen in einen unabhängigen Treuhandfonds.

Peter E. Huber (StarCapital)

Können Sie uns ein Beispiel für eine fundamentale Verzerrung geben?

Je höher sich ein Staat, ein Unternehmen oder eine Privatperson verschuldet, umso höhere Zinsen muss er normalerweise bieten, denn seine Bonität und die Fähigkeit zur Rückzahlung sinken. Wenn trotz der explodierenden Verschuldung der öffentlichen Haushalte die Zinsen ständig sinken, ist das widersinnig und wird nur durch das Eingreifen der Notenbanken ermöglicht.

Wie bedeutend kann es für einen Anleiheninvestor in diesem Umfeld werden, auch von steigenden Zinsen und damit fallenden Kursen zu profitieren?

Seit dem Zinshoch in 1980 gab es an den Rentenmärkten eine unschlagbare Strategie. Man musste nur jedes Jahr in zehnjährige Bundesanleihen investieren und nach einem Jahr ein Rebalancing durchführen: Da die Papiere dann nur noch eine Restlaufzeit von 9 Jahren hatten, wurden sie verkauft, und es wurde wieder in zehnjährige Laufzeiten reinvestiert. Die hohen Kupons, die Kursgewinne durch die sinkenden Zinsen und die Erträge durch das Abgleiten auf der steilen Zinsstrukturkurve (Roll-down-Effekt) brachten zusammengenommen eine stolze Performance. Auf dem heutigen Zinsniveau funktioniert diese Strategie nicht mehr. Durch die von den Notenbanken geschaffene Anomalität (niedrige Zinsen bei sinkender Bonität) erscheint eine konträre Zinsstrategie aussichtsreicher. Durch den Verkauf von Zinsfutures oder den Kauf von Short-ETFs auf Anleihenindizes kann man die Verzerrungen an den Rentenmärkten nutzen, um auch an steigenden Zinsen und fallenden Anleihenkursen Geld zu verdienen. Diese Strategie erfordert aber viel Feingefühl und sollte nur bei Trendbrüchen und von erfahrenen Fondsmanagern eingesetzt werden.

Wo sehen Sie noch Gelegenheiten an den Rentenmärkten?

Anleihen bilden auch künftig ein wesentliches Element in einem ausgewogenen Vermögensmix. Aktien werden Anleihen nie ersetzen können, weil es sich um völlig unterschiedliche Strukturen handelt. Wesentliche Merkmale der Anleihe sind, dass sie in der Regel über eine feste Verzinsung, eine feste Laufzeit und einen fixierten Rückzahlungskurs verfügen und die daraus resultierenden Geldflüsse viel besser kalkulierbar sind. Zudem unterliegen Aktien deutlich größeren Marktpreisschwankungen. Aktien werden Anleihen deshalb nie ersetzen können. Also muss man sich in seinem Rentenportfolio auf die Suche nach sinnvollen Anlagen im Bereich der festverzinslichen Papiere fokussieren, auch wenn dies heute schwieriger geworden ist.

Sollten sich die Inflationserwartungen aufgrund der aktuellen Deflationsängste weiter zurückbilden, würden wir schrittweise antizyklisch erste Positionen in inflationsgeschützten Anleihen (»linker«) aufbauen. Auch im Bereich der hochverzinslichen Anleihen (High Yield) gibt es selektive Chancen, da die Risikoaversion der Anleger sehr ausgeprägt ist und entsprechend die Kreditausfallrisiken oft und systematisch überschätzt werden. Hier sollte man aber auf das Liquiditätsrisiko achten und vorwiegend Emissionen mit einem Volumen von mindestens 750 Millionen US-Dollar oder Euro erwerben. Sonst sind diese Papiere im Krisenfall am Sekundärmarkt nur mit hohen Abschlägen zu verkaufen. Mittelstandsanleihen sollte man auf jeden Fall meiden, weil sie oft illiquide, intransparent und mit hohen Ausfallrisiken behaftet sind.

Können Sie Ihre Überlegungen ausführen, warum Sie zuletzt in Dollarbonds hoher Bonität investiert haben?

Aufgrund der recht robusten Konjunkturentwicklung in den USA und des absehbaren vorläufigen Endes der QE-Programme durch die amerikanische Notenbank haben sich die Zinsen im Dollarraum bereits letztes Jahr deutlich erhöht. So verzinsen sich fünfjährige T-Bonds derzeit mit 1,48 Prozent, während fünfjährige Bundesanleihen nur 0,11 Prozent bringen. Dieser Aufschlag von 1,37 Prozentpunkten ist im historischen Vergleich relativ hoch. Das Zinsänderungsrisiko ist bei dieser Laufzeit überschaubar und der Dollarkurs sollte von diesem hohen Spread profitieren, da Anlagegelder verlagert werden. Wer kein Währungsrisiko will, kann den US-Dollar gegenwärtig fast kostenlos quartalsweise rollierend absichern.

Kauft man Dollarbonds, die von internationalen Unternehmen emittiert wurden, bekommt man nochmals einen deutlichen Aufschlag auf die Renditen von T-Bonds mit der gleichen Laufzeit. Hier gibt es auch im Bereich guter Bonität (Investmentgrade bis BBB) bei einer mittleren Laufzeit noch Renditen um die 4 Prozent.

Peter E. Huber (StarCapital)

Gibt es im hochverzinslichen Bereich nicht noch attraktivere Gelegenheiten?

Die gibt es. Wie bereits ausgeführt, sind die Anleger zum einen sehr risikoavers und zum anderen überschätzen sie systematisch die Ausfallrisiken. Gerade im aktuellen Niedrigzinsumfeld gelingt es auch hochverschuldeten Unternehmen leichter, ihre Schulden zu bedienen. Trotzdem versuchen viele dieser Gesellschaften, ihre Verschuldung abzubauen und dadurch ihr Rating zu verbessern. Im Ernstfall wird zudem oft das Eigenkapital erhöht durch die Ausgabe neuer Aktien. Dies führt zwar für die Aktionäre zu einer Gewinnverwässerung, ist aber gut für die ausgegebenen Anleihen. Wer sich im Single-B-Bereich umsieht, findet oft auch heute noch selbst auf Euro-Basis Renditen von über 6 Prozent. Solche Anleihen sind aber vorwiegend zur Depotbeimischung geeignet und sollten keinen Anlageschwerpunkt bilden.

Bietet die Investition in Fremdwährungsanleihen eine Möglichkeit zur Erzielung höherer Renditen?

Dem Euro-Raum drohen viele potenzielle Gefahren. Das schwache Wirtschaftswachstum, die hohe Staatsverschuldung und geopolitische Risiken, wie im Ukraine-Konflikt. Nicht zu unterschätzen ist auch das politische Risiko durch das Erstarken euro- und europakritischer Parteien. Der Euro kann auf Dauer nur überleben, wenn Europa politisch und wirtschaftlich zu einem Staatenbund zusammenwächst und die Nationalstaaten wesentliche Kompetenzen abgeben. Danach sieht es derzeit nicht aus. Vor diesem Hintergrund erscheint es durchaus interessant, einen Teil des Rentenportfolios in anderen Währungen anzulegen, die diese Probleme nicht haben und zudem noch deutlich höhere Zinsen bieten. Man sollte aber berücksichtigen, dass einige Länder als Öl- und Rohstoffproduzenten derzeit unter dem Preisverfall in diesen Sektoren leiden. Dies gilt zum Beispiel für Norwegen, Kanada, Australien oder Südafrika. Dagegen profitieren rohstoffarme Länder wie Indien oder China von dieser Entwicklung.

Am besten fährt man einen Fremdwährungsanteil mit einer breiten Streuung über möglichst viele Währungen, die eine höhere Verzinsung bieten. Auch der US-Dollar spielt dabei eine wesentliche Rolle. Man sollte es aber nicht übertreiben, denn der Euroraum ist wirtschaftlich nicht zu unterschätzen und produziert Leistungsbilanzüberschüsse. Fremde Währungen sind deshalb keine Selbstläufer für Devisenkursgewinne.

Wie stellt sich aus Ihrer Sicht die Zukunft an den Rentenmärkten dar und wie sollten sich Anleger positionieren?

Die Deutschen haben den überwiegenden Teil ihres Geldvermögens in (bisher) zinsbringende Anlagen gepackt, seien es Sparbücher, Bankeinlagen, Festgelder, Versicherungen oder Rentenansprüche. Auch die institutionellen Anleger haben einen Schwerpunkt ihrer Kapitalanlagen in Zinspapieren. So halten zum Beispiel deutsche Versicherungen 80,8 Prozent in Renten und nur 3,5 Prozent in Aktien. Das halten wir für unausgewogen und falsch, gerade wenn die Vermögensstruktur langfristig ausgerichtet ist. Wie viel der Einzelne an illiquidem Vermögen hält (Immobilien, Kunst, eigene Firma, etc.), ist individuell verschieden. Das liquide Vermögen sollte gleichmäßig in Zins- und Sachwerte angelegt werden, vorwiegend in Anleihen und Aktien – mit einer breiten Streuung.

Bei den Anleihen sollte man eine Duration im mittleren Laufzeitbereich anstreben, sich also auf Anleihen mit 4 bis 7 Jahren Restlaufzeit konzentrieren. Geht man kürzer, bekommt man überhaupt keine Rendite, geht man länger, wird das Zinsänderungsrisiko zu hoch. Neben Euro-Unternehmensanleihen mit guter bis mittlerer Bonität (BBB–BB) sollte man kleinere Depotanteile in High-Yield-Bonds und in Fremdwährungsanleihen beimischen. Bei den Fremdwährungsanleihen sollte man auch Staatspapiere berücksichtigen, da diese wesentlich liquider sind.

Sie können nicht nur auf eine jahrzehntelange Erfahrung an den Rentenmärkten zurückblicken, sondern haben eine gleich lange Erfahrung an den Aktienmärkten. Wie beurteilen Sie hier die aktuelle Situation?

Aufgrund umfangreicher Untersuchungen im Rahmen unserer Kapitalmarktforschung wissen wir, dass die Entwicklung an den Aktienmärkten auf kurze bis mittlere Sicht nicht prognostizierbar ist. Niemand kann deshalb zuverlässig sagen, wo sich zum Beispiel der Deutsche Aktienindex DAX in einem Jahr befindet. Was wir aber schon bestimmen können ist, ob Aktien im historischen Vergleich derzeit hoch oder niedrig bewertet sind. Dazu liegen uns langfristige Zeitreihen für zahlreiche Kennzahlen, wie das Kurs-Gewinn-Verhältnis, das Shiller-KGV, das Kurs-Buchwert-Verhältnis, das Kurs-Cashflow-Verhältnis oder die Dividendenrendite vor. In den USA reichen diese Daten bis 1880 zurück, in Europa teilweise bis 1965. Als Ergebnis lässt sich festhalten, dass der US-Aktienmarkt derzeit mit einem Shiller-KGV von deutlich über 25 hoch bewertet ist, während einige europäische Börsen und Japan sowie einige Schwellenmärkte wie China, Russland oder Südkorea attraktive Kennzahlen aufweisen.

Grundsätzlich hängt die Bewertung der einzelnen Märkte von der Erwartungshaltung der Investoren ab. Sind sie positiv gestimmt, weil die Aktien schon länger nach oben klettern, die Konjunktur boomt und die Unternehmensgewinne sprudeln, sind Aktien in der Regel hoch bewertet. Man kauft also teuer. Ähnliches gilt natürlich auch umgekehrt. Dies spricht für eine antizyklische Anlagestrategie. Das Problem dabei ist, dass einem dies für ein exaktes Timing wenig nützt. So können hoch bewertete Märkte noch jahrelang weiter nach oben laufen und umgekehrt. Auf längere Sicht ergibt es dennoch Sinn, in Aktien zu investieren, wenn sie niedrig bewertet sind.

Glauben Sie, dass sich der US-amerikanische Aktienmarkt aufgrund der besseren Konjunkturperspektiven auch zukünftig besser als der europäische Aktienmarkt entwickelt? Wie ist hier jeweils das Ertrags-Risiko-Verhältnis?

Der amerikanische S&P 500-Index ist in den letzten 5 Jahren inklusive der Dividendenerträge auf Eurobasis um 152 Prozent gestiegen. Der EuroStoxx 50 als europäischer Vergleichsindex hat dagegen nur einen Gesamtertrag von 43,8 Prozent gebracht. Eine so starke Divergenz ist extrem ungewöhnlich. Sie liegt darin begründet, dass die USA in wichtigen Zukunftstechnologien, wie Biotechnologie, Internet oder Informationstechnologie eine Schlüsselstellung einnehmen. Auch im Bereich der Basisindustrie, wie z. B. im Automobilbau oder in der Stahlbranche, ist dank dem Fracking-Boom eine gewisse Reindustrialisierung erkennbar. Insgesamt sind die Unternehmensgewinne viel stärker gestiegen als in Europa. Dies alles führt dazu, dass die weitere Entwicklung in den USA sehr positiv eingeschätzt wird, während man für Europa sehr negativ gestimmt ist. Wie bereits ausgeführt, ist dies in den aktuellen Bewertungen berücksichtigt und daher ist aus antizyklischer

Sicht das Ertrags-Risiko-Verhältnis für europäische Aktien aktuell viel günstiger.

Als antizyklischer Investor stehen Sie auch den Schwellenbörsen offen gegenüber. Warum sind diese Märkte für Sie attraktiv?

Wir werden immer dann hellhörig, wenn bestimmte Börsen vom Gros der Anleger einseitig extrem pessimistisch beurteilt werden. Das ist derzeit beispielsweise in China und Russland der Fall. Beide Aktienmärkte haben sich in den letzten Jahren sehr negativ entwickelt. Im Reich der Mitte wird allgemein ein Zusammenbruch des überhitzten Immobilien- und Kreditbooms befürchtet. Außerdem versuchen die USA mit allen Mitteln, den wirtschaftlichen und politischen Aufstieg Chinas zu behindern. So soll zum Beispiel eine asiatisch-pazifische Freihandelszone geschaffen werden – unter Ausschluss Chinas. Russland dagegen leidet unter den Sanktionen des Westens wegen der Ukraine-Krise und den stark nachgebenden Öl- und Rohstoffpreisen. Der Rubel befindet sich im freien Fall.

Die Folge ist, dass sich China und Russland einander stärker annähern, obwohl zwischen beiden Mächten ein tiefes Misstrauen herrscht. Diese Annäherung bringt beiden Seiten enorme Vorteile und könnte deshalb ein Megathema im Investmentbereich für die nächsten 10 bis 20 Jahre werden. China kann Russland beim Aufbau einer modernen Industrieinfrastruktur helfen, während Russland das Reich der Mitte mit Energie und Rohstoffen versorgen kann. Wir bauen deshalb in chinesischen und russischen Aktien schrittweise Positionen auf, zumal hier extrem tiefe Bewertungen zu finden sind.

Können Sie uns Ihre Gründe für China näher erläutern?

Die Politik der chinesischen Notenbank (People Bank of China) war längere Zeit sehr restriktiv, um die Inflation zu bekämpfen und den überhitzten Immobilienmarkt abzukühlen. Dies ist sehr gut gelungen. Der Immobilien-Sektor hat sich so stark abgekühlt, dass die restriktiven Maßnahmen für Immobilienkäufe inzwischen weitgehend aufgehoben wurden. Die Konsumentenpreise sind um 1,6 Prozent gefallen und die Produzentenpreise fallen seit drei Jahren in Folge. Das Wirtschaftswachstum hat sich deutlich zurückgebildet, liegt dennoch weiter auf einem beneidenswert hohen Niveau. Die

Kreditnachfrage der Geschäftsbanken bei der Notenbank springt deutlich an. China ist der größte Profiteur der fallenden Öl- und Rohstoffpreise, die 35 Prozent der gesamten Importe ausmachen.

Vor diesem Hintergrund wird die extrem niedrige Bewertung chinesischer Aktien (KGV: 7,7, KBV: 1,3, KCV: 4,3, Dividendenrendite: 4,1 Prozent) bald der Vergangenheit angehören. Die Lockerung der Geldpolitik könnte zu einer deutlichen Höherbewertung (Multiple Expansion) führen. Außerdem gefällt uns die schrittweise Liberalisierung des Kapitalmarktes. So können seit dem 17. November chinesische A-Aktien von den Börsen in Shanghai und Shenzhen über Hongkong auch von Ausländern ohne Restriktionen erworben werden. Dies dürfte auf mittlere Sicht zu einer deutlichen Höhergewichtung in diversen Indizes führen.

Wie lautet Ihr Fazit, das Sie einem Anleger mit auf den Weg geben würden?

Wir empfehlen dringend eine ausgewogene und gut diversifizierte Vermögensstruktur mit einem Mix aus Anleihen und Aktien. In beiden Bereichen gibt es auch heute noch selektiv attraktive Titel. Allerdings sollte man eine Aktienanlage immer nur langfristig betrachten. Aktien sind kurzfristig eine Anlage mit sehr hohen Risiken, langfristig schlagen sie in puncto Sicherheit und Ertrag alle anderen Anlageformen bei weitem. Wer in Aktien unterinvestiert ist, sollte Anfangspositionen erwerben und Schwächephasen schrittweise zum weiteren Ausbau des Portfolios nutzen.

Peter E. Huber

30. November 2014

Klaus Kaldemorgen
(DWS / Deutsche Asset & Wealth Management)

Klaus Kaldemorgen begann seine Karriere bei der DWS im Jahr 1982 und wurde im Jahr 1991 zum Leiter des internationalen Aktienfondsmanagements ernannt. Der langjährige Erfolg vieler DWS-Aktienfonds ist mit ihm verbunden und sein Name steht für erfolgreiche langfristige Kapitalanlage mit Investmentfonds. Nach jahrzehntelanger Tätigkeit als klassischer Aktienfondsmanager konzentriert sich Klaus Kaldemorgen seit dem Jahr 2011 auf die Verwaltung eines Multi-Asset-Fonds mit Ausrichtung auf die Erzielung eines absoluten Wertzuwachses. Aufgrund jahrzehntelanger Markterfahrung und Erfolge ist Klaus Kaldemorgen ein profunder Kenner sowohl der Aktienmärkte als auch der Renten- und Währungsmärkte.

Sie haben sich einen Namen als Aktienfondsmanager gemacht. Welche Faktoren bestimmen aktuell vor allem die Entwicklung der Aktienmärkte?

In der Vergangenheit waren im Wesentlichen die Wachstumszyklen entscheidend für die Entwicklung der Aktienmärkte. Seit die Zentralbanken aber monetäre Maßnahmen als Instrument zur Sanierung maroder Staatsfinanzen nutzen und sich selbst als Reparaturbetrieb für wirtschaftliche Fehlentwicklungen verstehen, ist der Einfluss der Geldpolitik auf die Kapitalmärkte im Allgemeinen und auf die Aktienmärkte im Speziellen gewachsen. Es ist leicht nachvollziehbar, dass die in den großen Wirtschaftsregionen etablierte Nullzinspolitik verbunden mit quantitativen geldpolitischen Maßnahmen die Bewertung an den Aktienmärkten nach oben treibt. Das von den Zentralbanken zur Verfügung gestellte Geld fließt in die Kapitalmärkte, statt der Realwirtschaft auf die Sprünge zu helfen. Die ausgeprägten Wachstumszyklen der Vergangenheit mutieren zu einem moderaten blutleeren Wachstum mit eher geringen Ausschlägen – eine Entwicklung, die ebenfalls positiv für die Aktienmärkte ist. Denn geringe konjunkturelle Ausschläge dämpfen auch die Ausschläge und damit die Risiken an den Aktienmärkten. Die sehr zurückhaltende Investitionstätigkeit der Unternehmen sorgt für einen steigenden freien Cashflow der Unternehmen, der den Aktionären in Form höherer Dividendenzahlungen zugutekommt. Der Umstand, dass die Dividendenrendite mittlerweile höher ist als die Zinsen auf Anleihen der Unternehmen, sorgt für eine zunehmende Umschichtung am Kapitalmarkt zugunsten der Aktie.

In welchen Regionen bzw. Branchen sehen Sie aktuell die attraktivsten Gelegenheiten?

Generell sollte ein Aktienportfolio alleine schon aus Risikoüberlegungen über verschiedene Regionen und Branchen gestreut werden. Risiken, die sich durch Änderungen von Wettbewerbsbedingungen, Rohstoffpreisen und Wechselkursen ergeben, können so zumindest reduziert werden. Als Beispiel mag hierfür der Einbruch des Ölpreises in diesem Jahr herhalten. Auf der regionalen Schiene leiden in erster Linie die Erdölexporteure, während Länder und Regionen, welche stark abhängig von Ölimporten sind (Türkei, Japan, Eurozone) zu den Profiteuren zählen. Ähnlich sieht es auf der Sektorebene aus. Gewinner eines fallenden Ölpreises sind üblicherweise die Konsumwerte, da die Verbraucher entlastet werden und höhere Konsumausgaben tätigen können. Verlierer sind auf der anderen Seite Ölunternehmen und die entsprechende Zulieferindustrie bis hin zu Infrastrukturunternehmen.

Will man trotzdem Akzente setzen, so sollte man sich an einer Kombination von Geldpolitik und den erwarteten Wachstumsraten in den unterschiedlichen Regionen orientieren. Die USA werden voraussichtlich auch im nächsten Jahr mit hohen Wachstumsraten glänzen. Die Entwicklung des Aktienmarktes könnte allerdings durch die damit induzierte Zinserhöhung konterkariert werden. Japan wird auch im nächsten Jahr seine äußerst expansive Geldpolitik fortsetzen. Allerdings wird das Wachstum in Japan belastet durch eine offensichtliche Unfähigkeit zu notwendigen Reformen sowie eine sehr ungünstige demografische Entwicklung. Als einziger Ausweg für eine bessere Aktienkursentwicklung gelten eine weitere Abwertung des Yens sowie Umschichtungen japanischer Pensionsfonds zugunsten der Aktie. Die Eurozone verbindet eine nochmalige Lockerung der Geldpolitik mit moderatem

Wachstum. Die deutliche Abwertung des Euros sollte sich positiv auf die Unternehmensergebnisse in 2015 niederschlagen. Die skeptischen Erwartungen seitens der Investoren könnten eher übertroffen werden. Verbunden mit einem günstigen Bewertungsniveau eröffnet dies Kurschancen.

Sie sind gegenüber dem Bankensektor vorsichtig eingestellt. Können Sie dies näher begründen?

Der Bankensektor ist geprägt von Überkapazitäten und einer sich weiterhin verschärfenden Regulierung. Zudem fehlen Erfahrungswerte, wie das Geschäftsmodell der Banken in einem längerfristigen Niedrigzinsumfeld funktionieren wird. Auch der Druck durch die Digitalisierung des Bankengeschäfts dürfte zumindest noch für einige Jahre Druck auf die Gewinnmargen mit sich bringen. All diese Belastungsfaktoren haben sich natürlich in einer deutlich reduzierten Bewertung des Bankensektors niedergeschlagen, vor allem in der Eurozone. Ich würde deshalb meine Haltung zu dem Bankensektor nicht als vorsichtig, sondern als opportunistisch beschreiben. In kaum einem Sektor sind die Kursschwankungen so hoch, da sich Pessimismus und vorsichtiger Optimismus die Klinke in die Hand geben. Dadurch ergeben sich aus taktischer Sicht Kaufgelegenheiten. Als längerfristige Anlage würde ich den Bankensektor hingegen meiden.

Welche Faktoren legen Sie bei der Auswahl einzelner Unternehmen an?

Zunächst muss die Auswahl der Aktien in das makroökonomische Szenario passen, also den Erwartungen hinsichtlich Zinsen, Wachstum, Rohstoffpreisen, Wechselkursentwicklung etc. entsprechen. Idealerweise sollte die Aktienauswahl auch verknüpft sein mit Themen und Trends, die sich positiv auf das Geschäftsmodell des Unternehmens auswirken können. Als wichtigstes Kriterium für die Einzelauswahl eines Unternehmens gilt die Wettbewerbsfähigkeit. Diese manifestiert sich in innovativen Produkten und Dienstleistungen bzw. Kostenführerschaft. All dies sollte mit einer vergleichsweise angemessenen Bewertung verbunden sein. Im gegenwärtigen Niedrigzinsumfeld spielen zunehmend die Dividendenrendite sowie eine stabile Ergebnisentwicklung eine große Rolle. Ein stabiles, nachhaltiges, durchaus auch moderates Wachstum genießt in einem Niedrigzinsumfeld Vorzug vor schwankenden Erträgen und geringer Visibilität in der Unternehmensentwicklung.

Klaus Kaldemorgen (DWS / Deutsche Asset & Wealth Management)

In den letzten Jahren haben Sie sich auf die Verwaltung eines Multi-Asset-Portfolios mit Ausrichtung auf die Erzielung eines absoluten Ertrags konzentriert. Warum haben Sie keinen klassischen Mischfonds mit einer Allokation aus Aktien, Anleihen und Liquidität gewählt?

Ich sehe außer der Begrifflichkeit keinen Unterschied zwischen einem Multi-Asset-Portfolio und einem klassischen Mischfonds. Unterschiede ergeben sich aus den unterschiedlichen Investmentansätzen. So gibt es Multi-Asset-Fonds, die gegen eine Benchmark, typischerweise 50 Prozent Aktien und 50 Prozent Renten antreten. Dabei mag es große Unterschiede geben, wie stark und aktiv die einzelnen Manager von der Benchmark abweichen. Die Benchmark wird aber in jedem Fall einen starken Einfluss auf die Portfoliostruktur und damit auf die Performance haben. Das von mir gemanagte Multi-Asset-Concept orientiert sich hingegen an der Erzielung eines absoluten Ertrages bei vorgegebenem Risikobudget. Ich gehe davon aus, dass die meisten Anleger weniger daran interessiert sind, eine Benchmark zu schlagen, als vielmehr eine Präferenz für ein bestimmtes Risiko haben (Risikokomfortzone). Dies lässt sich durch eine hohe Flexibilität bei der Allokation zwischen den unterschiedlichen Anlageklassen erreichen, die im Zweifel auch mal auf null heruntergefahren werden können. Dies wird vor allem durch den aktiven Einsatz von Derivaten gewährleistet. Hiermit lässt sich das Marktrisiko einzelner Anlageklassen (Beta) vom Selektionsrisiko (Alpha) trennen und separat managen. Neben den klassischen Anlageklassen Aktien, Anleihen und Liquidität spielt bei mir auch das aktive Management der Währungen eine Rolle. Währungen können sowohl als Long- als auch als Short-Positionen dienen. Dadurch lassen sich Risiken gut diversifizieren. Eine Position in japanischen Aktien kann beispielsweise kombiniert werden mit einer Short-Position auf den japanischen Yen.

Wie stehen Sie aktuell den Rentenmärkten gegenüber und inwieweit werden diese durch die Notenbanken beeinflusst?

Der Paradigmenwechsel der Notenbanken, die Zinspolitik durch eine äußerst aggressive quantitative Geldpolitik zu ergänzen, hat den Zins auch für längere Laufzeiten zumindest bei Staatsanleihen praktisch zum Verschwinden gebracht. Es ist offensichtlich, das Zinsen für zehnjährige Staatsanleihen unter 1 Prozent keine adäquate Kompensation mehr darstellen. Die Ausweichmöglichkeiten vieler institutioneller Anleger (Pensionsfonds, Versicherer) in andere Anlageklassen sind aber aus regulatorischen Gründen eher beschränkt. Für jene Anleger mit der Möglichkeit, höhere Risiken einzugehen, bieten sich Aktien mit hoher Dividendenrendite als Alternative zu den Rentenmärkten an. Die Attraktivität der Aktienmärkte ist in der relativen Betrachtung gegenüber den Rentenmärkten zurzeit deutlich höher. Man kann sagen, dass Aktien alternativlos sind, leider aber nicht risikolos. In der umgekehrten Betrachtung führen die fehlende Attraktivität und die steigenden Risiken der Rentenmärkte dazu, dass nicht mehr Anleihen die Alternative zu Aktien sind, sondern Liquidität.

Sie haben einmal gesagt, dass man alles unter 1 Prozent eigentlich nicht mehr als Zins bezeichnen kann. Finden Sie noch einen echten Zins?

Zumindest das absolute Zinsniveau bei in US-Dollar denominierten High-Yield-Anleihen liegt noch vergleichsweise hoch bei durchschnittlich 6 Prozent. Allerdings stehen diesen Anlagen aktienähnliche Risiken gegenüber, die genau analysiert werden müssen. Für eine vernünftige Diversifikation kommt in diesem Anleihesegment deshalb meist nur ein Fonds in Frage. Ein besonderes Risiko bei allen Unternehmensanleihen kann die in Stresszeiten austrocknende Liquidität bedeuten. Dies führt dann in aller Regel zu deutlich ansteigenden Renditen respektive sinkenden Kursen.

Wie beurteilen Sie in diesem Kontext eine Investition in Staatsanleihen bzw. in Unternehmensanleihen hoher Bonität?

Für sich betrachtet ist die Rendite bei Staatsanleihen und Unternehmensanleihen hoher Bonität unattraktiv. Da aber im Portfoliokontext in vielen Fällen das Risikobudget den limitierenden Faktor für risikoreichere Anlagen darstellt, wird man trotz Niedrigstrenditen kaum um Anlagen in diesem Segment herumkommen, um das Risiko eines Portfolios zu begrenzen. Aber natürlich werden alle Anleger versuchen, ihre Risikobudgets auszureizen.

Sind Investitionen in Anleihen von Schwellenländern eine Alternative?

Anleihen in Schwellenländer bieten in der Tat eine Alternative, da deren Rendite auch in US-Dollar oder Euro vergleichsweise höher ist. Spannende Alternativen können Anleihen in Emerging-Market-Währungen darstellen. Deren Verzinsung liegt teilweise im hohen einstelligen Bereich oder wie z. B. in Brasilien bei über 13 Prozent. Allerdings sollte man die damit einhergehenden Risiken genau analysieren und schauen, inwiefern diese auch in den mit den Anleihen korrespondierenden Währungen bereits berücksichtigt sind. Der dramatische Preisverfall beim Öl schafft gerade auch in den Emerging Markets sowohl Gewinner (z. B. Indien, Türkei) als auch Verlierer (z. B. Mexiko, Brasilien).

Sehen Sie ein durch das Niedrigzinsumfeld verändertes Verhalten der Anleger an den Rentenmärkten?

Gerade bei alternativen Investments wie etwa Infrastrukturprojekten oder Immobilien ist ein deutlich gesteigertes Interesse bei den Anlegern zu spüren. Ebenso ist eine zunehmende Präferenz der Anleger für Aktienanlagen mit einer hohen Dividendenrendite wahrzunehmen. Zunehmendes Interesse ziehen auch Multi-Asset-Fonds auf sich. Gerade jene Anleger mit einer geringen Risikotoleranz erhoffen sich durch diese Fonds einen risikokontrollierten Zugang zu den Aktienmärkten.

Befürchten Sie Verwerfungen durch das Ende der Niedrigzinspolitik in den USA?

Die Reaktion der Märkte auf die Niedrigzinspolitik der USA ist schwer einzuschätzen. Zwar bereitet die amerikanische Notenbank Fed die Märkte bereits seit einiger Zeit verbal auf diesen Schritt vor, sodass kaum ein Investor tatsächlich überrascht werden sollte. Zudem wird eine Erhöhung der Zinsen in den USA nur in homöopathischen Dosen erfolgen und nur unter der Voraussetzung, dass mit der Zinserhöhung auch ein entsprechend ordentliches Wirtschaftswachstum einhergeht. Viele Fondsmanager können sich allerdings kaum noch an Zeiten steigender Zinsen erinnern. Möglich, dass der Wunsch vorherrscht, die Party erst kurz vor Schluss zu verlassen.

Wie richten Sie sich darauf ein?

Ich schätze das Kurspotenzial für den US-Aktienmarkt im nächsten Jahr eher bescheiden ein, da gerade die positiven Wachstumserwartungen sich bereits in einer deutlich gestiegenen Bewertung niedergeschlagen haben. Bedenklich ist auch der Umstand, dass viele globale Investoren den amerikanischen Markt mittlerweile deutlich übergewichtet haben. Deshalb werde ich das Marktrisiko meiner Anlagen in US-Aktien wohl eher weiter absichern.

Sie setzen in Ihrem Portfolio zum Teil auf Aktien mit einer hohen und nachhaltigen Dividendenrendite. Sind diese Werte ein Anleihenersatz und was sollten Anleger aus Ihrer Sicht dabei beachten?

Man sollte nicht unbedingt die absolute Höhe der Dividende als Entscheidungskriterium heranziehen, sondern die Nachhaltigkeit der Dividende bzw. auch das Dividendenwachstum berücksichtigen. Ein wichtiges Kriterium für die Entwicklung der Dividende ist die sogenannte Pay Out Ratio. Sie besagt, welcher Prozentsatz des ausgewiesenen Gewinns als Dividende ausgeschüttet wird. Bei einer niedrigen Pay Out Ratio ist das Potenzial für zukünftiges Dividendenwachstum oft höher. Auch die Stabilität der Branche kann ein entscheidendes Kriterium sein. Nahrungsmittelunternehmen sollten im Allgemeinen eine stabilere Dividendenpolitik aufweisen als beispielsweise Ölwerte.

In der Vergangenheit hatten Sie ein gutes Gespür für Währungsentwicklungen. Wo sehen Sie hier aktuell Opportunitäten und wie setzen Sie das um?

Auf der Währungsseite dominieren als Einflussfaktoren die Geldpolitik sowie Wachstums- und Zinsdifferenzen. All diese Faktoren sprechen zurzeit für einen weiteren Anstieg des US-Dollars sowohl gegen den Euro als auch gegen den Yen, wobei der Yen sich langfristig aufgrund struktureller Schwächen auch gegen den Euro abschwächen sollte. Die Umsetzung erfolgt entweder ganz klassisch über Zinsanlagen in US-Dollar, die einen erheblichen Zinsaufschlag gegenüber entsprechenden Euroanleihen bieten, oder über Devisenterminkontrakte. Ganz allgemein glaube ich, dass sogenannte »Carry«-Währungen im gegenwärtigen Niedrigzinsumfeld nachgefragt werden. Dies sind Währungen, die einen Zinsaufschlag gegenüber der Heimatwährung bieten. Neben dem US-Dollar gehören dazu auch ausgesuchte Emerging-Market-Währungen mit entsprechend hoher Verzinsung.

Klaus Kaldemorgen (DWS / Deutsche Asset & Wealth Management)

Welche Faktoren fließen in Ihre Währungsüberlegungen ein? Können Sie dies exemplarisch an Ihrer Zuversicht im Hinblick auf den US-Dollar erläutern?

Die Zuversicht im Hinblick auf den US-Dollar ergibt sich vor allem aus der divergierenden Geldpolitik in 2015 zwischen den USA und Europa. Während die Europäische Zentralbank ein umfangreiches Anleihekaufprogramm im ersten Quartal 2015 plant, wird die Fed aller Voraussicht nach in der zweiten Jahreshälfte die Zinsen erstmalig wieder anheben. Die Wachstumsdifferenz in den USA dürfte in 2015 gegenüber Europa etwa zwei Prozentpunkte höher liegen. Entscheidend für die Kapitalverschiebungen von Europa in die USA dürfte allerdings die Zinsdifferenz sein. Während zehnjährige deutsche Bundesanleihen gerade einmal 0,7 Prozent bringen, liegt die Verzinsung entsprechender US-Staatsanleihen bei 2,2 Prozent. Bei Unternehmensanleihen können leicht zwei Prozentpunkte mehr verdient werden. Zunehmend spielt wohl auch die Kassehaltung eine Rolle. Während für große Summen in Europa bereits negative Zinsen fällig werden, ist dies in US-Dollar nicht der Fall. So überzeugend die Argumentationskette für den US-Dollar ist, es sollte nicht verschwiegen werden, dass sich bereits ein Großteil der Marktteilnehmer entsprechend positioniert hat. Dies reflektiert auch die Bewegung des US-Dollars in diesem Jahr, der von Höchstkursen bei 1,39 gegen den Euro auf 1,25 aufgewertet hat, ein Anstieg also von mehr als 10 Prozent.

Wie sehen Sie das Ertragspotenzial aus Aktien, Anleihen und Währungen und wie beurteilen Sie die damit verbundenen Risiken?

Die Aktienmärkte könnten im nächsten Jahr einen Kursanstieg im höheren einstelligen Bereich aufweisen. Über die Währungen könnte ein zusätzlicher Performancebeitrag erzielt werden. An den Anleihenmärkten wird man im besten Fall den Kupon verdienen können, in der Eurozone also weniger als 2 Prozent.

Wie lautet Ihr Fazit, das Sie einem Anleger mit auf den Weg geben würden?

Es ist festzustellen, dass der Privatanleger sich noch nicht auf das wohl länger andauernde Niedrigzinsumfeld eingestellt hat. Nach wie vor fließen den Rentenfonds mehr Gelder zu als den Aktienfonds. Die Aktienquote am liquiden Geldvermögen der deutschen Anleger liegt bei ca. 8 Prozent. Dies ist eindeutig zu wenig und bedarf einer Korrektur. Nun sollte der Anleger natürlich nicht dazu gedrängt werden, seine Risikopräferenz aufzugeben, mit der er sich wohlfühlt. Risiken am Aktienmarkt lassen sich jedoch oft durch relativ einfache Maßnahmen reduzieren. Hierbei steht an erster Stelle eine globale Diversifikation der Aktienanlage gegenüber einer rein auf den deutschen Markt ausgerichteten Anlagepolitik. Eine nochmalige Senkung des Risikos kann durch eine auf Dividendenrendite ausgerichtete Anlagestrategie erzielt werden. Um eine Flexibilisierung des Aktienanteils mit entsprechend weiterer Risikoreduzierung erreichen zu können, empfehlen sich moderne Multi-Asset-Konzepte.

Klaus Kaldemorgen

30. November 2014

Bert Flossbach
(Flossbach von Storch)

Bert Flossbach gründete im Jahr 1998 zusammen mit Kurt von Storch die Flossbach von Storch AG. Mit verwalteten Geldern in Höhe von 17 Milliarden Euro in Publikumsfonds, Spezialfonds und Individualmandaten gehört das Unternehmen heute zu den führenden unabhängigen Vermögensverwaltern in Deutschland. Bert Flossbach, dessen praktische Erfahrung in der Vermögensverwaltung bis in das Jahr 1988 zurückgeht, gibt federführend die Anlagestrategie des Hauses vor. Die Anlagestrategie bezieht alle bedeutenden Anlageklassen ein und basiert auf der Grundlage eines eigenen fundamentalen Weltbildes, welches maßgeblich von übergeordneten Themen makroökonomischer bzw. finanzpolitischer Natur bestimmt wird.

Die Anleger befinden sich in der Zinsfalle. Mit Anleihen ist kaum noch ein Ertrag verbunden. Wie sollten sich Anleger in diesem Umfeld verhalten?

Das vorherrschende Kapitalmarktumfeld fordert uns alle. Die Zeiten, in denen sich eine Rendite von 5 oder 6 Prozent mit Anleihen erstklassiger Schuldner erzielen ließ, sind lange vorbei. Es ist wenig wahrscheinlich, dass die Renditen in den kommenden Jahren deutlich steigen werden. Wir gehen davon aus, dass die Notenbanken die Zinsen noch sehr lange künstlich niedrig halten werden, da sich die hochverschuldeten Haushalte der Industriestaaten anders dauerhaft nicht finanzieren lassen.

Uns Investoren bleibt die Gewissheit, dass es allein mit verzinslichen Anlagen kaum gelingen wird, unser Vermögen künftig über einen längeren Zeitraum zu erhalten. In diesem Niedrigzinsumfeld kommen Investoren daher nicht umhin, einen gewichtigen Teil ihres Vermögens in erstklassige Aktien zu investieren. Auf den Mix kommt es an, er sollte stetig überprüft und bei Bedarf angepasst werden. Entscheidend dabei ist die detaillierte Risikoanalyse jedes einzelnen Investments.

Wie schätzen Sie die Maßnahmen der Notenbanken ein?

Die Geldpolitik der großen Notenbanken ist nach wie vor der wichtigste Einflussfaktor für die Entwicklung der Börsen. Während geopolitische Risiken die Börsenkurse zumeist nicht nachhaltig beeinflussen, tut es die Geldpolitik sehr wohl. Während die US Federal Reserve und die Bank of England angesichts der vergleichsweise positiven Konjunkturentwicklung über mögliche Zinserhöhungen nachdenken, dürften die Bank of Japan und die Europäische Zentralbank ihre Maßnahmen sogar noch ausweiten. Nach der neuerlichen Leitzinssenkung und der Ankündigung, Unternehmenskredite in der Euro-Peripherie aufzukaufen, könnte die Europäische Zentralbank schon bald damit beginnen, in großem Stil Anleihen zu kaufen (Quantitative Easing). In Erwartung solcher Maßnahmen ist die Rendite 10-jähriger Bundesanleihen zwischenzeitlich auf ein neues Allzeittief gefallen. Ein weiterer Rückgang der Renditen von Staatsanleihen ist zwar keineswegs auszuschließen, allerdings hat sich das Chance-Risiko-Verhältnis hier in den vergangenen Monaten deutlich verschlechtert.

Glauben Sie denn an eine von den USA ausgehende Zinswende?

Wir gehen davon aus, dass wir noch eine ganze Weile darauf warten werden. Das bedeutet allerdings nicht, dass das Thema von der Agenda verschwindet. Im Gegenteil. Es wird immer wieder Phasen geben, da viele Investoren an eine baldige Wende glauben, weil die US Federal Reserve entsprechende Erwartungen weckt. In der Folge fallen die Börsen. Die Notenbanker werden sich dann die ökonomischen Fakten anschauen und zugeben müssen, dass die Realität den allzu positiven Erwartungen und Wünschen doch nicht standhält. Was wiederum dazu führt, dass sich an der grundsätzlichen Geldpolitik nichts ändert. Die Investoren kehren zurück an die Börse, bis die nächsten Spekulationen über eine baldige Zinserhöhung die Runde machen.

Bert Flossbach (Flossbach von Storch)

Welche Konsequenzen hätte eine perspektivische Erhöhung der Zinsen durch die US-amerikanische Notenbank?

Wenn man sich die Historie anschaut, dann sind solche Zinsschritte nach längerer ökonomischer Schwächephase meist mit einer Verflachung der Zinskurve verbunden. Nehmen wir Neuseeland als aktuelles Beispiel: Die Notenbank dort hat mittlerweile dreimal den Leitzins angehoben. Während die Renditen am kurzen Ende deutlich zugelegt haben, sind sie am langen Ende spürbar gesunken. Es ergibt in einer solchen Erwartungshaltung also durchaus Sinn, länger laufende US-Anleihen im Portfolio zu halten.

Es wird klar, dass die Risiken bei kurzlaufenden Anleihen mitunter größer sind als bei länger laufenden Anleihen, zumal die Zinserträge der Kurzläufer minimal sind. Im Falle längerer Laufzeiten dagegen erwirtschaften Investoren höhere laufende Zinserträge, hinzu kommt der Roll-down-Effekt. Ein Großteil des Zinsänderungsrisikos wird also kompensiert oder überkompensiert. Und falls der Zins nicht angehoben wird, dann verdient man am langen Ende ohnehin mehr. Auch wenn es in keinem Lehrbuch so beschrieben ist: Investoren, die fürchten, die Fed könnte den Zins anheben, sollten langlaufende US-Dollar-Anleihen kaufen.

Sie haben jüngst in US-amerikanische Unternehmensanleihen investiert. Können Sie uns den Hintergrund dieser Anlageentscheidung erläutern?

Die USA sind eine der letzten Renditebastionen. US-Dollaranleihen bieten nach dem kräftigen Renditeanstieg im Herbst 2013 eine deutlich höhere Rendite als deutsche bzw. europäische Anleihen mit vergleichbarer Laufzeit. Das Währungsrisiko lässt sich dabei derzeit nahezu kostenlos absichern. Das Risiko eines deutlichen Renditeanstiegs und entsprechender Kursverluste erscheint uns begrenzt. Von entscheidender Bedeutung ist jedoch die Einzeltitelauswahl auf Basis einer sorgfältigen Analyse der Schuldner.

Wie stehen Sie zu Anleihen der Peripheriestaaten des Euro-Raums?

Nachdem Mario Draghi, der Chef der Europäischen Zentralbank, im Sommer 2012 versprochen hatte, die Notenbank würde den Euro um jeden Preis retten, kletterten die Anleihekurse der Peripheriestaaten kräftig. Das Risiko, in diese

Papiere zu investieren, war damals gering. Heute ist diese Renditequelle versiegt. Zehnjährige Papiere aus Italien und Spanien bringen etwa noch 2 Prozent Zinsen. So günstig konnten sich beide Länder noch nie verschulden. Die Anleihen von Italien und Spanien rentieren damit heute in etwa auf Höhe der Anleihen mit gleicher Laufzeit aus Norwegen oder den USA. Vor zwei oder drei Jahren wäre so etwas geradezu unvorstellbar gewesen.

Der aktuelle Renditeabstand von italienischen bzw. spanischen Staatsanleihen zu Bundesanleihen ist damit auf rund 1,3 Prozentpunkte geschrumpft. Auf dem aktuellen Niveau sind die Anleihen der Peripheriestaaten damit eine Wette darauf, dass sich die Zinsen innerhalb des Euro-Raums weiter angleichen werden. Angesichts der jüngsten Maßnahmen der Europäischen Zentralbank könnte das vielleicht sogar funktionieren. Dennoch: Die Risiken sind weit größer als die Chancen. Schon ein moderater Anstieg der Renditen würde zu herben Verlusten führen, weshalb wir aktuell dort nicht investieren.

Sie unterstreichen stets die Attraktivität von Aktien im Niedrigzinsumfeld. Warum?

Ein ausgewogenes Portfolio kommt in den kommenden Jahren nicht ohne einen signifikanten Aktienanteil aus. Es ist die schlichte Notwendigkeit, die Investoren in höher rentierliche Anlageformen treibt. In Zeiten, in denen der Zins abgeschafft ist, gewinnt die Dividende an Bedeutung. So liegt die Dividendenrendite solider, ertragsstarker Unternehmen inzwischen nicht nur weit über der Rendite sicherer Staatsanleihen, sondern auch über der von Unternehmensanleihen. Mit stetigen und steigenden Dividenden lassen sich über viele Jahre attraktive Renditen erzielen.

Aber steigen mit einem signifikanten Aktienanteil nicht auch die Risiken für den Anleger und sollte er deswegen eine höhere Risikotoleranz mitbringen?

Die Schwankung nimmt zu, das bedeutet aber nicht zwangsläufig ein höheres Risiko. Nur wer kurzfristig denkt und investiert muss Volatilität als seinen Feind betrachten. Wer dagegen langfristig anlegt, hat die Volatilität auf seiner Seite, da sie immer mal wieder »Sonderangebote« offeriert. Dies gilt insbesondere für Aktien qualitativ hochwertiger Unternehmen, die zu Unrecht abgestraft werden und wo man das nötige Vertrauen besitzt, Kursrückschläge zu Käufen zu nutzen.

Warum ist die Aktienselektion bedeutend?

Bei bewusst ausgewählten und detailliert analysierten Unternehmen baut man ein hohes Vertrauen für seine Investmententscheidung auf. Die Kenntnis des Unternehmens, seines Geschäftsmodells und seines Managements bewahrt uns als strategischer Investor davor, nervös zu werden, wenn der Markt einmal fällt. Aufgrund der fundamentalen Analyse des Unternehmens weiß man, was es wert ist, und man agiert umsichtiger. Wenn man dagegen in den breiten Markt beispielsweise über einen Indexfonds investiert, so verführt dies leicht zum Versuch des Markt-Timings. Dies stellt eine Gefahr dar, da ein nachhaltiger Erfolg hier äußerst unwahrscheinlich ist.

Allerdings haben Sie in der Vergangenheit bereits mehrfach ein gutes Gespür für Marktentwicklungen gezeigt. Dennoch glauben Sie nicht an erfolgreiches Markt-Timing?

Timing ist unglaublich schwer und nicht beliebig wiederholbar. Wenn jemand behauptet, er könne dauerhaft erfolgreich timen, dann erliegt er wahrscheinlich einer Illusion. Darin sehe ich auch die größte Gefahr beim Einsatz von Indexfonds oder Futures. Auf Knopfdruck kommt man in den Markt rein und raus. Bei einem reinen Marktinvestment sucht man immer nach Nachrichten, die einem die aktuelle Bewegung erklären und einen zum Handeln verleiten. Der psychologische Umgang mit einer solchen Strategie ist äußerst schwierig. Wir fokussieren uns im Aktienbereich lieber auf die gezielte Auswahl der Einzeltitel und bauen unsere Überzeugung durch detaillierte Analysen der jeweiligen Unternehmen auf.

Welche Unternehmen präferieren Sie bei Ihren Anlagen?

Wir investieren vor allem in Aktien von echten Qualitätsunternehmen. Häufig sind dies global aufgestellte Konzerne, die nachhaltig wachsen, deren Erträge stabil sind und die wenig verschuldet sind. Sie sind zumeist weniger stark vom unkalkulierbaren Auf und Ab der Konjunktur abhängig als Durchschnittsunternehmen.

Mit der Investition in Qualitätsunternehmen lässt sich das langfristige Renditepotenzial erhöhen und das Risiko der Anlagen reduzieren. Wächst das Unternehmen durch seine globale Präsenz und hervorragende Wettbewerbsposition stärker als die Wirtschaft, schlägt sich dies zusätzlich in höheren Erträgen nieder. Insofern verwundert es nicht, dass beispielsweise Aktien von Nestlé nicht nur weniger riskant sind als die eines konjunkturanfälligen Stahlkonzerns oder einer Bank, sondern sich langfristig auch deutlich besser entwickeln. Qualität schlägt den Durchschnitt! Gerade für sicherheitsorientierte Investoren, die in normalen Zeiten Anleihen bevorzugen, sind solche Qualitätsaktien eine echte Anlagealternative.

Sind diese Aktien nicht schon zu hoch bewertet?

Zwangsläufig stellt sich die Frage, ob es noch ratsam ist, auf dem derzeitigen Niveau zu kaufen. Fest steht: Niedrig sind die Bewertungen nicht mehr. Vor zwei, drei oder gar vier Jahren war es noch deutlich einfacher, günstige Aktien zu finden. Allerdings sind die Bewertungen noch nicht zu hoch, wenn man sich die historischen Daten anschaut; vorausgesetzt, die derzeitigen Unternehmensgewinne sind ausreichend robust.

Noch viel entscheidender allerdings ist: Es fehlen aufgrund des historischen Niedrigzinsniveaus die lukrativen Anlagemöglichkeiten. In einem solchen Umfeld ist eine höhere Bewertung von Aktien durchaus gerechtfertigt. Erstklassige Aktien sind unseres Erachtens trotz gestiegener Kurse immer noch attraktiver als Anleihen, zumal das Niveau der Dividendenrenditen vor allem in Europa inzwischen ein Vielfaches des Niveaus der Anleiherenditen beträgt. Wir sind daher fest davon überzeugt, dass ein global diversifiziertes Portfolio mit einem signifikanten Anteil an Qualitätsaktien am besten vor den langfristigen Folgen der Niedrigzinspolitik schützt.

Inwieweit fließt das Zinsniveau in die Aktienbewertung ein?

Aus unserer Sicht spricht aufgrund des Niedrigzinsumfelds vieles dafür, dass die Preise von Vermögenswerten und Finanzanlagen weiter steigen werden. Man muss sich das Kalkül eines Investors verdeutlichen: Solange er das aktuell sehr niedrige Zinsniveau nur als vorübergehend erachtet und davon ausgeht, dass der Zins schon bald wieder steigt, wird er die zukünftigen Erträge einer Aktieninvestition weiterhin mit einem höheren Zinssatz diskontieren. Er wird daher keine allgemein höhere Bewertung akzeptieren. Gelangt der Investor jedoch zu der Erkenntnis, dass die aktuelle Niedrigzinsphase sehr viel länger anhält, wird er dies bei seiner Kalkulation berücksichtigen und entsprechend höhere Bewertungen akzeptieren. Genau das ist in den vergangenen zwölf Monaten geschehen und hat die Kurse an den Aktienmärkten nach oben getrieben. Dieser Trend könnte sich durchaus noch fortsetzen. Die große Kunst wird sein, gute Aktien nicht zu früh zu verkaufen.

Welche Bewertungen würden Sie denn noch als akzeptabel ansehen?

Die Nullzinspolitik und das Wachstum des Zentralbankgeldes sind der Treibstoff der Aktienrallye. Mit zunehmender Erkenntnis, dass das niedrige Zinsniveau dauerhaft sein könnte, dürfte die Bereitschaft der Investoren wachsen, höhere Bewertungen zu akzeptieren. Aktien von Unternehmen, die zuverlässig Gewinne erwirtschaften, werden hiervon am meisten profitieren. Wie stark die Bewertungen noch zulegen können, lässt sich nur grob schätzen.

Wir messen Aktien von Top-Konzernen wie Nestlé eine Risikoprämie, also den Renditeaufschlag auf langlaufende Staatsanleihen, von 2 Prozent bei. Hinzuaddiert werden die Opportunitätskosten einer Anlage in ebendiesen Staatsanleihen. Wenn man unterstellt, dass die Anleiherenditen noch lange auf dem niedrigen Niveau verharren, wären das als Mittelwert aus US-Staatsanleihen und Bundesanleihen nochmal 2 Prozent. Macht zusammen eine als fair zu bezeichnende Gewinnrendite von 4 Prozent. Nimmt man den Kehrwert, entspricht das einem Kurs-Gewinn-Verhältnis von 25. Aktuell handeln diese Titel im Durchschnitt mit einem Kurs-Gewinn-Verhältnis von 19.

Warum empfehlen Sie, einen Teil des Portfolios in Gold zu halten, welches weder einen Zins noch eine Dividende abwirft?

Gold dient in einem Portfolio als Versicherung gegen bekannte und unbekannte Risiken. Unserer Meinung nach sollte es deshalb elementarer Bestandteil eines diversifizierten Vermögens sein. Die Währung der letzten Instanz gewinnt an Bedeutung, wenn die Menschen das Vertrauen in die Papiergeldwährungen verlieren. Je schneller die Zentralbankgeldmengen wachsen, desto eher wird das der Fall sein. Deshalb raten wir dazu, ca. 10 Prozent des liquiden Vermögens in Sicherheitsgold zu investieren.

Wie sehen Sie die zukünftige Entwicklung des Goldpreises?

Bei Sicherheitsgold sollte man nicht ständig auf die Wertentwicklung schauen. Darüber hinaus ist es aber natürlich legitim, Gold aus taktischen Erwägungen zu kaufen. Wir sprechen in diesem Zusammenhang von Spekulations- oder Performancegold. Das Rückschlagpotenzial von Gold erscheint wegen der Nachfrage in den Schwellenländern grundsätzlich begrenzt. Auch wenn wir derzeit keinen triftigen Grund sehen, warum die Edelmetallnotierungen kurzfristig deutlich zulegen sollten, kann die Situation in zwölf Monaten eine ganz andere sein – wenn möglicherweise klar wird, dass keine der EZB-Maßnahmen die gewünschte Wirkung hat und die Stabilität der Eurozone erneut infrage gestellt werden könnte. Höchstpreise beim Gold sind daher erst dann zu erwarten, wenn Investoren Gold wieder als Währung der letzten Instanz sehen. Ohne eine erneute Finanzkrise dürften sich Aktien allerdings besser als Gold entwickeln, weshalb der Aktienanteil deutlich über dem Goldanteil eines Portfolios liegen sollte.

Wie lautet Ihr Fazit, welches Sie einem Anleger mit auf den Weg geben würden?

Langfristig denken, gut diversifizieren, auf Qualität achten und an dieser Strategie unbeirrt vom täglichen Auf und Ab an den Börsen festhalten.

Bert Flossbach

30. November 2014

Die Autoren

Eckhard Sauren

Eckhard Sauren gründete im Jahr 1991 die Sauren Finanzdienstleistungen und spezialisierte sich auf die unabhängige Analyse von Fondsmanagern und deren Produkten. Herr Sauren verantwortet als Fondsmanager die Dachfonds der Sauren-Gruppe. In seiner Tätigkeit als Fondsmanager wurde ihm selbst und den Sauren Dachfonds eine Vielzahl von Auszeichnungen verliehen. Mit seinen umfangreichen Erfahrungen wird Eckhard Sauren von Fachmedien und bei Fachkonferenzen als anerkannter Experte geschätzt. Herr Sauren ist Autor des Buches »Das Sauren Fonds-Konzept«.

Ansgar Guseck

Ansgar Guseck absolvierte vor seinem abgeschlossenen Studium als Diplom-Volkswirt an der Universität zu Köln und dem Asian Institute of Management in Manila eine Ausbildung zum Bankkaufmann bei der Deutschen Bank Bonn. Bereits im Jahr 2000 begann Herr Guseck für die Sauren-Gruppe zu arbeiten, und ist seit März 2004 als Fondsanalyst bei der Sauren Fonds-Research AG tätig. Im Januar 2006 wurde Herr Guseck in den Vorstand der Sauren Fonds-Research AG berufen. Herr Guseck ist Autor des Buches »Das Sauren Fonds-Konzept«.

Hermann-Josef Hall

Hermann-Josef Hall schloss sein Studium der Wirtschaftswissenschaften und der Informatik an der RWTH Aachen im Jahr 1996 als Diplom-Kaufmann und Diplom-Informatiker ab. Seit dem Jahr 1997 arbeitet Herr Hall bei der Sauren-Gruppe. Seit ihrer Gründung im Jahr 2001 ist Herr Hall als Vorstand der Sauren Fonds-Research AG tätig. Herr Hall ist Autor des Buches »Das Sauren Fonds-Konzept«.

Matthias Weinbeck

Matthias Weinbeck schloss sein Studium der Betriebswirtschaftslehre an der Universität zu Köln als Diplom-Kaufmann ab. Bereits im Jahr 1998 begann Herr Weinbeck neben seinem Studium für die Sauren-Gruppe zu arbeiten; er ist seit August 2002 als Analyst in der Unternehmensgruppe tätig.

Ulrich Buchholtz

Ulrich Buchholtz absolvierte nach abgeschlossenem Studium (Diplom-Wirtschaftswissenschaftler und Diplom-Journalist) die Georg-von-Holtzbrinck-Schule für Wirtschaftsjournalisten. Er arbeitete vier Jahre lang als Redakteur in der Verlagsgruppe Handelsblatt, bevor er im Dezember 1998 das Journalistenbüro Buchholtz gründete. Seitdem schreibt er für zahlreiche Wirtschafts- und Fachmedien. Herr Buchholtz unterstützte Eckhard Sauren und sein Research-Team beim Buch »Die Zinsfalle«.

Endnoten

1 Rede von Mario Draghi auf der «Global Investment Conference« in London am 26. Juli 2012; http://www.ecb.europa.eu/press/key/date/2012/html/sp120726.en.html, Stand vom: 02.12.2014

2 Mario Draghi; «Introductory statement to the press conference« vom 02.10.2014; http://www.ecb.europa.eu/press/pressconf/2014/html/is141002.en.html, Stand vom 02.12.2014

3 U.S. Department of the Treasury »Major foreign holders of treasury securities«, September 2014; http://www.treasury.gov/ticdata/Publish/mfh.txt, Stand vom 02.12.2014

4 The Securities Industry and Financial Markets Association (SIFMA); Q2 2014; http://www.sifma.org/uploadedFiles/Research/Statistics/StatisticsFiles/TA-US-Treasury-Holders-SIFMA.xls, Stand vom 02.12.2014

5 Bank of Japan «Expansion of the Quantitative and Qualitative Monetary Easing« vom 31.10.2014 https://www.boj.or.jp/en/announcements/release_2014/k141031a.pdf, Stand vom 02.12.2014

6 Deutsche Bundesbank, Finanzstabilitätsbericht 2013, 12. November 2013

7 Handelsblatt, »Der deutsche Mittelstand ramponiert sein Image«, 29.8.2014, http://www.handelsblatt.com/finanzen/boerse-maerkte/anleihen/pleitesegment-mittelstandsanleihen-der-deutsche-mittelstand-ramponiert-sein-image/10622002.html, Stand vom 16.12.2014

8 Kapitel als PDF-Datei abrufbar unter www.sauren.de/downloads.html

9 Morningstar, »Vorsicht, Investmentmythen: Große Fonds sind gute Fonds«, 24.11.2014, http://www.morningstar.de/de/news/131636/PrintArticle.aspx, Stand vom 16.12.2014

10 Morningstar, »Der tückische Charme konservativer Mischfonds«, 1.7.2013, http://www.morningstar.de/de/news/109306/der-t%C3%BCckische-charme-konservativer-mischfonds.aspx, Stand vom 16.12.2014

11 Deutsche Bundesbank, »Finanzstabilitätsbericht 2014«, 21. November 2014

12 Anzahl Anleihen des Gesamtkonzerns, Quelle Bloomberg, Stand 30. November 2014

13 Deutsche Bundesbank, »Finanzstabilitätsbericht 2014«, 21. November 2014

14 Deutsche Bundesbank, »Monatsbericht November 2014«

15 Die Welt, »Den Deutschen ist egal, dass ihr Vermögen schrumpft«, 23.07.2014,«; http://www.welt.de/finanzen/geldanlage/article130474074/Den-Deutschen-ist-egal-dass-ihr-Vermoegen-schrumpft.html, Stand vom 11.12.2014

16 Deutsche Bundesbank, »Zinsstatistik« vom 30.10.2014

17 Süddeutsche Zeitung, »Was am Mythos der EZB-Enteignung dran ist«, 01.07.2014, http://www.sueddeutsche.de/wirtschaft/niedrigzinsen-im-historischen-vergleich-was-ammythos-der-ezb-enteignung-dran-ist-1.2023654, Stand vom 01.07.2104

18 Allianz SE; »Allianz Global Wealth Report 2014«, Juli 2014

19 Allianz SE; »Allianz Global Wealth Report 2014«, Juli 2014

20 Allianz Gruppe (Group Pubilc Policy & Economic Research) Working Paper 176 »Auswirkungen der Niedrigzinspolitik auf private Haushalte in der Eurozone« vom 23.09.2014

21 Handelsblatt, »Mehr Fluch als Segen – Deutsche Banken stöhnen über die hohen Kundeneinlagen«, 20.10.2014

22 Handelsblatt, »Der Rausch der Milliarden«, 20.10.2014

23 Handelsblatt, »Mehr Fluch als Segen – Deutsche Banken stöhnen über die hohen Kundeneinlagen«, 20.10.2014

24 Die Welt, »Sparer müssen erstmals Strafzinsen zahlen«, 29.10.2014, http://www.welt.de/finanzen/article133792751/Sparer-muessen-erstmals-Strafzinsen-zahlen.html, Stand vom 11.12.2014

Endnoten

25 Deutsche Skatbank, »Konditionen- und Preisverzeichnis«, 01.11.2014
26 Die Welt, »Strafzinsen sind »bald keine Seltenheit mehr«, 02.11.2014, http://www.welt.de/finanzen/geldanlage/article133890241/Strafzinsen-sind-bald-keine-Seltenheit-mehr.html, Stand vom 11.12.2014
27 Allianz SE (Group Public Policy & Economic Research), »Allianz Global Wealth Report 2014«
28 Handelsblatt, »Brauchen wir neues Geld?«, 13.10.2014
29 Deutsche Bundesbank, »Monatsbericht November 2014«
30 Handelsblatt, »Staatsgarantie kann Panik nicht stoppen«, 18.09.2007
31 Zeit, »Die Kameras sind aus, Zyperns Krise beginnt«, 29.03.2013, http://www.zeit.de/wirtschaft/2013-03/zypern-krise-medien, Stand vom 11.12.2014
32 Bernd Oppold im Wirtschaftsblog der KPMG AG Wirtschaftsprüfungsgesellschaft, »Gründung einer eigenen Bank – Sind Unternehmen die besseren Banken?« https://blog.kpmg.de/consulting/sind-unternehmen-die-besseren-banken/, Stand vom 09.12.2014
33 Manager-Magazin, »Talanx zieht Bundesbank vor Gericht«, 20.01.2010, http://www.manager-magazin.de/unternehmen/artikel/a-672936.html, Stand vom 11.12.2014
34 Frankfurter Allgemeine Zeitung, »Die Bilanzen der Banken sind immer schwerer vergleichbar«, 22.10.2012, http://www.faz.net/aktuell/finanzen/aktien/im-gespraech-claus-peter-wagner-ernst-young-die-bilanzen-der-banken-sind-immer-schwerer-vergleichbar-11934539.html, Stand vom 11.12.2014
35 Frankfurter Allgemeine Zeitung, »Portugiesisches Firmenimperium wird nach Bank-Pleite aufgelöst«, 17.10.2014, http://www.faz.net/aktuell/wirtschaft/unternehmen/portugal-familien-holding-espirito-santo-wird-aufgeloest-13215505.html, Stand vom 11.12.2014
36 Bundesanstalt für Finanzdienstleistungsaufsicht, »Einheitlicher Bankenaufsichtsmechanismus (SSM)«, http://www.bafin.de/DE/Aufsicht/BankenFinanzdienstleister/SSM/ssm_node.html, Stand vom 10.12.2014
37 Handelsblatt, »Bedingt stressresistent«, 27.10.2014
38 Robert Halver im Webmagazin der Börse München, »Sind die Euro-Banken nach dem Stresstest wieder attraktiv?«; http://www.suedseiten.de/beitrag/sind-die-euro-banken-nach-dem-stresstest-wieder-attraktiv.html, Stand vom 09.12.2014
39 Anthony Doyle in einer Pressemitteilung von M&G Investments vom 30.10.2014
40 Capital, »Stresstest mit wenig Aussagekraft«, 04.11.2014,«; http://www.capital.de/meinungen/stresstest-mit-begrenzter-aussagekraft-2987.html, Stand vom 11.12.2014
41 Handelsblatt, »Sterben der Banken«, 27.12.2013
42 Deutscher Derivate Verband, »Credit Default Swaps«; http://www.derivateverband.de/DEU/Transparenz/CreditSpreads, Stand vom 09.12.2014
43 Deutsche Bank, »FestzinsSparen – Konditionen«, https://www.deutsche-bank.de/pfb/content/privatkunden/produktshop_festzinssparen.html, Stand vom 09.12.2014
44 Bundesverband der Deutschen Volksbanken und Raiffeisenbanken (BVR), »Sicherungseinrichtung des BVR«, http://www.bvr.de/Wer_wir_sind/Unsere_Sicherungseinrichtung, Stand vom 09.12.2014
45 Bankenverband, »Einlagensicherung der privaten Banken – Informationen für Privatkunden«, Juni 2012
46 Entschädigungseinrichtung deutscher Banken GmbH, »Schutzumfang«, http://www.edb-banken.de/schutzumfang.asp, Stand vom 09.12.2014
47 Bundesanstalt für Finanzdienstleistungsaufsicht, »Einlagensicherung: Neue Richtlinie soll Einleger in der EU besser schützen«, http://www.bafin.de/SharedDocs/Veroeffentlichungen/DE/Fachartikel/2014/fa_bj_1409_einlagensicherung.html, Stand vom 09.12.2014
48 Handelsblatt, »Das Misstrauen sitzt tief«, 21.10.2014, http://www.handelsblatt.com/unternehmen/leasing-spezial/finanzierung-im-mittelstand-das-misstrauen-sitzt-tief/10847310.html, Stand vom 11.12.2014
49 Deutscher Sparkassen- und GiroverbandGiroverband, »Haftungsverbund – Das Sicherungssystem der Sparkassen-Finanzgruppe«, http://www.dsgv.de/de/sparkassen-finanzgruppe/haftungsverbund/, Stand vom 09.12.2014
50 Deutscher Sparkassen- und Giroverband (DGSV) »Mustersatzung für die Sparkassenstützungsfonds der Regionalverbände«, zuletzt geändert durch Beschluss der DSGV-Mitgliederversammlung vom 08.05. 2014
51 Deutscher Sparkassen- und Giroverband (DGSV) »Satzung für den Haftungsverbund zwischen den Sparkassenstützungsfonds und der Sicherungsreserve der Landesbanken und Girozentralen sowie dem Sicherungs-

Endnoten

fonds der Landesbausparkassen«, zuletzt geändert durch Beschluss der DSGV-Mitgliederversammlung vom 28.11.2007

52 Handelsblatt, »Bayern verringert Anteil an der BayernLB«, 18.06.2013, http://www.handelsblatt.com/unternehmen/banken/landesbank-bayern-verringert-anteil-an-der-bayern-lb/8371408.html, Stand vom 11.12.2014

53 Handelsblatt, »In der Zinsfalle«, 03.01.2014

54 Wikipedia, »Einlagensicherungsfonds«, http://de.wikipedia.org/wiki/Einlagensicherungsfonds, Stand vom 09.12.2014

55 gesetze-im-internet.de, »§ 1 Jahresbeitrag«, http://www.gesetze-im-internet.de/entschbeitrv/__1.html, Stand vom 09.12.2014

56 Handelsblatt, »Lehman bringt deutsche Einlagensicherung in Not«, 17.09.2008, http://www.handelsblatt.com/unternehmen/banken/finanzkrise-lehman-bringt-deutsche-einlagensicherung-in-not/3022426.html, Stand vom 11.12.2014

57 Handelsblatt, »Einlagensicherung: Das große Versprechen«, 19.02.2009, http://www.handelsblatt.com/finanzen/vorsorge-versicherung/nachrichten/bankeinlagen-einlagensicherung-das-grosse-versprechen-seite-all/3115454-all.html, Stand vom 11.12.2014

58 Stiftung Warentest, »So funktioniert die Einlagensicherung für Anleger in Deutschland«, https://www.test.de/Tagesgeld-Die-besten-Zinsen-4196794-4478654/, Stand vom 09.12.2014

59 Bankenverband, »Einlagensicherung der privaten Banken – Informationen für Privatkunden«, Juni 2012

60 Bundesanstalt für Finanzdienstleistungsaufsicht, »Einlagensicherung: Neue Richtlinie soll Einleger in der EU besser schützen«, http://www.bafin.de/SharedDocs/Veroeffentlichungen/DE/Fachartikel/2014/fa_bj_1409_einlagensicherung.html, Stand vom 09.12.2014

61 The Wall Street Journal.de, »So mistet Österreich bei der Skandalbank Hypo Alpe Adria aus«, 30.08.2014, http://www.wsj.de/nachrichten/SB10001424052970203622804580123190123973192, Stand vom 11.12.2014

62 Focus Online, »Fünf Jahre Spar-Garantie: Warum unser Geld noch immer nicht sicher ist«, 04.10.2013, http://www.focus.de/finanzen/news/tid-33915/merkel-steinbrueck-versprechen-fuenf-jahre-spargarantie-warum-das-spargeld-noch-immer-nicht-sicher-ist-_aid_1120301.html, Stand vom 11.12.2014

63 Focus Online, »Der 100 000-Euro-Irrtum«, 05.06.2012, http://www.focus.de/finanzen/banken/staat-garantiert-nicht-fuer-erspartes-der-100000-euro-irrtum_aid_762141.html, Stand vom 11.12.2014

64 Frankfurter Allgemeine Zeitung, »Freibetrag für Kleinsparer im Gespräch«, 18.03.2013, http://www.faz.net/aktuell/wirtschaft/eurokrise/zypern/zorn-nach-rettungspaket-freibetrag-fuer-kleinsparer-im-gespraech-12118915.html, Stand vom 11.12.2014

65 Süddeutsche Zeitung, »Bankenkrise in Zypern - Regierung erhöht Zwangsabgabe deutlich«, 28.07.2013, http://www.sueddeutsche.de/wirtschaft/bankenkrise-in-zypern-regierung-erhoeht-zwangsabgabe-deutlich-1.1732801, Stand vom 11.12.2014

66 Merkur-online, »Zypern-Rettung: Das sind die Konsequenzen«, 25.03.2013, http://www.merkur-online.de/aktuelles/politik/zypern-rettung-sind-konsequenzen-sparer-banken-zr-2819844.html, Stand vom 11.12.2014

67 Frankfurter Allgemeine Zeitung, »Steuer auf Spareinlagen in Spanien«, 17.07.2014,«, http://www.faz.net/aktuell/wirtschaft/mini-abgabe-steuer-auf-spareinlagen-in-spanien-13051392.html, Stand vom 11.12.2014

68 Spiegel, »Der Zypern-Talk bei »Anne Will««, 21.03.2013, http://www.spiegel.de/kultur/tv/talk-zu-zypern-anne-will-im-schnellchecka-890092.html, Stand vom 11.12.2014

69 Statistisches Bundesamt, »Vermögen, Schulden«; https://www.destatis.de/DE/ZahlenFakten/GesellschaftStaat/EinkommenKonsumLebensbedingungen/VermoegenSchulden/Tabellen/GeldImmobVermSchulden_EVS.html; Stand vom 03.12.204

70 Deutscher Sparkassen- und Giroverband, »Die Deutschen und ihr Geld«; Vermögensbarometer 2014 vom 23.10.2014

71 Statistisches Bundesamt, Wiesbaden: »Bevölkerung Deutschlands bis 2060 – 12. koordinierte Bevölkerungsvorausberechnung«; 2009

72 Statistisches Bundesamt, Wiesbaden: »Gebäude und Wohnungen«; 2014

Endnoten

73 Deutsche Bank Research, »Wohnen in der Stadt aus immobilienwirtschaftlicher Sicht«; 2008
74 Deutsche Bundesbank; »Die Preissteigerungen bei Wohnimmobilien seit dem Jahr 2010: Einflussfaktoren und regionale Abhängigkeiten«; Monatsbericht Oktober 2013
75 Eurostat: »Verteilung der Bevölkerung nach Wohnbesitzverhältnissen, Haushaltstyp und Einkommensgruppe«; http://appsso.eurostat.ec.europa.eu/nui/show.do?dataset=ilc_lvho02&lang=de, Stand vom 03.12.2014
76 Statistisches Bundesamt; »Rechtspflege – Zivilgerichte 2013«; vom 22. September 2014
77 GdW Bundesverband deutscher Wohnungs- und Immobilienunternehmen e.v., »GdW Jahresstatistik 2013«
78 Deutsche Bank Research, »Marktausblick Baufinanzierung Immobilienmarkt Deutschland Q3/2014«; vom 20.06.2014
79 GdW Bundesverband deutscher Wohnungs- und Immobilienunternehmen e.V., »GdW Jahresstatistik 2013«
80 Deutsche Bundesbank; »Die Preissteigerungen bei Wohnimmobilien seit dem Jahr 2010: Einflussfaktoren und regionale Abhängigkeiten«; Monatsbericht Oktober 2013
81 BVI Bundesverband Investment und Asset Management e.v. »Quartalsauswertung Offener Immobilienfonds«, 30.9.2014
82 Süddeutsche Zeitung, »Anlage mit Substanz«, 22.3.2008, http://www.sueddeutsche.de/geld/offene-immobilienfonds-anlage-mit-substanz-1.598651, Stand vom 16.12.2014
83 Dr. Steffen Sebastian, »Liquidationstransformation durch Immobilien-Investmentgesellschaften - Theoretische Fundierung und Implikationen für Gestaltung von Immobilienfonds in der Praxis«, November 2003
84 Dr. Steffen Sebastian, »Liquidationstransformation durch Immobilien-Investmentgesellschaften - Theoretische Fundierung und Implikationen für Gestaltung von Immobilienfonds in der Praxis«, November 2003
85 Süddeutsche Zeitung, »Anlegers Liebling in der Krise«, 7.8.2009, http://www.sueddeutsche.de/geld/immobilienfonds-anlegers-liebling-in-der-krise-1.167867, Stand vom 16.12.2014
86 Süddeutsche Zeitung, »Erstmals wird ein Immobilienfonds geschlossen«, 14.12.2005, http://www.sueddeutsche.de/wirtschaft/deutsche-bank-erstmals-wird-ein-immobilienfondsgeschlossen-1.902517, Stand vom 16.12.2014
87 Institutional Money, »Ein riesiger Schritt«, Ausgabe 2/2008, http://www.institutional-money.com/magazin/produkte-strategien/artikel/ein-riesiger-schritt/?newsseite=4, Stand vom 16.12.2014
88 Die Welt, »Erfolgsgeschichte aus Holland«, 26.12.2010, http://www.welt.de/print/wams/finanzen/article11828283/Erfolgsgeschichte-aus-Holland.html, Stand vom 16.12.2014
89 Dirk Gunnemann, Dr. Oliver Voß, »IVG Research LAB 1/2012«, 2012
90 Dirk Gunnemann, Dr. Oliver Voß, »IVG Research LAB 1/2012«, 2012
91 BVI Bundesverband Investment und Asset Management e.V. »Rückgaberegeln auf einen Blick«, http://www.bvi.de/fileadmin/user_upload/Kapitalanlagen/Zusammenfassung_RueckgaberegelungenOIF_auf_einen_Blick.pdf, Stand vom 16.12.2014
92 Prof. Dr. Stephan Madaus, Prof. Dr. Steffen Sebastian, «Flexibilisierung der Fristentransformation bei Offenen Immobilienfonds in Gründung, Verlauf und Krise«, 8. März 2013, IRE|BS International Real Estate Business School, Universität Regensburg
93 Prof. Dr. Stephan Madaus, Prof. Dr. Steffen Sebastian, «Flexibilisierung der Fristentransformation bei Offenen Immobilienfonds in Gründung, Verlauf und Krise«, 8. März 2013, IRE|BS International Real Estate Business School, Universität Regensburg
94 Wirtschaftswoche, »Immobilienfonds-Einsteiger sind nur Anleger zweiter Klasse«, 12.9.2013, http://www.wiwo.de/finanzen/geldanlage/offene-immobilienfonds-immobilienfonds-einsteiger-sind-nur-anleger-zweiter-klasse-seite-all/8772782-all.html, Stand vom 16.12.2014
95 Handelsblatt, »Dividendenfonds sprudeln nicht mehr«, 8.4.2008, http://www.handelsblatt.com/finanzen/fonds/nachrichten/anlagestrategie-dividendenfonds-sprudeln-nicht-mehr/2943812.html, Stand vom 15.12.2014
96 Handelsblatt, »Zahltage für Anleger«, 23.1.2012, http://www.handelsblatt.com/finanzen/boerse-maerkte/anlagestrategie/dividenden-boersenturbulenzen-gefaehrden-dividendenstrategie/6098508-3.html, Stand vom 16.12.2014

Endnoten

97 Jens Kleine, Matthias Krautbauer, »Quartalsdividende: Chance zur Steigerung der Aktienkultur und Stärkung der Beteiligung der Bevölkerung am Produktivkapital?«, Steinbeis-Hochschule Berlin, Steinbeis Research Center for Financial Services, Mai 2014

98 Warren Buffett, »How inflation swindles the equity investor«, Fortune Magazine, Mai 1977

99 Werner Krämer, «Equity Investments as a Hedge against Inflation, Part 1«, Lazard Asset Management (Deutschland) GmbH, 14.08.2012

100 Deutsche Bundesbank, »Monatsbericht November 2014«

101 Gesamtverband der Deutschen Versicherungswirtschaft e.V., »Statistisches Taschenbuch der Versicherungswirtschaft 2014«

102 Gesamtverband der Deutschen Versicherungswirtschaft: »5 Fakten zum Höchstrechnungszins«, http://www.gdv.de/2014/05/5-fakten-zum-hoechstrechnungszins/, Stand vom 10.12.2014

103 Die Welt, »Hohe Renditen gibt es nur für risikofreudige Kunden«, 24.08.2014, http://www.welt.de/finanzen/altersvorsorge/article131526503/Hohe-Renditen-gibt-es-nur-fuer-risikofreudige-Kunden.html, Stand vom 10.12.2014

104 €uro, »Kein Schwein gehabt«, 12/2014

105 Finanztest, »Griff nach Reserven«, Ausgabe 8/2014

106 Gesamtverband der Deutschen Versicherungswirtschaft e.V., »Die deutsche Lebensversicherung in Zahlen 2014«

107 map-report 728-729 »LV-Deklarationen 2010: Flaue Gewinne für die Kunden«, 2010, map-report 789-790 »LV-Deklarationen 2012: Krise fällt aus«, 2012, und map-report 853-854 »Leben: Deklarationen für 2014«, 2014,

108 Die Welt, »Lebensversicherte geraten in die Zinsfalle«, 23.07.2012, http://www.welt.de/finanzen/article106398663/Lebensversicherte-geraten-in-die-Zinsfalle.html, Stand vom 10.12.2014

109 Gesamtverband der Deutschen Versicherungswirtschaft e.V., »Statistisches Taschenbuch der Versicherungswirtschaft 2014« und »Die deutsche Lebensversicherung in Zahlen 2014«

110 Dr. Wolfgang Weiler, Präsentation »Kapitalanlagen 2012« auf dem Pressekolloquium des Gesamtverbandes der Deutschen Versicherungswirtschaft e.V. am 18. April 2012

111 Gesamtverband der Deutschen Versicherungswirtschaft e.V., »Die deutsche Lebensversicherung in Zahlen 2014«

112 Assekurata, »Marktausblick zur Lebensversicherung 2014«, Mai 2014

113 Telefonische Auskunft der Assekurata vom 18.11.2014

114 Assekurata, »Marktausblick zur Lebensversicherung 2014«, Mai 2014

115 Munich RE, Quartalsbericht 3/2014

116 Assekurata, Pressemitteilung vom 27.01.2014

117 Assekurata, »Studie zur Überschussbeteiligung 2014«

118 Bernd Schlemann, »Heidelberger Leben weiter ein Sorgenkind«, 23.08.2013, https://schlemann.com/heidelberger-leben, Stand vom 10.12.2014

119 Das Investment, »Skandia gehört ab sofort zur Heidelberger Leben Gruppe«, 02.10.2014, http://www.dasinvestment.com/investments/versicherungen/news/datum/2014/10/02/skandia-gehoert-ab-sofort-zur-heidelberger-leben-gruppe/, Stand vom 10.12.2014

120 Der Tagesspiegel, »Die Lebensversicherer helfen sich selbst«, 02.01.2003, http://www.tagesspiegel.de/wirtschaft/die-lebensversicherer-helfen-sich-selbst/377202.html, Stand vom 10.12.2014

121 Protektor Lebensversicherungs-AG, »Geschäftsbericht 2013«

122 Frankfurter Allgemeine Zeitung, »Lebensversicherer erhöhen Aktienquote«, 13.06.2005, http://www.faz.net/aktuell/wirtschaft/unternehmen/versicherungen-lebensversicherer-erhoehen-aktienquote-1234903.html, Stand vom 10.12.2014

123 Der Spiegel, »Schein von Stabilität«, Ausgabe 30/2009

124 Boerse.de, »Aktienquote deutscher Lebensversicherer«, http://www.boerse.de/aktien/infografiken/aktienquote-deutscher-lebensversicherungen-200, Stand vom 10.12.2014

125 Bundesanstalt für Finanzdienstleistungsaufsicht, »BaFin-Stresstest: Fast alle Versicherer bestehen«, 01.07.2014, http://www.bafin.de/SharedDocs/Veroeffentlichungen/DE/Fachartikel/2014/fa_bj_1407_stresstest_va, Stand vom 10.12.2014

Endnoten

126 Institutional Money, »Lebensversicherer – Das Japan Szenario«, Ausgabe 1/2011, http://www.institutional-money.com/magazin/uebersicht/artikel/lebensversicherer-das-japan-szenario/, Stand vom 10.12.2014

127 Assekurata, »Marktausblick zur Lebensversicherung 2014«, Mai 2014, und Bundesanstalt für Finanzdienstleistungsaufsicht, »Jahresbericht 2009«

128 Frankfurter Allgemeine Zeitung, »Lebensversicherer müssen noch größere Reserven bilden«, 11.11.2014, http://www.faz.net/aktuell/finanzen/meine-finanzen/versichern-und-schuetzen/trotz-zinsverfall-muessen-lebensversicherer-groessere-reserven-bilden-13258913.html, Stand vom 10.12.2014

129 Assekurata, »Marktausblick zur Lebensversicherung 2014«, Mai 2014

130 Bundesanstalt für Finanzdienstleistungsaufsicht, »BaFin-Erhebung: Deutsche Lebensversicherer für Solvency II gerüstet«, 12.11.2014, http://www.bafin.de/SharedDocs/Veroeffentlichungen/DE/Pressemitteilung/2014/pm_141112_vollerhebung_leben.html, Stand vom 10.12.2014

131 Deutsche Bundesbank, »Monatsbericht Juli 2014«

132 Deutsche Bundesbank, »Finanzstabilitätsbericht 2013«

133 Deutsche Bundesbank, »Finanzstabilitätsbericht 2013«

134 Deutsche Bundesbank, »Stellungnahme der Deutschen Bundesbank anlässlich der öffentlichen Anhörung des Finanzausschusses des Deutschen Bundestages am 30. Juni 2014 zum Gesetzentwurf der Bundesregierung »Entwurf eines Gesetzes zur Absicherung stabiler und fairer Leistungen für Lebensversicherte (Lebensversicherungsreformgesetz – LVRG)««, 242/2014

135 Deutsche Bundesbank, »Stellungnahme der Deutschen Bundesbank anlässlich der öffentlichen Anhörung des Finanzausschusses des Deutschen Bundestages am 30. Juni 2014 zum Gesetzentwurf der Bundesregierung »Entwurf eines Gesetzes zur Absicherung stabiler und fairer Leistungen für Lebensversicherte (Lebensversicherungsreformgesetz – LVRG)««, 242/2014

136 Deutsche Bundesbank, »Finanzstabilitätsbericht 2014«

137 Gesetze im Internet, »§ 89 Zahlungsverbot; Herabsetzung von Leistungen«, http://www.gesetze-im-internet.de/vag/__89.html, Stand vom 10.12.2014

138 Protektor Lebensversicherung AG, »Fragen zum Sicherungsfonds für die Lebensversicherer«, http://www.protektor-ag.de/sicherungsfonds/faq/76.html, Stand vom 10.12.2014

139 Die Welt, »Hohe Renditen gibt es nur für risikofreudige Kunden«, 24.08.2014, http://www.welt.de/finanzen/altersvorsorge/article131526503/Hohe-Renditen-gibt-es-nur-fuer-risikofreudige-Kunden.html, Stand vom 10.12.2014

140 Wirtschaftswoche, »Wie Versicherer der Zinsfalle entkommen wollen«, 20.07.2013, http://www.wiwo.de/finanzen/vorsorge/geldanlagen-von-allianz-und-co-wie-versicherer-der-zinsfalle-entkommen-wollen-seite-all/8486980-all.html, , Frankfurter Allgemeine Zeitung, »Mutige Versicherer werden belohnt«, 26.09.2014, http://www.faz.net/aktuell/finanzen/meine-finanzen/versichern-und-schuetzen/lebensversicherung-mutige-versicherer-werden-belohnt-13174108.html, jeweils Stand vom 10.12.2014

141 Der Neue Kämmerer, »Versicherer als Finanziers«, September 2011

142 Das Investment, »Die besseren Unternehmenskredite: Senior Secured Loans«, 24.09.2013, http://www.dasinvestment.com/themenspecial/rentenfonds/news/datum/2013/09/24/die-besseren-unternehmenskredite-senior-secured-loans, Stand vom 10.12.2014

143 Handelsblatt, »Allianz verklagt Norwegen«, 03.02.2014, http://www.handelsblatt.com/unternehmen/versicherungen/gasleitungsnetz-entgelte-allianz-verklagt-norwegen/9426172.html, Stand vom 10.12.2014

144 Deutsche Bundesbank, »Finanzstabilitätsbericht 2014«

145 Deutsche Bundesbank, »Monatsbericht November 2014«

146 Jens Kleine, Matthias Krautbauer, »Quartalsdividende: Chance zur Steigerung der Aktienkultur und Stärkung der Beteiligung der Bevölkerung am Produktivkapital?«, Mai 2014

147 Bank of Scotland, Sparerkompass Deutschland 2012

148 Fonds Professionell, »Ein halber Prozentpunkt im Jahr – geschenkt!«, Ausgabe 1/2012

Stichwortverzeichnis

A

Absolute-Return-Strategien 210 f., 215
Aktien 62–70, 73 ff., 93, 105, 122,
　128 f., 143–167, 179 ff., 192 f.,
　209–216, 218–236, 240–244
Allianz 45, 54, 85 ff., 177, 191
Allianz-Anleihe 45, 54 f., 75
Ausfallrisiken 43 f., 48 f., 88 f., 222 f.
– Kreditausfallrisiken 222
– Mietausfallrisiko 132

B

BaFin (Bundesanstalt für
　Finanzdienstleistungsaufsicht)
　103, 179 f., 182, 186, 188
Banco Espirito Santo 92 f.
Bankeinlagen 81–107, 191, 194 f., 208 f., 215 f.
Bank of Cyprus 105
Bank of England 238
Bank of Japan 238
Bank of Scotland 95, 198
Barwertmethode 9, 11 ff., 124, 150, 156
Basel III 91, 190
Bausparkassen 99, 101
Bayerische Landesbank (BayernLB) 100
Beleihungswert 118 f.
Bewertungsreserven 169 f., 172, 185
BofA Merrill Lynch Euro Corporate
　Index 49, 56–60, 64 f., 68, 70 f., 73
Bonität 35 f., 42–51, 55 ff., 72 ff., 221 f.
Bonitätsrisiko 45 ff.
Buffett, Warren 156, 161 f.
Bundesanleihe 30 ff., 37, 45, 54 f.,
　57, 60, 183 f., 200, 208, 218 f.,
　221 f., 235, 238, 240, 243
Bundesverband deutscher
　Banken (BdB) 96, 101 ff.
Bundesverband deutscher Wohnungs- und
　Immobilienunternehmen (GdW) 120, 127

C

Cashflow 150, 153, 229
China 19, 223, 225 ff.
Contingent Convertible Bonds
　(CoCo-Bonds) 72
Corporate Bonds 59 f.
Credit Default Swap (CDS) 95 f., 201

D

DAX-Performanceindex 66
DCF (Discounted Cashflow)-
　Analyse 150, 157, 164, 167
Deutsche Bank 75, 86, 95 f., 114, 127 f., 246
Deutschland 23 f., 32, 39 f., 81 ff., 86–92,
　96 ff., 101–104, 114 ff., 151 f., 178 f.
Diversifikation 67, 132, 142,
　209 f., 215, 232, 236
Dividendenzahlungen 74, 144 f.,
　148, 152–156, 159, 229
Dividendenrendite 122, 151 f., 154, 225,
　227, 229 f., 232 ff., 236, 240, 242
Dollarbonds 222
Draghi, Mario 17 f., 239
Duration 26 f., 36 ff., 42, 204, 224

E

Einheitliche Europäische Bankenaufsicht
　(Single Supervisory Mechanism, SSM) 93
Einlagensicherung 7, 96–99,
　101–105, 107, 201
Ertrag, realer 35
Ertrags-Risiko-Bewertung/-Verhältnis
　5 f., 200, 202 f. 206, 211, 225 f.
ETFs (Exchange Traded Funds) 77, 79, 221
Euro (Währung allgemein) 14, 17, 39 f.,
　59, 223 f., 230, 232, 234, 239
Europäische Union (EU) 97, 103
Euro-Peripherie 38 ff., 238
Euroraum 85, 88, 190, 223, 239 f.
EuroStoxx 225
Eurozone 93 ff., 229 f., 235, 244

Stichwortverzeichnis

EZB (Europäische Zentralbank) 15–18, 84–87, 91, 93 ff., 106, 219, 235, 238 ff., 244

F

FED (Federal Reserve) 14, 16, 19, 76, 162, 233, 235, 238 f.
Festgelder 7, 81 f., 88, 97, 201 215 f., 219, 224
Flossbach, Bert 8, 64, 213, 217, 237, 244
Fonds, vermögensverwaltende 6, 43, 62 ff., 66 f., 70, 80, 213 f.

G

Geld-Brief-Spanne/-Kurse 75, 79
Genossenschaftsbanken 98–101
Giralgeld 89
Girokontenguthaben 87, 81, 89 f.
Goldpreis 81, 244
Greenspan, Alan 14 f.

H

Halver, Robert 93
Hedgefonds 92
Hellwig, Martin 94
High-Yield-Anleihen 205, 224, 232
Hochzinsanleihen 47–50, 52, 71, 73, 77, 79, 190, 192
Huber, Peter E. 8, 217 f., 227
Hypo Alpe Adria 104

I

Immobilien
– als Kapitalanlage/Renditeobjekt 109 ff., 119–128, 205 f.
Immobilie, selbst genutzte 109 f., 116–119, 129
Immobilienfonds 130
– Offene 110, 129–142, 206
Immobilieninvestments 205 f.
– als alternative Geldanlage 109 ff., 205
– als Kapitalanlage 119 f.
– als Renditeobjekt 119 f.
– Wohnimmobilien 110–116, 127, 129 f.
Immobilienmarkt 93, 128 f., 133, 139, 141, 205, 226
Inflation 13 ff., 83 ff., 160 ff., 219 f., 222, 226
Institutssicherung 98 f., 107

Internationaler Währungsfonds (IWF) 94
Investment Grade 46 f., 49, 51, 56 f.

J

Japan 18 f., 129, 180, 184 f., 194, 219, 225, 229, 231, 238

K

Kaldemorgen, Klaus 8, 151, 217, 228, 236
Kapitalmarktzinsen 21, 23, 32 ff., 37, 42 f., 53, 55, 62, 69 f., 148, 150 f., 156 f., 162–165, 211
Kreditrisiko 89, 107, 134
Kurs-Buchwert-Verhältnis 225
Kurs-Cashflow-Verhältnis 225
Kurs-Gewinn-Verhältnis (KGV) 149 f.
Kursrisiko 37, 40, 81, 152, 206, 211 f.

L

Laiki-Bank 105
Laufzeitverlängerung 36
Lebensversicherung 167 ff., 207 f.
Lebensversicherungsreformgesetz (LVRG) 170, 185
Lehman Brothers 15, 51, 75, 91, 102, 104, 107
Leitzinsen 14 ff.

M

Markt-Timing 64, 241
Mietrendite 120 f., 123–127, 129, 137
Mischfonds 43, 62–67, 70, 80, 213–216, 231
– konservative 6, 65, 67–70, 214
MSCI (Weltaktienindex) 64 f., 68, 145
Multi-Asset-Absolute-Return-Fonds 210, 215, 228, 231, 236
Multi-Asset-Portfolio 231

N

Negativzinsen 5, 87, 106, 131
Nestlé 153 f., 242 f.
Nominalzins 11, 84, 96
Nullzinspolitik 15, 220, 228, 243

Q

Quantitative Easing (QE) 15, 17, 219, 238

Stichwortverzeichnis

R
Rabobank 95 f.
Realzins 11, 84, 128
Rebalancing 212 f., 221
Remanenzeffekt 112
Rendite-Risiko-Profil/-Relation 21, 29 f., 34 f., 60, 67, 72 f., 138, 142, 166
Renditepotenzial, 31 f., 35, 70, 145, 202, 242
Rentenfonds 29 f., 60, 204, 235
Rentenstrategien
– flexible (Fonds) 203 ff., 211, 215 f.
– indexorientierte 6
Rentenversicherungen 7, 167, 170, 172, 175, 179, 185, 189, 191, 193 ff., 198, 207 f., 215 f.
Reserven für Beitragsrückerstattung (RfB) 185
REX-Performanceindex 27–30, 33, 66, 70

S
Schlussüberschüsse 169
Schwellenländer 36, 40, 207, 232, 244
Schwellenländerstaatsanleihen 40 f., 190, 193, 195, 202, 232
Shiller-KGV 225
Short-Position 204 f., 231
Solvabilität 181, 185 f.
Solvency II 182, 185
S&P-500-Index 148 f., 157 ff., 164
Sparbriefe 81 f., 92, 97, 99
Spareinlagen 81 f., 84, 97, 134
Sparkassen 98–101, 107, 109, 177
Spread 45 f., 51–58, 60 ff., 95 f.
Staatsanleihen 13 f., 17 ff., 27–30, 35–45, 47 f., 55–58, 60 ff., 65 f., 200–205, 215 f., 218 f., 231 f.

T
Tagesgeldkonten 81 ff., 87, 97

U
Überschussbeteiligung 169, 171 f., 175, 177, 179, 186, 189, 193

Umlaufrendite 14 f., 23 f., 32 ff.
Unternehmensanleihen 42–45, 47–51, 53–62, 64 f., 68–71, 73, 77 f., 202 ff., 214 ff., 224, 232, 235, 239 f.
USA 17 f., 75–78, 219 f., 225 f., 233, 235, 238 ff.
US-Dollar (Währung allgemein) 40, 97, 99, 222 f., 232, 234 f., 239

V
Vermögensverwaltende Fonds 43, 62–67, 213–216
Volatilität 48, 73, 145, 156, 207, 213, 240
Volcker, Paul 13, 76, 162
Volcker-Rule 76

W
Wertverlust 33, 83, 85, 88, 126 f., 131, 137, 139, 141, 145, 206
Wöhrmann, Asoka 87

Y
Yen (Währung allgemein) 229, 231, 234

Z
Zins und Kurs, Zusammenhang 25
Zinsen, rückläufige 5, 203, 211
Zinseszinseffekt 9 ff., 13, 52, 156, 200
Zinskupon 23–27, 29 ff., 35 ff., 39, 44, 46, 51, 55 ff., 162 f.
Zinsniveau 10 f., 13 f., 21, 23–27, 40, 42 f., 48, 55, 60 f., 69, 119, 124, 127, 157, 162, 166, 200, 209, 221, 232, 242
– fallendes 24 f., 26, 32, 39, 55 f., 58, 118, 149, 170
– hohes/höheres 33, 55, 58, 64, 80
– niedriges 30, 35, 65, 242 f.
– steigendes 24, 26, 34, 61, 125, 139, 164, 192
– Kapitalmarktzinsniveau 23, 32, 42 f., 55, 69, 151, 157, 163 ff.
– Niedrigzinsniveau 242
Zinssensitivität 26, 37, 124, 127 f.
Zypern 90, 105 f.
Zypernkrise 7, 106 f.